Volker Weiß

DIE AUTORITÄRE REVOLTE

Die NEUE RECHTE und der Untergang des Abendlandes

Klett-Cotta

MIX
Papier aus verantwortungsvollen Quellen
FSC® C083411
FSC
www.fsc.org

Klett-Cotta
www.klett-cotta.de

Printed in Germany
Cover: Rothfos & Gabler, Hamburg
Gesetzt von Fotosatz Amann, Memmingen
Gedruckt und gebunden von CPI – Clausen & Bosse, Leck
ISBN 978-3-608-94907-0

Zweite Auflage, 2017

Bibliografische Information der Deutschen Nationalbibliothek
Die Deutsche Nationalbibliothek verzeichnet diese Publikation in der Deutschen Nationalbibliografie; detaillierte bibliografische Daten sind im Internet über http://dnb.d-nb.de abrufbar.

»Das religiöse und das patriotische Gefühl
lieben nichts so sehr wie ihre Kränkung.«

Karl Kraus, Der Patriot (1908)

INHALT

VORWORT

»Europa? Ein Begriff, bei dem uns nicht warm wird.« Selbst nach einem Krieg, dessen Ausmaße alles bisher Dagewesene sprengten, kann sich die europäische Idee nicht durchsetzen: »Europa« steht lediglich für »eine Aktiengesellschaft, eine wirtschaftliche Konstruktion, eine mechanische, motorartig von außen her betriebsfähig gehaltene Einheit«. Ihm mangle das identitätsstiftende Moment, die seelische Tiefe und historische Verwurzelung, das Erhebende, kurz: der Mythos. Europa ist nichts als »eine geistige Spätgeburt des Liberalismus«.[1] Diese Worte könnten von einem beliebigen Europagegner dieser Tage stammen, doch sie sind wesentlich älter. Die katholisch-konservative Zeitschrift *Abendland* druckte sie 1926 und nahm darin zentrale Elemente der Europa-Ablehnung unserer Tage vorweg: Abendland statt Europa, Identität statt Liberalismus, Wärme statt Ökonomie. Damit ist bereits das Thema dieses Buches umrissen: die neuen rechten Bewegungen, die sich derzeit unter der Fahne des »Abendlandes« in die politische Auseinandersetzung drängen und dabei ihren historischen Vorläufern zum Verwechseln ähnlich sind. Für sie ist der Wert Europas drastisch gefallen. In ihren Reihen finden sich bewährte Kader der äußersten Rechten und mit der AfD erstmals eine rechtspopulistische Partei, die dabei ist, sich in der bundesdeutschen Politik zu verankern.

Das Buch stellt diese Entwicklung dar, in deren Zentrum eine lange isolierte Fraktion der äußersten Rechten steht: die

»Neue Rechte«. Ein Überblick über diese Strömung, ihre Ziele und historischen Wurzeln zeigt: Als ein zunehmend von Krisen geprägtes Bürgertum in nennenswerter Zahl politisch die Contenance verlor, waren die Strukturen bereits vorhanden, die Heimatlosen mit offenen Armen aufzunehmen. Eine erstaunliche Dynamik entfaltete sich und die bisher unbedeutende Szene, die sich um einige kleine Zeitschriften und Institutionen gesammelt hatte, fand eine wütende Basis. Diese Entwicklung war jedoch keineswegs überraschend. Bezeichnenderweise war es ein Vertreter der bundesrepublikanischen Eliten, der dieser neuen Wut Vorschub leistete und zu ihrer Symbolfigur wurde: der Sozialdemokrat Thilo Sarrazin. In seinem Buch *Deutschland schafft sich ab* fand 2010 die latente bürgerliche Krisenstimmung ihren Ausdruck. Themen und Begriffe, die bislang in der äußersten Rechten zirkulierten, erreichten die ganze Gesellschaft. Meisterhaft verstand Sarrazin sich auf die Inszenierung als Widerstandskämpfer gegen eine angeblich gleichgeschaltete öffentliche Meinung, für die das mittlerweile international bekannte Wort »Lügenpresse« steht. Damit fanden durch ihn Stichworte der Neuen Rechten den Weg in die breite Öffentlichkeit und er wurde zum Idol für all jene, die heute die autoritäre Revolte wagen.

Ein Schwerpunkt des vorliegenden Buches liegt auf den zeitgemäßen Formen, die dabei zum Erstaunen der Beobachter oftmals angewandt werden. Nicht spießbürgerlich angepasst und demütig, sondern provokant und offensiv werden die Inhalte vorgebracht. Längst hat die Neue Rechte die Mechanismen durchschaut, mit denen in der medial überfluteten Welt Aufmerksamkeit generiert wird. Selbst subkulturelle Formen, einst Ausweis des linken Protestes gegen das Establishment, sind willkommen, wie hier anhand der »Identitären Bewegung« nachgezeichnet wird. Die Rechten scheinen von den Linken gelernt zu haben und bieten sich als »neue 68er« an. Doch unter der dünnen Oberfläche ihres poppigen Protestes finden sich die alten Inhalte und ein genauerer Blick zeigt, dass auch das provokante Vorgehen keineswegs neu ist.

Unerwartetes ergibt sich ebenso aus den Vorstellungen vom »Abendland« einerseits und der Bestimmung von Freund und Feind andererseits, denen sich ein weiterer Abschnitt des Buches widmet. Denn obgleich ein wichtiger Teil der neuen Bewegung auf den Straßen Dresdens den Begriff »Abendland« gewissermaßen im Wappen führt, hat seine Bedeutung einen Wandel erfahren, der seinen Sinn völlig verzerrt. Selbst die alte Ordnung von »West« und »Ost«, mit der auch die Rechte ihre Welt strukturierte, hat ihre Gültigkeit verloren. »Eurasien« heißt der neue Raum, den es vor westlichen Einflüssen zu schützen gilt. Unter Rückgriff auf Carl Schmitt soll hier für Klarheit gesorgt werden.

Mittlerweile zeitigt das Streben nach Emanzipation im Zuge der Moderne weltweit eine Gegenbewegung. Ob europäische, russische, islamische oder neuerdings auch amerikanische Wiedergeburt, die Rückkehr von Autorität und Religion in die Politik vollzieht sich überall in enormer Geschwindigkeit. Daher wird gegen Ende des Buches der Blick auf das Phänomen des politischen Islam gerichtet, der zwar von den Rechten bekämpft wird, aber als weiterer Baustein einer globalen »Konservativen Revolution« gelten muss. Zudem wird ein Autor der amerikanischen »Alternative Right« beleuchtet, jener Strömung, die Donald Trump auf seinem Weg zur Präsidentschaft unterstützt hat und die mit der europäischen Neuen Rechten in Verbindung steht. Müßig, zu sagen, dass sich deren deutsche Bewunderer im Windschatten Trumps große Erfolge auch für sich versprechen. Nach dem gewonnenen Wahlkampf in den USA erheben sie nun Anspruch auf Weltpolitik.

Die hier skizzierten Ereignisse zeigen, wie längst überwunden geglaubte Inhalte aus der Nische der Neuen Rechten in die Politik zurückgekehrt sind. Diese Neue Rechte hat im Wesentlichen aus zwei Gründen überleben können: erstens durch die künstliche Schöpfung einer neuen rechten Tradition unter der Flagge einer »Konservativen Revolution«, die sie nach 1945 vom Nationalsozialismus abgegrenzt wissen wollte. Zweitens aufgrund eines daraus resultierenden über den Nationalstaat hinaus auf ganz Europa weisenden Ansatzes, der sich im Zuge der Eurokrise als zukunftsweisend herausgestellt hat. Einigendes Moment all dieser Phänomene ist, dass Positionen als »konservativ« ausgegeben werden, die den Rahmen dieses Begriffs längst gesprengt haben. Damit findet sich hier der Verfallsprozess bürgerlich-konservativer Politik nachgezeichnet, der eine ehemals bedeutende Strömung zum autoritären Reflex werden ließ. Ansätze dazu gab es schon immer, wie beispielsweise Kurt Lenk bereits vor zwei Jahrzehnten unter dem Titel *Rechts, wo die Mitte ist* festgehalten hat. Schon Lenk zeichnet die Bereitschaft des bürgerlichen Konservatismus nach, im Krisenfall sein Glück wieder im Schoße einer völkisch definierten, autoritär gegliederten Nation zu suchen.[2] Dieses Potential des Konservativen, sich im Zweifel bis zur eigenen Auflösung zu radikalisieren, lässt die Geisteswelt der Neuen Rechten historisch wie gegenwärtig weit in faschistisches Terrain hineinragen. All das soll hier Schicht für Schicht freigelegt und nachvollziehbar gemacht werden.

Am Ende der archäologischen Arbeiten bleibt die Erkenntnis, dass sich die Gestalt der Rechten in Deutschland (und Europa) mit der Zeit gewandelt haben mag, sie in ihren Kernelementen aber unverändert bleibt. Das Beharren auf die unlösbaren Bindungen des Einzelnen an seine Ethnie und die daraus naturhaft resultierende Kulturform sowie auf die damit verknüpfte Gesetzmäßigkeit gesellschaftlicher Ungleichheit bleibt von diesem Wandel jedenfalls unbeeinträchtigt. Ellen Kositza, eine Protagonistin der hier betrachteten Strömung, formulierte dies in einem bekenntnisreichen Gesprächsband mit Blick auf das Logo des von ihrem Ehemann Götz Kubitschek geleiteten Antaios Verlags entsprechend deutlich: »Und doch geht es uns wie dem Emblemtier dieses Verlags, der Schlange: Sie häutet sich, häutet sich wieder – und bleibt doch immer die gleiche.«[3] So zeigt sich, dass die Neue Rechte in vielen Dingen eine sehr alte Rechte ist. Mit ihrem neuerlichen Aufstieg steht viel auf dem Spiel.

Volker Weiß
Hamburg im November 2016

DIE »NEUE RECHTE« – EINE FAMILIENAUFSTELLUNG

Ereignisse verdichten Entwicklungen und lassen Konturen hervortreten. Doch wird ihre Bedeutung erst in der Rückschau deutlich. Den Zeitgenossen zeigen sie sich gerafft und verschwommen. Der Berliner »zwischentag« war so ein Ereignis. Am 6. Oktober 2012 präsentierte sich dort ein randständiges Milieu in Form einer Fachmesse der Öffentlichkeit. Das Geschehen blieb damals noch auf die eigenen Kreise begrenzt, es kamen vor allem Insider. Doch »Ereignisse«, schrieb der französische Historiker Fernand Braudel, »vermitteln immer nur den Eindruck von *trailern*, also den kleinen Ausschnitten aus neuen Spielfilmen, die man in den Kinos vorführt, um das Programm der kommenden Woche anzukündigen.«[1] In diesem Sinne war der »zwischentag« ein Ereignis, denn er bot einen Blick auf das Kommende. Nur drei Jahre später und zur Überraschung des etablierten Politikbetriebs kam den dort versammelten Akteuren tagespolitische Bedeutung zu.

Der »zwischentag« war eine Zusammenkunft der äußersten politischen Rechten in Deutschland. Wie auf einer Fachmesse üblich, gaben dort einschlägige Zeitschriften und Verlage Einblick in ihre Arbeit. Das gediegene Logenhaus in Wilmersdorf bot der selbsterklärten Elite der Nation dafür ein angemessenes Ambiente. Initiator der Veranstaltung war der mittlerweile fernsehbekannte Verleger, Autor und Aktivist Götz Kubitschek. Es überraschte daher wenig, dass sich unter den Ausstellern das von ihm mitbegründete private »Institut für Staatspolitik« (IfS) befand, das an Kubitscheks Wohnsitz im sachsen-anhaltinischen Schnellroda beheimatet ist. Ebenso waren die Hauszeitschrift des IfS *Sezession* und Kubitscheks Antaios Verlag vor Ort vertreten. Anwesend waren auch die nationalkonservative Wochenzeitung *Junge Freiheit*, für die Kubitschek lange gearbeitet hatte, sowie die politisch ähnlich wie das IfS ausgerichtete Chemnitzer Schülerzeitung *Blaue Narzisse* (*BN*). Zudem präsentierten sich in Berlin der Trägerverein der kurz zuvor eröffneten »Bibliothek des Konservatismus«, alteingesessene Verlagshäuser des rechten Randes, Studentenverbindungen und das Internetportal *Politically Incorrect* (*PI*). Beobachter berichteten, dass unter den Messebesuchern nicht nur eine hohe Anzahl von national gesinnten Burschenschaftern, sondern auch einige Funktionäre der NPD waren. Kurzum, es waren Vertreter eines Milieus anwesend, das politisch jenseits des rechten Flügels der Unionsparteien einzuordnen ist.

»IST DER ISLAM UNSER FEIND?«

Zusammenkünfte dieser Art kommen in Deutschland mit gewisser Regelmäßigkeit vor. Sie mögen unerfreulich sein, stellen aber an sich nichts Außergewöhnliches dar. Das Besondere an diesem Treffen, das es zum Ereignis werden ließ, war eine Podiumsdiskussion zwischen Karlheinz Weißmann, Stammautor der *Jungen Freiheit*, und Michael Stürzenberger von *PI*. Das Thema ihres auf Video dokumentierten Streitgesprächs lautete: »Ist der Islam unser Feind?«[2]

Auf den ersten Blick war auch das nicht sonderlich originell. Diskussionen des rechten Randes über »den Islam« als

»Feind« gehören spätestens seit dem 11. September 2001 zur politischen Routine. Überraschend war die Wendung, die das Gespräch nahm. Denn Weißmann war keineswegs bereit, unumwunden eine Feinderklärung auszusprechen – und erhielt dafür den lauten Beifall des Publikums. Aus der Debatte ging er als klarer Sieger hervor, ohne überhaupt richtig herausgefordert worden zu sein. Zu unterschiedlich waren die Charaktere, die dort aufeinandertrafen: Weißmann, Gymnasiallehrer und promovierter Historiker, pflegt einen kühlen Habitus, argumentiert strukturiert und differenziert. Er kennt und verteidigt den Kanon rechtsintellektueller Weltanschauungen seit Jahrzehnten und hat ihn durch zahlreiche eigene Beiträge erweitert. Er ist zweifellos ein rechter Ideologe mit scharfem Intellekt. Michael Stürzenberger hingegen ist ein klassischer Rechtspopulist. In der Debatte formulierte er eher assoziativ und vor allem emotional. Wo Weißmann eine weltanschaulich klar unterfütterte Argumentation präsentierte, war Stürzenbergers Werkzeug die Angst. Im Kontrast zum kühlen Weißmann wirkte er wie getrieben. Wie ein Entertainer im Bierzelt die Pointe wiederholte er mehrfach seine Kernbotschaft, man müsse den Islam »knacken«. Während der Debatte fuchtelte er mit dem Koran herum, verglich ihn mit Hitlers *Mein Kampf* und berief sich auf »das Grundgesetz, die Gleichheit von Mann und Frau, die Freiheit und auf die westliche Gesellschaft«.

Weißmann ließ ihn auflaufen. Erfolgsbedingung für die islamische Expansion sei nicht der Koran, sondern die »Trägervölker« der Lehre Mohammeds gewesen. Diese Beduinenstämme »jüdischer und arabischer Herkunft« wollten »Beute machen« und erobern. Im Islam hätten sie lediglich eine Rechtfertigung dafür gefunden. Die Religion sei nicht Verursacher, sondern nur Nutznießer des Niedergangs der abendländischen Kultur. Dessen Ursachen seien aber hausgemacht. Für Stürzenbergers Aufruf zur Befreiung der Menschheit von der islamischen Gefahr hatte er nichts übrig, wie er unmissverständlich klarstellte: »Ich habe überhaupt kein Bedürfnis, Menschen anderer Kultur von irgendwas zu befreien – und in gar keinem Fall möchte ich das im Namen einer von mir als tief dekadent empfundenen Zivilisationsform.« Er halte es gar nicht für »wünschenswert«, dass die Muslime so werden wie die Menschen im Westen, betonte Weißmann. Seinen Kontrahenten Stürzenberger stellte er aufgrund von dessen »antifaschistischer« Rhetorik kurzerhand »unter Liberalismus-Verdacht« – und bekam dafür Szenenapplaus.

Die Zuschauer wussten, dass sie Weißmanns Aufruf zu einer differenzierten historischen Betrachtung des Islam keinesfalls als Ausweis multikultureller Toleranz zu deuten hatten. Politisch ist er weit davon entfernt, Einwanderung gutzuheißen. Weißmann zog lediglich die Konfliktlinien anders, ihm ging es nicht um einen »Zusammenprall der Weltreligionen«, sondern um Fragen der »kulturellen und nationalen Identität«. Deren Verlust sei die Grundlage für die desolate Situation vor allem der jüngeren Generation. Die deutschen Jugendlichen hätten ja nichts mehr, worauf sie sich beziehen könnten. Deshalb seien sie »in der Defensive«. Wer im Westen, fragte er, könne denn überhaupt noch die »eigene Kultur« definieren? Konsequent machte Weißmann den Hauptgegner nicht im Islam, sondern in der »individualistische[n], hedonistische[n] westliche[n] Form von Liberalismus« aus.

Stürzenberger forderte hingegen, dass die Muslime dem Koran abschwören. In seinen Augen sei das die Grundbedingung, um sich in Deutschland besser zu assimilieren und mit der nichtmuslimischen Bevölkerung zu vermischen. Weißmann, für den Religion und Kultur immer auch Ausdruck ethnisch bedingter Dispositionen sind, hatte ebendaran wenig Interesse. Im Gegenteil, er fürchtete weniger den Koran als einen »Volksaustausch, die »Herrschaft von Nichtdeutschen über Deutsche«. Er sah in dem Konflikt eine Auseinandersetzung um Nationalität und »Volkstum«, nicht um Religion. Die mangelnde Pflege der eigenen Identität, eben die »Dekadenz« der westlichen »Zivilisationsform« habe dem Islam erst den Raum zur Expansion gegeben. Ein Zwischenruf des *Sezession*-Autors Martin Lichtmesz aus dem Publikum stimmte ihm zu: »An Liberalismus gehen Völker zugrunde, nicht am Islam!«

In dieser Szene auf dem »zwischentag« sind nicht nur die wesentlichen Stichworte einer politischen Strömung gebündelt, die als »Neue Rechte« bezeichnet wird. Es fand sich dort auch ein bedeutender Teil ihres Personals versammelt. Der Veranstalter Kubitschek setzt mit der Arbeit des Instituts, seinem Verlag und der Zeitschrift *Sezession* inhaltliche Akzente. Karlheinz Weißmann war sein Mentor und zählt zu ihren wichtigsten zeitgenössischen Autoren. Kubitschek hatte ihm einige Jahre zuvor den Titel eines »Vordenkers« der Neuen Rechten angetragen.[3] Selbst Stürzenberger steht für einen rechtspopulistischen Politikertypus, den diese Richtung hervorbringt, wenn sie die Sphäre der intellektuellen Zirkel verlässt und sich in die Niederungen des politischen Betriebs begibt. Ebenso entstammen die Aussteller diesem Milieu. Die *Junge Freiheit* fungiert seit drei Jahrzehnten als ideologisches und organisatorisches »Mutterschiff« und kooperiert eng mit der Bibliothek des Konservatismus.[4] Schließlich spiegelten die Messebesucher, vor allem die in Verbindungen organisierten Akademiker, die Zielgruppe dieser politischen Richtung wider: eine zumindest nationalkonservativ eingestellte Oberschicht, zukünftige oder amtierende Entscheidungsträger mit ausgeprägtem Elitebewusstsein.

Die Gäste von der NPD runden das Bild ab. Ihre Anwesenheit unterstreicht die Schwierigkeiten, klare Grenzen innerhalb der breit gefächerten deutschen Rechten zu ziehen. Überschneidungen und Ähnlichkeiten bestimmen die Szene ebenso wie Konkurrenz und Differenzen. Das gilt auch für ihre Leitmedien. Ein systematischer Vergleich der *Jungen Freiheit* (*JF*) mit der NPD-Zeitung *Deutsche Stimme* (*DS*) wies 2013 deutliche Schnittmengen in der Weltanschauung nach. Als Gemeinsamkeit lässt sich der »völkische Nationalismus« nennen, die »Brüche und Unterschiede« bestehen in »unterschiedlichen Lesarten (oder Interpretationsvarianten). *JF* und *DS* ›verkörpern‹ unterschiedliche Lesarten, was nicht zuletzt damit zu tun hat, dass sie sich in unterschiedliche, obgleich nicht eindeutig voneinander abgrenzbare ideologische Traditionen stellen, die *JF* in die jungkonservative Tradition der sog. Konservativen Revolution, die *DS* dagegen in eine dominante nationalsozialistische Tradition. Die Übergänge sind fließend.«[5] Das zeigt sich übrigens auch an der Zeitschrift *Hier & Jetzt* (*H&J*), die aus dem sächsischen NPD-Landesverband hervorgegangen ist und eine ausgesprochene Nähe zu Themen und Gästen des »zwischentags« vorweist. Chefredakteurin bis 2009 war mit Angelika Willig eine vormalige Kulturredakteurin der *JF*. Ihr Nachfolger, der NPD-Politiker Arne Schimmer, über den Kubitscheks *Sezession* sich mehrfach wohlwollend äußerte, hatte zunächst ebenfalls für die *JF* geschrieben, ehe er in der NPD Karriere machte. Wie der Journalist Andreas Speit, langjähriger Beobachter der Szene, schreibt, lektorierte Schimmer für den Antaios Verlag und war auch Seminarteilnehmer beim IfS.[6] Über die Frage einer Einladung der *H&J* zur Messe sollte es im folgenden Jahr zum Bruch des Kreises um IfS und *Sezession* mit der *JF* kommen, die auf eine schärfere Abgrenzung von der NPD beharrte. All das, Nähe, Distanz und die Auseinandersetzung auf dem Podium des »zwischentags«, zeigen, wie komplex die Gemengelage der deutschen Rechten ist. Sie lässt sich daher kaum mit den auf die Verfassungsfrage orientierten Begriffen der staatlichen Sicherheitsorgane fassen.

Bei der Diskussion des »zwischentags« waren bereits die Stichworte gefallen, an denen sich mittlerweile – seit Pegida und AfD – auch die öffentliche Islamdebatte berauscht: »Volksaustausch« und »Identität«. Der Zwischenruf von Lichtmesz führt sodann direkt in den Theoriefundus der Neuen Rechten. Er variierte die berühmte Formel »An Liberalismus gehen die Völker zugrunde« des Kulturtheoretikers Arthur Moeller van den Bruck, der zu den zentralen Denkern des deutschen Radikalnationalismus der Weimarer Republik zählte. 1922 war die Formel zunächst der Titel eines Aufsatzes von ihm in dem Sammelband *Die Neue Front*, mit dem Autoren der äußersten Rechten für ihren Kampf gegen die junge Demokratie warben.[7] Moeller van den Bruck stellte diese Formel 1923 dann auch in seinem Hauptwerk *Das Dritte Reich* dem Kapitel über den Liberalismus voran.[8] Der Autor hatte eine tiefe Sehnsucht nach staatlicher Autorität und völkischer Bindung, für deren Verschwinden er das westlich-liberale Denken verantwortlich machte. Gerade aufgrund ihres Antiliberalismus wird seitens der Neuen Rechten dieser Denkschule bis heute ein hoher Stellenwert zugesprochen. Der Zwischenruf während der Podiumsdiskussion bestätigte dies einmal mehr.

Vor allem aber zeigte sich im Konflikt Weißmanns mit Stürzenberger, dass in der gefestigten Weltanschauung einer äußersten Rechten der Blick auf den Islam keineswegs nur ablehnend ist. Intellektuelle wie Weißmann sind selbstverständlich in der Lage, zwischen der Religion und ihrer politischen Ausbeutung zu differenzieren. Sie sind nicht unumwunden »islamophob«, wie es eine fatale Fehldeutung unterstellt. Ihr Hauptfeind ist nicht die Lehre Mohammeds, sondern die globale Moderne mit all ihren Konsequenzen. In manchem gleichen sie ihrem islamischen Feind sogar, denn die geistige Welt eines autoritären Ultrakonservatismus, wie ihn der politische Islam darstellt, entspricht ihrer eigenen viel mehr als die der »dekadenten« westlichen Zivilisation. Traditionell spielte der Islam in diesen Kreisen jahrzehntelang nur eine untergeordnete Rolle. Wenn, dann wurde er durch die Zeit aufgrund seiner heroischen Potenzen geschätzt. Ähnlich handhabten es auch die historischen Vorläufer: Julius Evola, esoterisch gestimmter Anhänger des italienischen Faschismus, der fest zum Kanon der Neuen Rechten zählt, lobte in der 1935 auf Deutsch erschienenen *Erhebung wider die moderne Welt* ausdrücklich das heroische Kriegertum des Islam.[9] Ende der dreißiger Jahre begeisterte sich der einflussreiche nationalsozialistische Publizist Giselher Wirsing nach einer Palästinareise für den Islam, da er in ihm eine »ständisch gegliederte Kriegerreligion« sah.[10] Die Spuren dieser Verehrung des »Islam als Kampfgemeinschaft« reichen heute noch bis in die Publikationen neurechter »Islamkritiker«.[11] Mehr als der Religion gilt ihr Kampf der »ethnischen Substanz« eines Landes, die in ihren Augen erst die Grundlage für die Kultur darstellt. Im Denken der Neuen Rechten haben die »Trägervölker« mitsamt ihrer »Kultur« in den ihnen zugehörigen »Räumen« zu bleiben. Gäbe es keine Einwanderung, so wäre für sie eine Allianz mit der islamischen Welt gegen den westlichen Materialismus denkbar.

Das ist in den entsprechenden rechten Debatten zwar oft genug formuliert worden, kam aber nie im Bewusstsein der Öffentlichkeit an. Insofern hätte Weißmanns grundsätzliche

Kritik an Stürzenbergers primitiver antiislamischer Agitation während der Podiumsdebatte eine fruchtbare Irritation sein können. Doch blieb die Debatte 2012 ein Streit am »lunatic fringe«, fern der allgemeinen Rezeption. Sie wurde allenfalls von den wenigen Spezialisten wahrgenommen, die sich mit den Konfliktlinien zwischen politischen Splittergruppen befassen.

DER KOMMENDE AUFSTAND

Heute ist das anders. Die Auseinandersetzungen um Einwanderung und die zunehmende Präsenz des Islam im öffentlichen Raum, der weltweite islamistische Terror und schließlich die Fluchtbewegungen aus Afrika und dem Mittleren Osten nach Europa haben Inhalten, wie sie der »zwischentag« präsentierte, einen enormen Aufwind beschert. Mit der Rhetorik eines Volksaufstandes, als ginge es darum, den Widerstand gegen eine Diktatur zu organisieren, sammelten sich die Unzufriedenen erst auf den Straßen und dann an den Wahlurnen. Mit ihren Parolen von »Volksverrätern« und »Lügenpresse« dachten sie, »denen da oben« einen Denkzettel zu verpassen: der Regierung und ihrer angeblichen Entourage in den Redaktionen und Verlagshäusern. Im Unterschied zum Kampf gegen Diktatoren und Tyrannen wurde jedoch nicht weniger Autorität gefordert, sondern mehr. Sicherheit und Souveränität des Nationalstaats waren das Begehren des Protestes. Wie kaum jemand brachte die 2015 in diesem Milieu gegründete Initiative »Ein Prozent« das Paradox dieser autoritären Revolte auf den Punkt: »Früher gab man den Zehnten, um im Einflußbereich eines Herrschers sicher leben zu dürfen.«[12] Mit diesem Satz, der die Geschichte der bürgerlichen Emanzipation auf den Kopf stellt, warb die Fundraising-Initiative als »Greenpeace für Deutschland« bei ihren Unterstützern um Spenden. Im Stile einer NGO wollte sie Aktionen gegen die Flüchtlingspolitik der Regierung finanzieren. Als Netzwerk äußerst rechter Politiker und Aktivisten war »Ein Prozent« ein weiteres Zeichen, dass rechts der CDU etwas in Bewegung geraten war. Zum inneren Kreis zählen neben Götz Kubitschek der Journalist Jürgen Elsässer des extrem rechten *Compact*-Magazins, der »eurokritische« Jurist Karl Albrecht Schachtschneider und der AfD-Politiker Hans-Thomas Tillschneider. Die äußerste Rechte hatte begonnen, sich fraktionsübergreifend zu formieren. Dass sie dabei mit dem Image des Outlaws kokettierte – »onepercenter« nennen sich die Angehörigen krimineller Rockerbanden –, sollte wohl den Anspruch auf eine revolutionäre Rolle unterstreichen.

Dieser rechte Sammlungsprozess hatte sich bereits in der breiten Debatte über Thilo Sarrazins 2010 veröffentlichtes Untergangsszenario *Deutschland schafft sich ab* angekündigt. Wie Kubitschek selbst in der Rückschau formulierte, war dadurch das »Diskutieren über bestimmte Dinge […] einfacher geworden«. Der Sozialdemokrat Sarrazin habe Begriffe »ventiliert, die wir seit Jahren zuspitzen, aber nicht im mindesten so durchstecken können wie Sarrazin das konnte«.[13] Mit der Auseinandersetzung über Sarrazin waren die Hemmschwellen fraglos gesunken. Doch die institutionelle und politische Ausmünzung der Debatte ließ zum Leidwesen von Akteuren wie Weißmann, Stürzenberger und Kubitschek auf sich warten. In der unmittelbaren Zeit nach dem Erscheinen von Sarrazins Buch konnte keine der ultrarechten Kleinstparteien nennenswerte Erfolge für sich verzeichnen. Als im November 2011 plötzlich bekannt wurde, dass in der Bundesrepublik ein »Nationalsozialistischer Untergrund« für eine rassistische

Mordserie verantwortlich war, versandeten die Versuche einer politischen Offensive von rechts zunächst. Doch Sarrazin hatte etwas geweckt, die »Unzufriedenen« warteten seither auf ihre Chance. In ebendieser Latenzphase fand der »zwischentag« statt, die Neue Rechte war in Habachtstellung und ersehnte die Eskalation. Ganz nach Kubitscheks taktischen Handreichungen: »Wünschen wir uns die Krise! Sie bedrängt, sie bedroht unser krankes Vaterland zwar, aber gerade dies weckt vielleicht seinen Mut, ins Unvorhersehbare abzuspringen und das zu wagen, was den Namen ›Politik‹ verdiente: Nur kein Rückfall ins Siechtum, ins Latente, ins Erdulden!«[14]

Mit Parteigründung der »Alternative für Deutschland« (AfD) 2013 erschien eine Kraft, die das Potential besitzt, die gebündelten Ressentiments in »Politik« umzuwandeln. Sie sollte binnen drei Jahren die politische Landschaft der Bundesrepublik verändern. Vor allem 2016 errang sie bei mehreren Landtagswahlen zweistellige Ergebnisse: Baden-Württemberg 15,1 Prozent, Berlin 14,2 Prozent, Mecklenburg-Vorpommern 20,8 Prozent, Rheinland-Pfalz 12,6 Prozent, Sachsen-Anhalt 24,3 Prozent. Im Herbst 2014 formierte sich zudem die Bewegung Pegida auf den Straßen von Dresden. Wie deutlich sich hier den Inhalten des »zwischentags« ein Resonanzboden bot, wurde bei einem gemeinsamen Auftritt des thüringischen AfD-Vorsitzenden Björn Höcke mit dem Pegida-Funktionär Siegfried Däbritz in Erfurt deutlich. Als habe er Weißmann auf dem »zwischentag« persönlich gelauscht, verkündete auch Höcke: »Der Islam ist nicht mein Feind, unser größter Feind ist die Dekadenz.«[15]

In der Dynamik der Ereignisse traten nun Kader der Neuen Rechten wie der Verleger Götz Kubitschek vor einem großen Publikum auf. Waren die Massen ihnen bisher nicht gefolgt, so folgten sie nun eben den Massen; elitärer Anspruch hin oder her. Sie sprachen auf Pegida-Kundgebungen und berieten Politiker. Neurechte Medien profitierten direkt davon. Die *JF* verkündete einen stetigen Zuwachs ihrer Leserschaft und entwickelte sich zur inoffiziellen Parteizeitung der AfD. Bereits vor den großen Erfolgen der Partei bei den Landtagswahlen 2015/16 ließ sich zudem mit Björn Höcke ein Vertreter des völkischen Flügels von seinem Weggefährten und Duzfreund Kubitschek in der *Sezession* interviewen.[16] Ein hoher Funktionär der Partei, Alexander Gauland, berief sich in einer ARD-Talkshow auf die Zeitschrift. Nachdem sich der völkisch-nationale Flügel in einer parteiinternen Auseinandersetzung hatte durchsetzen können, wurde die Allianz noch enger. Als seine Partei bei den Landtagswahlen in Sachsen-Anhalt über 24 Prozent der Stimmen erhalten hatte, zeigte sich der AfD-Fraktionsvorsitzende André Poggenburg demonstrativ mit Kubitschek auf einer Pressekonferenz des *Compact*-Magazins.[17] Während der Auseinandersetzung über die antisemitischen Pamphlete des AfD-Abgeordneten Wolfgang Gedeon im Frühsommer 2016 war es für den »Parteiphilosophen« Marc Jongen, einen ehemaligen Assistenten Peter Sloterdijks, schon selbstverständlich, sich sowohl in der *JF* als auch gegenüber der *Sezession* in der Sache zu äußern.[18] Binnen kurzer Zeit hatte eine Szene, die sich jahrelang selbst genug gewesen war, den Weg in die tagespolitische Auseinandersetzung gefunden. Bislang Offiziere ohne Soldaten, schien die Neue Rechte in den »besorgten Bürgern« die Armee gefunden zu haben, die ihnen so lange gefehlt hatte. Mit ihrem Einfluss auf die AfD verfügt sie nun über ein Instrument, um ihre politischen Vorstellungen in die Parlamente zu tragen. Teile der Gesellschaft bewegten sich auf ihre Positionen zu, ein Prozess der Normalisierung hatte begonnen.

Schlagartig rückte mit dieser Entwicklung ein Milieu in den Fokus der Berichterstattung, von dem nur wenige Fachleute tiefere Kenntnis hatten. Der Film zum *trailer*, um im Bild Braudels zu bleiben, war angelaufen. Journalisten, in deren Vorstellungswelt »Rechte« nur als stiefeltragende Schläger existierten, rieben sich die Augen angesichts der Tatsache, plötzlich mit eloquenten Ideologen konfrontiert zu werden. Götz Kubitschek wurde zum gefragten Interviewpartner. Wie die *Sezession* spöttisch anmerkte, geriet die Homestory aus seinem Wohnsitz in Schnellroda zu einer »Art journalistischem Sub-Genre«.[19]

Bedeutung verschaffte Öffentlichkeit und Öffentlichkeit verschaffte Bedeutung. Die Neue Rechte war aus der Kulisse auf die große Bühne getreten und alle waren erstaunt. Ob als Intellektuelle, Aktivisten oder Volksredner, auf einmal sah man ihre Protagonisten vor den Transparenten von Pegida, bei AfD-Parteitagen oder auf den Schulungen in Schnellroda. Sie waren jedoch keineswegs aus dem Nichts aufgetaucht. Die politische Agenda der Neuen Rechten ist seit Jahrzehnten ausformuliert. Angefangen mit der Sarrazin-Debatte war allerdings deutlich geworden, dass mit ihr zu rechnen sein wird.[20] Das macht einen Streifzug durch die Geschichte dieser Strömung dringend erforderlich.

EIN »68 VON RECHTS«?

Die Vorstellungen, was die Neue Rechte eigentlich sei, sind diffus. Meist werden drei Punkte genannt, was das »Neue« an der Strömung ausmache: erstens eine inhaltliche Distanz zum »Dritten Reich«, die sich an der Auswahl nichtnationalsozialistischer Stichwortgeber festmache; zweitens eine

Intellektualisierung der Rechten, die mit einem elitären »Stil« einhergehe und die Neue Rechte von den plebejischen Neonazis unterscheide; und drittens eine europäische Orientierung, die zumindest punktuell den alten Nationalismus zu überwinden trachte. Alle drei Kriterien treffen jedoch nur bedingt zu: Die behauptete Distanz der historischen Vorbilder zum Nationalsozialismus hält oft genug einer genaueren Untersuchung nicht stand. Das theoretische Gerüst der neurechten Weltanschauung ruht auf einem ausgeprägten Antirationalismus und die aristokratische Haltung ist nichts als Pose. Selbst ihre Fassung der europäischen Idee führt die alteuropäischen nationalistischen Bruchlinien fort. Zur Bestimmung empfiehlt sich daher die Orientierung an dem Adjektiv »neu«. Es zielt auf die Zeit und damit stellt sich die Frage nach dem Anfang dieser »Neuen Rechten«.

Es ist verlockend, die Geschichte der Neuen Rechten mit dem Jahr 1968 beginnen zu lassen. Mit diesem Geburtsdatum ließe sie sich als Modernisierungsbewegung innerhalb eines verkrusteten Milieus erzählen. Sie fände sich in das bundesrepublikanische Narrativ von der Kulturrevolution der Außerparlamentarischen Opposition (APO) eingebettet, nur eben spiegelbildlich. In dieser Erzählung fungiert die AfD schließlich als eine Entsprechung zu den Grünen, die aus der APO hervorgingen und in ihrer Anfangsphase mehrere Häutungen durchlebten. Bei eingehender Betrachtung geht diese Rechnung zwar nicht auf, vieles an der Neuen Rechten war altbekannt. Dennoch gibt es eine Reihe interessanter Parallelen, die eine Interpretation der Neuen Rechten als ein »'68 von rechts« inspirierten.

Maßgeblich befördert wurde die Wahrnehmung der Neuen Rechten als eine Reaktion auf die APO dadurch, dass sie ihren ersten Höhepunkt im »roten Jahrzehnt« der siebziger

Jahre hatte. Im gleichen Zeitraum begann auch die Revolte der 68er institutionelle Früchte zu tragen. Es herrschte eine demokratische Aufbruchsstimmung im Land. Parlamentarisch schlug sich der neue Zeitgeist in Form der sozialliberalen Koalition nieder, die 1969 die Konservativen erstmals in die Opposition geschickt hatte. Zudem hatte die NPD, trotz vorheriger Erfolge in den Landesparlamenten, den Einzug in den Bundestag nicht geschafft. Die äußeren Bedingungen für Politik waren andere geworden und die alte Rechte geriet zwischen Spießbürgertum und NS-Nostalgie in eine tiefe Krise.

Wie so oft waren es die Jungen, die ein feines Gespür für diese Umbruchssituation hatten. Tatsächlich wird auch seitens der Forschung betont, dass die Grenze zwischen »alter« und »Neuer« Rechter anhand der Generationen bestimmbar ist. Funktionäre und Anhänger der 1964 gegründeten NPD entstammten Ende der siebziger und Anfang der achtziger Jahre meist Jahrgängen, die den Nationalsozialismus bereits als Erwachsene erlebt hatten. Für die Vertreter der Neuen Rechten galt das nicht mehr. Sie entstammten, wie die Forschung ergab, im Durchschnitt dem Geburtsjahrgang 1938: »Entsprechend kann davon ausgegangen werden, dass sich die ›Neue Rechte‹ hinsichtlich ihrer Altersstruktur von der ›alten Rechten‹ tatsächlich unterschied.«[21] Ganz wie bei der Neuen Linken trat eine Generation an, die dem Politikstil einer neuen Zeit verpflichtet war. Unter der Selbstbezeichnung »Junge« oder »Neue« Rechte galt es, sich weniger verbissen zu präsentieren als der alte Nationalismus, offener für zeitgenössische Debatten. Das geeignete Mittel für diese Politik waren weniger die traditionellen, also nationalistischen Massenverbände und Parteien, sondern Institute und Zeitschriften. Die Suche nach einer Geschichte der Neuen Rechten führt also in jenes Milieu, das sich auch auf dem »zwischentag« ein Stelldichein gab.

Eine Betrachtung der publizistischen und organisatorischen Plattformen dieser neurechten Generation fördert genau die diffuse weltanschauliche Mischung zutage, die für diese Kreise bis heute kennzeichnend ist. Sie schließt ein nationalkonservatives Spektrum ebenso ein wie nationalrevolutionäre und nationalsozialistische Akteure, mitunter bietet sie sogar mystisch-esoterischen Belangen Raum. In Deutschland stellte unter anderem die 1970 vom Nationalkonservativen Caspar von Schrenck-Notzing gegründete Zeitschrift *Criticón* diesen neuen Stimmen eine solche publizistische Plattform bereit. Der heutige AfD-Politiker Alexander Gauland war schon Autor von *Criticón*, als er noch das Parteibuch der CDU hatte.

Auch in der NPD führten die Erneuerungsdebatten zu einer Abspaltung. 1972 gründete sich aus ihren Reihen eine »Aktion Neue Rechte«. Darin sammelten sich unzufriedene junge Revolutionäre, denen die Partei zu bieder war. Ihr schlossen sich Anhänger der heute vergessenen Unabhängigen Arbeiter-Partei (UAP) an, die sich auf nationalrevolutionäre Ideen beriefen. Die Personalbestände dieser Sammlungsbewegung rekrutierten sich also zunächst aus den vorhandenen Strukturen der extremen Rechten. Die Geschichte der Neuen Rechten ist daher eine Geschichte von Restrukturierungen und Synergien.

Entsprechend waren auch ältere Jahrgänge an den Vorgängen beteiligt, und wenn sie nur vermittelnd wirkten. Der ehemalige SS-Offizier Arthur Erhardt brachte den 1942 geborenen Henning Eichberg 1966 in Kontakt mit der französischen Fédération des étudiants nationalistes (FEN), einer nationalistischen Studentenorganisation mit revolutionärem

Selbstverständnis. Wie Volkmar Wölk, einer der wenigen deutschen Kenner der französischen »Nouvelle Droite«, schreibt, entsprang dieser Gruppe »ein wesentlicher Teil« ihrer »späteren Protagonisten«.[22] Durch diese Verbindung kannte Eichberg den ein Jahr jüngeren Alain de Benoist. Beide sollten in den nächsten Jahren zu Schlüsselfiguren der deutschen und französischen Neuen Rechten werden. Eichberg trug zur Aktion Neue Rechte sein »Manifest einer europäischen Bewegung« bei. Benoist gründete bald darauf mit anderen Führungskadern der FEN die Groupement de recherche et d'études pour la civilisation européenne, GRECE (zu Deutsch: Forschungs- und Studiengruppe für die europäische Zivilisation). Dank Arthur Erhardt stand Autoren wie Eichberg und Benoist in den Folgejahren mit *Nation Europa* ein bereits in der extremen Rechten etabliertes Blatt mit europäischer Ausrichtung zur Verfügung. Die Zeitschrift war 1951 mit französischen Geldern gegründet worden und stand »von Beginn an für die europäische Vernetzung im Geiste der Waffen-SS«.[23] Derartige Projekte richteten sich vor allem gegen den gemeinsamen Gegner im Osten und erinnerten nicht von ungefähr an die Kollaboration der Kriegsjahre, als französische Rechtsintellektuelle für den Kampf an der Seite der Deutschen eintraten. Jetzt sollte die nächste Generation diesen Weg beschreiten. Die Neue Rechte stand also auch in einer faschistischen Bündnistradition.

Gerade hinsichtlich des französischen Einflusses bei der Gründung einer Neuen Rechten stößt der beliebte Vergleich mit 68 wiederum an seine Grenzen. Volkmar Wölk hat darauf hingewiesen, dass ihre Konstituierung vor dem linken Mai 68 im Pariser Quartier Latin datierte: Die »Gründungsversammlung ihrer Hauptorganisation« GRECE fand »bereits im Januar 1968 in Nizza« statt. Für Wölk ist die Charakterisierung der Neuen Rechten als eine »Reaktion« auf 68 daher ein »Mythos«.[24] Die Nouvelle Droite selbst erhebe diesen Anspruch nicht, wie er anhand eines Zitats von Alain de Benoist zeigt. Der bestreitet den spiegelbildlichen Charakter unter dem Hinweis, dass es »niemals eine ernsthafte Analyse des Mai 68 durch die Rechte gegeben« habe. Den Grund dafür sieht Benoist darin, wie er nicht ohne Kritik anmerkt, »dass die Rechte nur selten irgendetwas analysiert«.[25] Ebendas wollten Autoren wie Benoist ändern.

Im Laufe der siebziger Jahre gewannen diese deutsch-französischen Synergien an Relevanz. 1980 gründete sich nach dem französischen Vorbild von GRECE in Deutschland das »Thule-Seminar«, um die weltanschauliche Arbeit zu verfestigen. Hieß die 1973 gegründete Zeitschrift von GRECE *Éléments*, nannte sich das 1986 geschaffene Periodikum des Thule-Seminars *Elemente*. Die Nähe des Thule-Seminars zum Grabert-Verlag, der als führender Verlag geschichtsrevisionistischer und NS-apologetischer Literatur etabliert war, zeigt erneut die Schwierigkeit, klare Grenzen zur »alten« extremen Rechten zu ziehen. Um die Tücken dieses permanenten Ausfransens ins altrechte Lager zu umgehen, weist die Strömung in ihrer Eigengeschichtsschreibung selbst auf ihre Heterogenität hin und bevorzugt die Bezeichnung im Plural: »Die ›Neue Rechte‹ bildet keine Einheit. […] Wenn überhaupt, dann wäre von den ›Neuen Rechten‹ […] zu sprechen.«[26]

REVOLUTIONÄRE FÜR DIE NATION

Naheliegend ist jedoch eine Verbindung zum Zeitgeist von '68, die sich besonders in der »nationalrevolutionären« Strömung niederschlug. Hier finden sich nicht nur bereits die

Anleihen, die die heutige Neue Rechte programmatisch bei der Linken tätigt. Ideologische Grenzgänger versuchten, in den Gewässern der Gegenseite zu fischen. So konnte etwa Henning Eichberg 1978 in der Zeitschrift *dasda/avanti*, die Klaus Rainer Röhl, einstmals Herausgeber der linken *konkret* und Ehemann von Ulrike Meinhof, herausgab, die Parole »National ist revolutionär« ausgeben. Den Anlass zu diesem Grenzübertritt hatten Spekulationen des ehemaligen APO-Kopfes Rudi Dutschke in seinem dänischen Exil über die Integration der »nationalen Frage« von links gegeben.[27]

Kurz darauf gründeten Nationalrevolutionäre mit *wir selbst – Zeitschrift für nationale Identität* ein eigenes Organ. *Wir selbst* sollte Eichbergs Hausblatt werden und ihm eine Bühne als »Experte in nationalrevolutionärer Politik« bieten.[28] Der Name ihrer Zeitschrift war eine Übersetzung von *Sinn Féin*, dem Namen der irisch-republikanischen Unabhängigkeitsbewegung. Damit bezog sich schon der Titel direkt auf eine Gruppe, der traditionell vor allem die Sympathien der Linken dieser Zeit galten. Diese Irritation war programmatisch, denn *wir selbst* bot eine spezifisch rechte Form des zeitgenössischen Antiimperialismus, der sich in ihrem Fall allerdings gegen die USA und UdSSR gleichermaßen richtete. Ein gewisses Faible für den libyschen Revolutionsführer Muammar al-Gaddafi machte die Verwirrung komplett (dem wiederum eine großzügige Spende an das Heft nachgesagt wurde).[29] Diese Linie findet heute ihre Fortsetzung in den außenpolitischen Bestrebungen der Neuen Rechten, die sich nach dem Niedergang der Sowjetunion mehrheitlich gegen die USA stellt und dabei auch Positionen pro Putin oder für den syrischen Baathisten Assad bezieht.

Im Mittelpunkt dieses nationalrevolutionären Konzeptes standen bereits Begriffe wie »nationale Identität« und »Souveränität« wie auch die Verpflichtung gegenüber regionalen Traditionen. Die linke Rhetorik vom Befreiungskampf in der Dritten Welt wurde, wie heute wieder, auf Deutschland übertragen. Als Hauptziel galt die Überwindung von nationaler Teilung und Besatzung durch die Siegermächte. Das war nicht die einzige Modifikation: Die traditionellen Lehren von der weißen Überlegenheit, die den europäischen Rassismus geprägt hatten, wurden durch das neue Konzept des »Ethnopluralismus« ersetzt, der eine Gleichwertigkeit homogener Völker in ihren angestammten Lebensräumen propagiert. Das klang zunächst wesentlich menschenfreundlicher als die üblichen Ungleichheitslehren, barg aber im Glauben an ethnische Homogenität und der Verbindung von Volk und Raum dieselben Ausschlussmechanismen, nur in modernisiertem Gewand. Als Herausgeber von *wir selbst* zeichnete Siegfried Bublies, zuvor Mitglied der NPD-Jugendorganisation Junge Nationaldemokraten und später Militaria-Verleger und Funktionär der Rechtsaußen-Partei Die Republikaner.

Die inhaltliche Ausrichtung nach rechts von *wir selbst* war auf den ersten Blick nicht erkennbar. Das Blatt schien sich nicht nur in der Machart, sondern auch in seiner Themenwahl kaum von der Flut kleiner alternativer Zeitschriften linken Zuschnitts dieser Zeit zu unterscheiden. Durchaus eine zeittypische Verwirrung, die sich bei anderen neurechten Organen wie dem *Jungen Forum* wiederholte, in dem Alain de Benoist publizierte. Die erste Ausgabe von *wir selbst* wartete im Dezember 1979 mit einem Rudi-Dutschke-Porträt auf dem Titel auf. Doch die Präsentation »linker« Themen des Zeitgeistes, darunter Ökologie und Arbeitnehmerrechte, stand stets unter dem Paradigma von nationaler Identität und eigentlichem Volkstum: »Wer für nationale Identität in Deutschland eintritt, wird selbstverständlich den Freiheitskampf der Korsen, Basken, Eriträer, Kurden, Waliser usw. unterstützen, ebenso selbstverständlich wird die Solidarität im Kampf gegen Diktatur, kapitalistische Ausbeutung und marxistische Konzentrationslager sein oder gegen Atomkraftwerke – seien sie in Ost oder West.«[30] Aus dieser Perspektive widmete sich *wir selbst* ausführlich Themen wie der alliierten Besatzung, den verlorenen Ostgebieten des Reiches oder der deutschen Teilung. Letztere suchte man unter ähnlich antiimperialistischen Prämissen zu fassen wie etwa die Nordirlandfrage. Dem revolutionären Nationalismus kam bei diesen Brückenschlägen eine zentrale Rolle als »Emanzipationsbewegung« zu, um nach der Niederlage der Imperien »das Zusammen- und Miteinanderleben der Völker auf der Basis des Prinzips Ethnopluralismus zu ermöglichen«.[31] Die Quintessenz lautete daher »Befreiungsnationalismus gegen Sowjet- und US-Imperialismus« und gab einen Vorgeschmack auf den besonderen völkischen Inter-Nationalismus, den die Neue Rechte bis heute pflegt.[32] Damit bot *wir selbst* im Stile des damaligen Alternativmilieus die bis heute wesentlichen Stichworte neurechter Politik auf.

Schon *wir selbst* zeigt, dass das »widerständige« und »antibürgerliche« Gebaren heutiger Rechter kein neues Phänomen ist. Die Publikation zielte bewusst auf die alternative Gegenkultur, die sich im Laufe der siebziger Jahre unter den Fahnen von Umwelt- und Bürgerinitiativen oder der Friedensbewegung sammelte. Da sich dieses Milieu in der 1980 gegründeten Partei Die Grünen zusammenschloss, fand der nationalrevolutionäre Ansatz auch dort prominente Unterstützung. So gab es um den Ökologen Herbert Gruhl Kreise, die eher in der Tradition der völkischen Lebensreformbewegung aus der Frühzeit des 20. Jahrhunderts standen und für den Ansatz von *wir selbst* durchaus offen waren. Der DDR-Dissident

Rudolf Bahro, nach seiner Ankunft im Westen ebenfalls bei den Grünen aktiv, nutzte *wir selbst*, um eine Hinwendung der Partei zur nationalen Frage zu propagieren: »Die Ökologie- und Friedensbewegung sollte auch ihren nationalen Anspruch geltend machen. Dies wird also sehr wesentlich sein, ob wir auf der abrüstungspolitischen Ebene, Friedenspolitik etc. durchkommen werden. Ob wir also praktisch der Politik ›wir und Amerika‹, wie die CSU in Bayern mal plakatieren ließ, eine nationale Alternative entgegenzusetzen haben.«[33]

Vor diesem Hintergrund bemerkenswert sind heute die langjährige Autorenschaft von Bahros Ziehsohn Erik Lehnert für die *Junge Freiheit* und seine Rolle als wissenschaftlicher Leiter des IfS. Lehnert selbst bringt die eigene politische Entwicklung mit den Einflüssen seines Stiefvaters und dessen Umfeld in Verbindung.[34] Entsprechend verfasste er bereits 2007 für die *Sezession* ein Porträt Bahros, in dem er ihn als eine »Kreuzung aus russischem Revolutionär und deutschem Klassiker« beschrieb und der eigenen politischen Richtung zuschlug. Sein Urteil über Bahro lautete, dessen »Rebellion war deutsch, weil sie auf das Ganze zielte.«[35] Das *Staatspolitische Handbuch* des IfS führt Bahro bereits als »Vordenker«.[36] So lässt sich die Geschichte alternativer Lebenskonzepte und ihrer Köpfe aus den siebziger Jahren auch von rechts schreiben. Zur Einschätzung heutiger, sich ebenfalls »alternativ« und »ethnopluralistisch«, mitunter gar »revolutionär« gebender Rechter ist die Kenntnis dieses Nischenmilieus unabdingbar.

Diesen Befund stützt auch eine Notiz von Kubitschek, man kenne den ehemaligen Herausgeber Siegfried Bublies »aus alten ›Wir Selbst‹-Zeiten«.[37] Der Hintergrund dieser Bemerkung ist, dass 1995, als nach zweijähriger Pause wieder eine Ausgabe der »Zeitschrift für nationale Identität« erschien, im Impressum Namen auftauchten, die vor allem Lesern der

JF schon geläufig waren. Deren Autorin Ellen Kositza, die Frau Kubitscheks, schrieb ab 1999 für *wir selbst*. Auch Lehnert griff dort zur Feder. Ebenso findet sich Arne Schimmer vertreten, jener heute bei der NPD aktive langjährige Freund des neurechten Stammhauses in Schnellroda. Der *JF*-Autor Claus Michael Wolfschlag, ebenfalls bei *wir selbst* vertreten, wird heute von Kositza als derjenige genannt, der sie als Jugendliche überhaupt erst ins Gleis der Neuen Rechten gesetzt habe.[38] *Wir selbst* war nicht nur in den Anfängen der Neuen Rechten bedeutsam, sondern noch Mitte der neunziger Jahre ein ausgesprochenes Sammelbecken der nächsten neurechten Generation.

Trotz dieser zeittypischen Annäherungen von Milieu und Themen, für die auch *wir selbst* stand, ist die Neue Rechte nicht allein als Reaktion auf die Studentenbewegung der sechziger Jahre zu erklären. Sicher wurde sie von der Präsenz und dem Erfolg der APO beeinflusst. Vor allem aber fand ihre Politik unter den gleichen politisch-kulturellen Bedingungen statt und wurde zunächst von den gleichen Geburtsjahrgängen getragen wie die Neue Linke. Es gab jedoch immer auch inhaltliche und personelle Brücken zur alten Rechten und insbesondere zum theoretischen Kanon der Zwischenkriegszeit. Vieles, was die Neue Rechte propagierte, fand sich bereits in den Texten von Autoren der Weimarer Zeit wie Oswald Spengler, Ernst Jünger, Ernst von Salomon und Arthur Moeller van den Bruck. Sie stand daher in einer klaren weltanschaulichen Tradition der alten Rechten.

Ähnliches ließe sich übrigens genauso über die APO sagen, die sich ebenfalls auf die Klassiker ihrer Ideengeschichte berief. Auch sie war keineswegs ein Produkt des Jahres 1968, sondern hatte einen langen Vorlauf in der Beat Generation, der Friedensbewegung und den Jazzkellern der fünfziger

Jahre. Letztlich ist die These von der Neuen Rechten als einem »68 von rechts« nur der Gegenmythos zum Mythos »68«. Sie kann höchstens den jugendlichen Elan und einige Veränderungen im Auftreten erklären, liefert aber sonst keine tiefere Erkenntnis. Die Genealogie der Neuen Rechten führt noch weiter zurück in die Vergangenheit.

ARMIN MOHLER – DIE ERFINDUNG EINER TRADITION

Ein ganz anderes Geburtsdatum einer Neuen Rechten, lange vor dem symbolischen »1968«, ergibt sich aus der Betrachtung von Leben und Werk des Schweizers Armin Mohler, um den sich diverse Legenden ranken. Wie die gesamte Strömung changierte er zeit seines Lebens zwischen Nationalsozialismus, europäischem Faschismus und Radikalkonservatismus. Seine Schriften zählen zum weltanschaulichen Kanon und werden zu jeder sich bietenden Gelegenheit in neurechten Debatten zitiert. Mohlers persönlicher Einfluss auf die Akteure der Neuen Rechten ist kein Geheimnis. Karlheinz Weißmann beschrieb das gegenseitige Verhältnis als das von Lehrer und Schüler und wurde schließlich Mohlers Biograph. Das Buch erschien im Verlag Kubitscheks, der wiederum bei Mohlers Beerdigung 2003 als »Vertreter« von dessen »letzter Schülergeneration« sprach.[1] Kurzum, Mohlers Name genießt Autorität und sein Werk ist ein weiterer Schlüssel zur Genese einer Neuen Rechten. Weißmann urteilte gar: »Mit dem Tod Armin Mohlers ist eine Epoche in der Geschichte des Konservatismus der Nachkriegszeit zu Ende gegangen. Stärker als jeder andere Vertreter der rechten Intelligenz hat er prägend gewirkt.«[2] Ob er tatsächlich »epochale« Wirkung, zumal für den Konservatismus, hatte, sei dahingestellt. Denn Mohler hatte dessen Diskursrahmen eigentlich stets gesprengt. Diese Taktik, unter der Fahne des Konservativen die Grenzen bis weit in faschistisches Gelände hinein zu verschieben, wenden seine Epigonen bis heute an. Nicht nur deshalb wirkte er für die deutsche Nachkriegsrechte zweifellos als ein unverzichtbarer Autor und Netzwerker. Vor allem aber stiftete er ihr einen Mythos, mit dem sie nach der Niederlage des Deutschen Reiches 1945 einen Neubeginn wagen konnte. Es war der Mythos einer »Konservativen Revolution«.

»MONUMENTALE UNTERERNÄHRTHEIT«

Armin Mohler hatte bereits ein bewegtes Leben hinter sich, als er zu einem der zentralen Denker der äußersten Rechten wurde. Begonnen hatte die politische Biographie des 1920 Geborenen in Basel, das in der Vorkriegszeit einen »roten« Ruf genoss. Der junge Mohler will dort Kontakt mit linksintellektuellen Studentenkreisen gepflegt haben, was ihm zeitlebens den Nimbus eines marxistischen Konvertiten einbrachte. Es ist allerdings wahrscheinlicher, dass die Geschichte von der linken Studentenzeit vor allem dem Zweck diente, sich interessant zu machen. Günter Maschke jedenfalls, ein ehemaliger APO-Aktivist, der den Weg vom Marxismus in die Neue Rechte selbst beschritten hatte, merkte dazu einmal an, Mohlers linke Vergangenheit könne »unmöglich stimmen«. Gleichwohl er Mohler kannte und durchaus schätzte, wies Maschke zu Recht darauf hin, dass dessen Repertoire keinerlei Spuren marxistischer Begriffe enthalten habe, wie es bei »Überläufern« wie ihm selbst gang und gäbe gewesen sei. Vielmehr glaube er, »daß seine Kenntnis des Marxismus sehr bescheiden war, fast null«.[3] Tatsächlich hat sich Mohler nur wenig mit marxistischer Theorie befasst. Sein Hauptfeind war, wie er immer wieder betonte, der Liberalismus, dem er den Marxismus kurzerhand zuschlug. Die

Modelle beider Großmächte galten ihm als Gleichmacherei, die die natürlichen Hierarchien unter den Menschen zerstörten. »Wir werden alles nur Menschenmögliche tun, um nie zwischen Ost und West, zwischen Liberalismus und Kommunismus wählen zu müssen«, schrieb in dieser Tradition Mohlers Freund Alain de Benoist. Egalitarismus sei eine typische Zerfallserscheinung, der man entschieden begegnen müsse: »Jede Diktatur ist verächtlich, aber verächtlicher noch ist jede Dekadenz. Eine Diktatur kann uns morgen als Individuen vernichten. Dekadenz jedoch vernichtet unsere Überlebenschancen als Volk.«[4] Letztlich fochten Mohler und seine Schüler einen Kampf gegen den Universalismus der Aufklärung, der ihnen als Grundlage aller egalitärer Konzepte galt.

Als zentrales Ereignis in Mohlers jungen Jahren nennt dieser selbst auch keine klassenkämpferischen Aktionen oder Lektüren, sondern den Versuch, sich als Schweizer Freiwilliger in den Reihen der Waffen-SS dem Kampf des Deutschen Reichs gegen die Sowjetunion anzuschließen. Rückblickend schilderte er diese Episode als eine spontane Entscheidung zur Tat, die er in die Legende seiner linken Anfänge einbettete: »[D]ieser Moment während des Krieges, 1941, wo meine Mutter ins Zimmer kommt und mir, dem linken, antifaschistischen Studenten sagt, die Deutschen sind in Rußland einmarschiert. Das hatte nichts mit Antikommunismus zu tun. Ich hatte einfach das Gefühl, jetzt geht's um die Wurscht! und: da gehörst du irgendwo hin. Meine größere Identität, die über die bloße Heimat hinausging, das war eben doch Deutschland. Das war auch die Zeit, wo ich [Ernst] Jünger zu lesen begann. So kam ich an den ›Arbeiter‹, und der wirkte derart explosiv, daß ich dann das Buch zumachte und am 5. Februar über die Grenze nach Deutschland ging.«[5]

Für einen angeblichen Linken war das ein überraschender

Schritt. Mohler begründet ihn damit, dass ihm das Leben in der Schweiz schlicht zu langweilig geworden sei und er sich nach einer mannhaften Bewährung gesehnt habe. Die Entscheidung, so will es das sorgsam gehegte Legendengebäude um Mohler, sei daher keine politische für das nationalsozialistische Deutschland, sondern eine geradezu transzendente für das »ewige Reich« gewesen. Sie galt, wie Karlheinz Weißmann schreibt, nie nur »Deutschland als Machtstaat«, sondern »Deutschland als geistige[m] Prinzip, als metaphysische Größe, als Heilmittel für die ›monumentale Unterernährtheit‹«.[6] Damit stilisierte Mohler seinen illegalen Übertritt auch zu einer geistigen Grenzquerung. Im Deutschen Reich hoffte er alle Erhabenheit zu finden, die ihm unter den Eidgenossen fehlte.

Der junge Überläufer kam zunächst in das Stuttgarter Panoramaheim, eine Sammelstelle für Freiwillige, die Schweizer Nationalsozialisten in Zusammenarbeit mit der SS betrieben. Allerdings erreichte er nie sein Ziel, in deutscher Uniform gegen die Sowjetunion zu kämpfen. Die genauen Gründe dafür sind nicht bekannt, überliefert sind nur Mohlers eigene Darstellungen. Gegenüber dem Landgericht Bonn gab er 1969 zu Protokoll, ihn habe das Interesse deutscher Vernehmungsbeamter an der Bewaffnung Schweizer Grenzgarnisonen und an innenpolitischen Aktivitäten der Schweiz abgeschreckt. Er habe Soldat und nicht Spitzel werden wollen. Zudem, so Mohlers Selbstdarstellung, störten ihn die deutsche Bürokratie und die »Kommissartypen« in den Reihen der SS.[7] Kurzum, das Abenteuer verlief nicht in den erwarteten heroischen Bahnen, weshalb Mohler sich statt an die Ostfront nach Berlin begab, um dort Kunstgeschichte zu studieren.

In der Reichshauptstadt, so schrieb er 1969, sei er in »konservative« Kreise gekommen, die »kritisch zum Nationalsozialismus eingestellt« gewesen seien. Durch diesen Umgang habe er auch von den »Massenvernichtungen« im Osten gehört und daher nicht mehr mit »hundertprozentige[r] Überzeugung« hinter der deutschen Sache gestanden.[8] Desillusioniert sei er schließlich in die Schweiz zurückgekehrt. Später, das sei hier bereits erwähnt, sollte er jedoch scharf gegen eine kritische Aufarbeitung des Nationalsozialismus polemisieren. Denn seiner Ansicht nach hätten die Deutschen »allenfalls Einfluß darauf, wie sie bewältigen. Ob sie überhaupt bewältigen müssen, wird vorerst noch von außen entschieden.«[9] Auch seine Parteinahme für Holocaust-Leugner lässt an seiner Berliner Legende zweifeln.

Ohnehin beschrieb Mohler Jahrzehnte später ein anderes Ereignis in dieser Zeit, das so gar nicht zum »kritischen« Blick auf die SS passen will. In einem ausführlichen Interview berichtete er von einer Art paneuropäischem Erweckungserlebnis, das ihn auf einem Sommerlager 1942 an der Ostsee ereilt habe. Dort sei unter nationalsozialistischer Schirmherrschaft eine »Internationale der Jugend« aus verschiedenen nationalistischen Organisationen Europas versammelt gewesen. Daran teilgenommen hätten mitten im Krieg Flamen, Wallonen, Dänen, Spanier, Holländer und Franzosen, selbst Briten seien angereist, um »ein Europa freier Nationen« zu schaffen. Für Mohler war das eine Ansammlung der europäischen Elite, die eine endgültige und lebenslange Entscheidung bewirkte: »[V]on da an war ich Wahldeutscher.«[10] In dieser Schilderung ist die zum »europäischen Geist« glorifizierte multinationale Konzeption der Waffen-SS unübersehbar, die im Europagedanken des westeuropäischen Faschismus ihre Entsprechung hatte.[11] Dies stellt das europapolitische Erbe dar, das die Neue Rechte antrat.

DIE »KONSERVATIVE REVOLUTION«

Zurück in der Schweiz erwartete Mohler zunächst eine kurze Haftstrafe für sein »Reislaufen«, wie man dort den Waffendienst unter fremder Fahne traditionell nennt. Da er zum Zeitpunkt seines Deutschlandaufenthaltes formal noch Angehöriger der Schweizer Armee gewesen war, hatte er gegen geltendes Recht verstoßen. Im Anschluss daran wandte er sich wieder dem »deutschen Geist« zu. In seiner 1949 erschienenen Dissertation *Die Konservative Revolution in Deutschland 1918–1932* versuchte er, aus den unterschiedlichsten Autoren des deutschen Radikalnationalismus eine eigenständige Denkschule zu konstruieren, die er vom »Dritten Reich« geschieden wissen wollte. Dafür begab er sich auf eine Gratwanderung »zwischen Wissenschaft und Mythos«.[12] Mit der Erfindung einer »Konservativen Revolution« sollte der durch Nationalsozialismus, Shoah und Kriegsniederlage belasteten deutschen Rechten wieder zu einer positiven Tradition verholfen werden. Er wollte, wie er es in einer schiefen, aber wirkmächtigen Analogie fasste, an die »Trotzkisten des Nationalsozialismus« erinnern und ihre Werke wieder in den politischen Diskurs zurückholen.[13] Nicht zuletzt ging es ihm darum, dem Reichsbegriff als einer politischen Option gegenüber der jungen Bundesrepublik ein Überleben zu sichern.

Die *Konservative Revolution* wartete zu diesem Zweck mit einigen gewagten Konstruktionen, Auslassungen und Legenden auf. Anders war Mohlers Ansinnen auch kaum umsetzbar. Wie Helmut Kellershohn kritisch feststellt, versuchte Mohler hinsichtlich des Verhältnisses seiner »Konservativen Revolutionäre« zum Nationalsozialismus rückblickend »zu trennen [...], was in der historischen Realität doch eher durch Nähe und Verwobenheit gekennzeichnet ist«.[14] Das in den folgenden Jahren mehrfach erweiterte Handbuch fasste einerseits höchst heterogene Phänomene aufseiten der Rechten zusammen, um sie andererseits mit dem gemeinsamen Merkmal zu versehen, nichts mit dem Nationalsozialismus zu tun gehabt zu haben. Bemerkenswert im Hinblick auf den »revolutionären« Habitus der Neuen Rechten in der Bundesrepublik ist zudem, in welchem Maß sich die von Mohler aufgelisteten Autoren bereits Themen und Semantiken zuwandten, die gewöhnlich der Linken zugeschlagen wurden.

Das Buch versammelte Hunderte Bio- und Bibliographien. Darunter fanden sich Nationalrevolutionäre wie die berühmten »Linken Leute von rechts«, Schriftsteller und Philosophen, Protestanten und Katholiken, Volkstums- und Geopolitiker, Theoretiker und Aktivisten sowie Christen und Neuheiden. Er bildete aus Konkurrenten, Parteigängern und Gegnern Hitlers eine geeinte Front. Viele seiner Protagonisten wie die Juristen Carl Schmitt und Ernst Forsthoff, die Publizisten Hans Grimm und Giselher Wirsing sowie Wissenschaftler wie Max Hildebert Boehm oder der Architekt Paul Schultze-Naumburg hatten dem »Dritten Reich« institutionell wie weltanschaulich mehr als nahegestanden. Andere, unter ihnen Oswald Spengler und Edgar Julius Jung, hielten zwar eine gewisse Distanz zur NSDAP, hatten sich jedoch vorbehaltlos für Mussolini erwärmen können. Es geriet zudem der Umstand aus dem Blickfeld, dass nicht wenige der Autoren vor allem Ende der zwanziger Jahre die NSDAP abgelehnt hatten, da sie ihnen nicht radikal genug schien und als Partei im Geruch des Parlamentarismus stand. Das galt insbesondere für eine Reihe der »Jungkonservativen«, die sich zu Beginn der Weimarer Republik im nationalistischen »Juniklub« um Arthur Moeller van den Bruck gesammelt und später mit Hitlers Vizekanzler Franz von Papen zusammengearbeitet hatten. Endgültig grotesk wurde die Zusammenstellung Mohlers durch die Aufnahme von Antisemiten wie Heinrich Claß, dem Vorsitzenden des Alldeutschen Verbandes, dem »Rassenforscher« Hans F. K. Günther oder dem von Adolf Hitler verehrten Kulturtheoretiker Houston Stewart Chamberlain, die aus der Vorgeschichte des Nationalsozialismus nicht wegzudenken sind. Mit diesem Sammelsurium beabsichtigte Mohler nun, die langen Traditionslinien innerhalb des völkischen Nationalismus zu kappen und den Nationalsozialismus ahistorisch als etwas völlig Eigenes und Neues erscheinen zu lassen.

Das Ergebnis war eine umfangreiche Bibliographie der deutschen Rechten vor allem der 1920er und 1930er Jahre, die zwar als Nachschlagewerk bald unentbehrlich wurde, in ihrem Versuch der gewollten »Vereinigung des Unvereinbaren« aber nicht überzeugen konnte.[15] Zu groß waren die Unterschiede zwischen den angeführten Autoren, zu offensichtlich der Versuch einer alternativen rechten Geschichtsschreibung, die den Nationalsozialismus umschiffen sollte. Das Verlangen Mohlers nach einer persönlichen Absolution durch das Projekt war nicht zu übersehen. Selbst seine Verehrer mussten einräumen, dass *Die Konservative Revolution in Deutschland* ein Versuch Mohlers war, »seine Biographie in eine Dissertation umzusetzen«.[16]

Mohlers Doktorvater Karl Jaspers war dieses strategische Ansinnen nicht verborgen geblieben. In einem Brief zitiert Mohler später die deutlichen Worte, mit denen Jaspers sein Werk kommentierte: »Ihre Arbeit ist eine großangelegte Entnazifizierung dieser Autoren, die besticht und heute in Deutschland mit Begierde gelesen werden wird. Wenn ich nicht wüsste, daß Deutschland politisch nichts mehr zu sagen hat, sondern daß alles auf USA und Russland ankommt, könnte ich die Verantwortung für ihre Dissertation nicht übernehmen. Da sie so aber bloss begrenzten Unfug stiften wird, nehme ich sie an.«[17] Eine professorale Fehleinschätzung, wie sich später erwies. Mohler hatte mit der Erfindung der »Konservativen Revolution« der Geisteswelt des Faschismus unmittelbar nach dessen Niederlage ein Refugium geschaffen.

Im hohen Alter, als Mohler zunehmend auf taktische Rücksichtnahmen verzichtete, räumte er die Schwäche seiner Konstruktion selbst ein: »Meine Arbeit über die Konservative Revolution war dazu da, diese Sachen auseinanderzudividieren – Konservative Revolution und Nationalsozialismus. Es war schon sehr schwer zu unterscheiden; in der historischen Wirklichkeit überschneidet es sich schon sehr.«[18] Dennoch konnte sich die Legende der NS-resistenten »Konservativen Revolution« nicht nur in rechten Zirkeln, sondern auch in akademischen Kreisen festsetzen, da sie das ausgeprägte Bedürfnis nach einer Absolution für den deutschen Geist erfüllte. Dabei mangelte es nicht an Gegenstimmen. Claus Leggewie beschied 1987, Mohlers formelhafte Abgrenzungen der »Konservativen Revolutionäre« gegenüber ihren weniger distinguierten Kameraden habe ein »Luftschloss« geschaffen, das »alsbald vom realexistierenden Faschismus annektiert worden« sei. Und er fügte hinzu: »Wer sich nach 1945 trotzig weiter darauf beruft und einer am schlechten Ende doch wieder nur den ethnischen Bürgerkrieg provozierenden, gewalttätigen Rechten mit Manifesten aushilft, der weiß genau, was er sagt und tut.«[19] Einige Jahre später unterzog Stefan Breuer, wie Leggewie ebenfalls Politologe, Mohlers Arbeit einer systematischen Kritik. Nach einer eingehenden Betrachtung stellte er unmissverständlich fest: »›Konservative Revolution‹ ist ein unhaltbarer Begriff, der mehr Verwirrung als

Klarheit stiftet. Er sollte deshalb aus der Liste der politischen Strömungen des 20. Jahrhunderts gestrichen werden.«[20] Das waren gewichtige Stimmen und die Arbeiten von Leggewie und Breuer genossen einigen Respekt bei Mohler und seinen Adepten. Doch aus der Welt schaffen konnten sie die Phantasmagorie einer Konservativen Revolution auch nicht.

Trotz aller Mängel und unter großzügiger Auslegung des Begriffs »konservativ« war es Mohler also gelungen, die Legende einer bedeutenden, gegenüber dem Nationalsozialismus unempfänglichen Strömung innerhalb der deutschen Rechten zu installieren. Eine solche gewagte Konstruktion kam nicht nur dem Selbstentlastungsbedürfnis der deutschen Intelligenz entgegen, sondern eröffnete der extremen Rechten der jungen Bundesrepublik die Möglichkeit des Neubeginns, von dem sie bis heute zehrt. Für das hohe Ansehen Mohlers in diesen Kreisen ist zudem sein enger persönlicher Kontakt zu zwei Autoren verantwortlich, die innerhalb der Neuen Rechten zweifellos als Hausgötter gelten: Ernst Jünger und Carl Schmitt.

JÜNGER, SCHMITT, DE GAULLE UND STRAUSS

Durch seine Arbeit nun weltanschaulich gefestigt trat Mohler unmittelbar nach seiner Dissertation, im September 1949, eine Stelle als Privatsekretär Ernst Jüngers an. Die Zusammenarbeit erwies sich zunächst als äußerst fruchtbar. Mohler verehrte Jünger und hatte dessen Werk in der *Konservativen Revolution* ausführlich gewürdigt. Der Schriftsteller nannte seinen Sekretär »Arminius«, gleich dem Titel einer »konservativ-revolutionären« Zeitschrift, an der Jünger während der Weimarer Republik mitgearbeitet hatte. Beide einte zudem die Begeisterung für Oswald Spengler. Jünger hielt Spenglers Schöpfung, wie Mohler seinem Tagebuch anvertraute, für das »bedeutendste geistige Ereignis zwischen den beiden Kriegen«.[21] An der Seite seines Idols vertiefte Mohler die Kontakte zu anderen Autoren, allen voran Carl Schmitt, den er während seiner Forschung zur *Konservativen Revolution* persönlich kennengelernt hatte.[22] Mit Friedrich Vorwerk hatte er einen Verleger für seine Arbeit gefunden, der selbst dem Weimarer Jungkonservatismus entstammte. Immer wieder sollte ihm die umfangreiche Vorbildung und Vernetzung, die er seinem Buch zu verdanken hatte, zugutekommen. Das half ihm später auch bei der politischen Transferarbeit für die deutsche Rechte.

An Alt-Nazis litt die junge Bundesrepublik keinen Mangel. Doch Mohler unterschied sich von ihnen in mancher Hinsicht. Er war Schweizer, also »neutral«, und hatte wenig Interesse an Landser-Geschichten oder nachholender Parteitagsglorie. Durch seine Kontakte wurde er vielmehr zum Brückenbauer zwischen der bundesrepublikanischen Rechten und dem Weimarer Radikalnationalismus. Allerdings kam es im Verhältnis zu seinem Meister mit der Zeit zu Trübungen. Jünger war zu sehr damit beschäftigt, sich sein eigenes Denkmal innerhalb der Literaturgeschichte zu formen. Politische Niederungen interessierten den Schriftsteller inzwischen weniger. Zudem geriet Mohler stärker in den Bann Carl Schmitts, unter dessen »Patronat« sich die Neue Rechte daraufhin bald insgesamt befand.[23] Wenn das Verhältnis zum »Lehrer« Schmitt auch distanzierter blieb als zum »Meister« Jünger, so kam es doch zu einem gewissen Konkurrenzverhältnis beider Mentoren zueinander.

Nach vier Jahren bei Jünger stand 1953 ein Wechsel ins Haus. Mohler ging nach Paris, um als Korrespondent erst für die Schweizer Zeitung *Die Tat* und schließlich auch für deutsche Blätter wie *Die Zeit* zu arbeiten. Als Autor war er zudem in der einflussreichen Wochenzeitschrift *Christ und Welt* präsent, deren Leiter Giselher Wirsing nicht nur eine Vergangenheit als umtriebiger NS-Propagandist, sondern auch einen Platz in Mohlers *Konservativer Revolution* hatte. Während des Frankreichaufenthalts erwärmte Mohler sich für den französischen Staatschef Charles de Gaulle. Als Vertreter eines autoritären Präsidententyps, der sein Land auf einen nationalen Souveränitätskurs gegen die USA bringen wollte, war er ganz nach Mohlers Geschmack. So warb er später in Deutschland für eine eigene Form des Gaullismus. Auf diesen Pariser Jahren gründeten seine Verbindungen zur französischen Rechten.

Ein entscheidender Schritt gelang Mohler 1961. Die neu eingerichtete Carl Friedrich von Siemens Stiftung holte ihn als Mitarbeiter nach München. Drei Jahre später übernahm er den Posten des Geschäftsführers. Empfohlen hatte ihn sein Landsmann Franz Riedweg. Das war wenig überraschend, denn zwischen den beiden gab es einige biographische Berührungspunkte. Riedweg war Mediziner und lebte seit 1938 in Deutschland. Er hatte sich der SS angeschlossen, zunächst aktiv am Krieg teilgenommen und rekrutierte dann im Rang eines Obersturmbannführers für das SS-Hauptamt ausländische Freiwillige. Das Stuttgarter Panoramaheim, in dem Mohler während seines deutschen Abenteuers 1942 zunächst untergebracht war, gehörte in Riedwegs Ressort. Da ihn nach dem Krieg in der Schweiz eine hohe Haftstrafe erwartete und er die deutsche Staatsbürgerschaft besaß, ließ er sich in München als Arzt nieder. Offensichtlich hatten weder Riedwegs Reputation noch seine Verbindungen durch das Kriegsende gelitten und so konnte er Mohler ohne Probleme Schützenhilfe leisten. Eine Passage aus Weißmanns Mohler-Biographie verschafft einen Eindruck von den Bedingungen in der jungen Bundesrepublik, die solche Karrieren ermöglichten: »Riedweg gehörte in München zu einem Netzwerk konservativer Intellektueller, das sich im Umfeld der ›Gesellschaft für Wehrkunde‹ (GfW) gebildet hatte.« Diese Organisation war 1952 »von ehemaligen Offizieren gegründet worden und diente dem Zweck, der verbreiteten ›Ohne-mich-Haltung‹ entgegenzuwirken, war aber auch ein Forum für die Diskussion militär- und nationalpolitischer Fragen.«[24] Mit derartigen Referenzen versehen, standen Mohler die Türen zur besseren Gesellschaft offen. Dazu zählte auch die mit der GfW verbundene Münchner »Tafelrunde«, die sich unter Ausschluss der Öffentlichkeit den Fragen der Zeit widmete. Im Briefwechsel mit Carl Schmitt findet sich diese Gruppierung recht unverblümt charakterisiert: »Die ›Tafelrunde‹ in München war typisch für die unverkrampfte Atmosphäre der frühen Nachkriegsjahre: alter Adel und junge Leute aus der Wirtschaft, Männer des 20. Juli und loyal gebliebene Soldaten, selbst aus den beiden SS-Blöcken, fanden sich zu einem neuen Anfang.« Die Ähnlichkeit dieses exklusiven Zirkels mit dem »Deutschen Herrenklub«, in dem sich zur Weimarer Zeit die rechte Intelligenz sammelte, hat für Mohler einen besonderen Reiz ausgemacht. Neu eingeführt werden musste er nicht, er war dort bereits 1952 für einen »Vortrag über die ›Konservative Revolution‹« zu Gast gewesen. In dem damaligen Schreiben an Carl Schmitt schildert er die Runde wesentlich expliziter als Weißmann. Er nennt sie die »gesellige Seite« der GfW: »Viel Adel, alte Offiziere, Herren aus allen möglichen Berufen, Ansätze zu einem ›Herrenclub‹. Die hervorragenden Mitglieder: General Engelmann, SS-General Steiner, Prinz Burchard von Preußen, Ewald von Kleist […], mein Landsmann Franz Riedweg (Stabschef der germanischen

SS).«[25] Damit wird deutlich, durch welche Kanäle Riedweg Mohler der Carl Friedrich von Siemens Stiftung hatte andienen können. Ein Oberschichtennetzwerk unter Beteiligung ehemaliger Eliten des »Dritten Reichs« hatte Mohler in die Spur gesetzt. Das war nur konsequent, denn zwischen dem neoaristokratischen Habitus auf völkischer Grundlage, den Mohlers Idole in den zwanziger Jahren verfochten hatten, und dem elitären Ordensgeist der SS gab es mannigfaltige Berührungen. Kritisch thematisiert wurde das später innerhalb der Neuen Rechten nicht, bestenfalls beschwiegen. Wie sein Biograph Weißmann diskret formuliert, hat Mohler die Verbindung zu Riedweg aus »gewissen taktischen Rücksichten« zeitlebens lieber im Dunkeln belassen und sich auf Andeutungen beschränkt.[26]

Die Investition in die Personalie Mohler sollte sich auszahlen. Dieser verstand es nicht nur, den Stiftungsposten in seinem Sinne zu nutzen, er stieg auch tief in die Politik ein. Als mittlerweile bekannter Publizist wurde er zu einem Wortführer eines »deutschen Gaullismus« und forderte die Ablösung der Bundesrepublik von ihrem US-amerikanischen Seniorpartner. Er schrieb für den Axel Springer Verlag, wo mit Hans Zehrer ein weiterer Protagonist der »Konservativen Revolution« in leitender Funktion tätig war. Doch blieb es nicht bei der journalistischen Arbeit, er suchte die direkte Einflussnahme über die Publizistik hinaus. Die Möglichkeit dazu bot ihm der CSU-Politiker Franz Josef Strauß, der nach der *Spiegel*-Affäre 1962 seines Postens als Bundesverteidigungsminister verlustig gegangen war. Mohler hatte damals als einer der wenigen Intellektuellen zu Strauß gehalten. »In der Folge versuchte Mohler Strauß zum entschiedenen Gaullismus, einer Äquidistanz zu den USA und zur Sowjetunion zu drängen.«[27] Als Alternative gegen beide schwebte Mohler ein Bündnis mit dem entfernten »Rotchina« vor. Er wurde Berater und Redenschreiber für Strauß und zur festen Größe im CSU-eigenen Parteiblatt *Bayernkurier*. Von Strauß erhoffte er sich – letztlich erfolglos – die Übertragung des französischen Modells auf Deutschland, inklusive eines Ausscherens aus dem westlichen Bündnis und eigener Nuklearrüstung. Angesichts dieses Werdegangs vom Schweizer Ausreißer zum weltmachtpolitischen Stichwortgeber spottete ein zeitgenössischer Kritiker einmal: »Mohler = vom Unbehagen im Kleinstaat zur Force de Frappe.«[28]

Insgesamt erwies er sich während der sechziger Jahre als geschickter Netzwerker, der umtriebig am Aufbau einer neuen »Nationalen Opposition« arbeitete. Durch seine ersten Schüler Caspar von Schrenck-Notzing sowie die Brüder Marcel und Robert Hepp hatte er bereits Einfluss auf die jüngere Generation. Das war ihm wichtig, denn Mohler begnügte sich nicht mit einer kontemplativen Rolle. Den Autoren, die er um sich scharte, ging es »nicht nur um das subjektive Empfinden des Zeitgeistes, sondern um eine nachhaltige Veränderung«.[29] Getreu diesem Anspruch gelang ihm mit Marcel Hepp 1965 ein Coup wie aus einem machiavellistischen Lehrbuch: Er vermittelte ihn als persönlichen Referenten an Strauß und sicherte sich damit den unmittelbaren »Zugang zum Machthaber«, ganz wie es Carl Schmitt beschrieben hatte.[30] Aus den Quellen seiner Strategie und Politik machte er keinen Hehl. Dem angeblich von Strauß selbst angeregten Erfolgsbuch *Was die Deutschen fürchten. Angst vor der Politik, Angst vor der Geschichte, Angst vor der Macht* stellte er 1965 die Widmung voran: »Für Carl Schmitt. Von einem, der zugibt, von ihm gelernt zu haben.«[31]

Seinen Zögling Schrenck-Notzing unterstützte er 1970 bei der Gründung der Zeitschrift *Criticón*, für die er regelmäßig

Artikel beisteuerte. Gideon Botsch zufolge entwickelte sich *Criticón* »zum Sprachrohr eines bewusst antiliberalen, demokratiekritischen Konservatismus«. Das damit verbundene Milieu bewegte »sich ständig auf der Grenzlinie zwischen Positionen am äußersten Rand dessen, was sich mit der freiheitlich demokratischen Grundordnung vereinbaren ließ, und radikalen Gegenkonstruktionen«.[32] Dergestalt eingebettet sollte *Criticón* dem Gedanken einer »Konservativen Revolution« bis Ende der 1990er Jahre eine Plattform bieten.

METAPOLITIK

Während sich die französische Nouvelle Droite, von Mohler tatkräftig unterstützt, mit den Schriften des Weimarer Nationalismus hochrüstete und neben dem in Frankreich ohnehin beliebten Martin Heidegger auch Oswald Spengler, Carl Schmitt, Moeller van den Bruck, Edgar Julius Jung, Ernst Jünger und Ernst von Salomon rezipierte, bezog umgekehrt die deutsche Rechte von ihren westlichen Nachbarn einige wesentliche strategische Impulse. Der Aufbruch der Neuen Rechten war von einem neuen politischen Selbstverständnis begleitet, der Konzentration auf Metapolitik. Damit ist hauptsächlich das dem unmittelbar Politischen vorgelagerte Feld des Kulturellen gemeint, mit all seinen habituellen, sprach- und sexualpolitischen Teilbereichen. Die kulturrevolutionäre Ausweitung des klassischen Politikbegriffs auf die Sphäre des »Vorpolitischen« blieb also keineswegs ein Markenzeichen der Linken.

In den Selbstdarstellungen der Neuen Rechten wird unter Metapolitik ein Verfahren verstanden, mit dem man einen Gegner aus einer Defensivposition heraus mit dessen eigenen Mitteln schlagen kann. Sie gilt als »Festlegung von politischen

Prinzipien […], aus denen politische Entscheidungen und Zielsetzungen abgeleitet werden können«.[33] Theologisch gesprochen bestimmt die Metapolitik die Glaubensfragen, auf deren Basis politische Entscheidungen überhaupt erst getroffen werden können. Parlamentarisch im Abseits machten sich Rechtsintellektuelle in den siebziger Jahren unter diesem Vorzeichen daran, geistiges Terrain zurückzuerobern. Dies wird auch seitens der Forschung beschrieben. Der Politologe und Rechtsextremismusforscher Samuel Salzborn erläutert: »Das politische Ziel der ›Neuen Rechten‹ lässt sich im Wesentlichen unter zwei Schlagworten zusammenfassen: die Intellektualisierung des Rechtsextremismus durch die Formierung einer intellektuellen Metapolitik und die Erringung einer ›kulturellen Hegemonie‹.«[34] Mit diesen Stichworten ist die langjährige Strategie von neurechten Publizisten, Verlagen und Einrichtungen wie dem IfS präzise beschrieben. Thomas Assheuer fasste 1992 mit Verweis auf Benoist das metapolitische Vorgehen der Nouvelle Droite zusammen: »Sie glaubte, daß das Fortleben ihrer Ideologie im politisch-kulturellen System potentiell bedrohlicher sei als gegen das System, daß eine intellektuelle Bewegung Voraussetzung sei für den Erfolg der politischen Rechten. Sie exerzierte vor, wie man die Rechte durch taktische Selbstverleugnung modernisiert, wie man publizistische Techniken erlernt, mit denen man Berührungsflächen zwischen links und rechts schafft, Begriffsbrücken baut, über die man ›aus dem neofaschistischen Ghetto‹ herauskommt, ohne im ›liberalen Sumpf‹ zu versinken. Dafür muß sie ihren verlorenen Posten verlassen, alte, erfolglose Manöver der Machtgewinnung (vorerst) aufgeben und stattdessen in den Diskurs-Schlachten des Zeitgeistes Stellung beziehen.«[35]

Diese Beschreibung war eine Paraphrase von Adornos bekannter Formel, das »Nachleben des Nationalsozialismus *in* der Demokratie« sei »potentiell bedrohlicher denn das Nachleben faschistischer Tendenzen *gegen* die Demokratie«.[36] Dies erfasste treffend das metapolitische Konzept als den gangbarsten Weg der extremen Rechten unter demokratischen Bedingungen. Das Konzept hat bis heute Gültigkeit. Thor von Waldstein, einstmals in der NPD und ihrem Umfeld aktiv und später als juristischer Beistand des Holocaust-Leugners Fred Leuchter bekannt geworden, erneuerte die metapolitische Verpflichtung in seinem Büchlein *Metapolitk*, das er 2015 bei Antaios veröffentlichte. 35 Jahre nach Benoists *Kulturrevolution von rechts*, schrieb er, sei diese nach wie vor eine »zur Erringung politischer Erfolge unabdingbare Aufgabe«.[37] Als notwendige Schritte empfahl er gerade mit Blick auf Pegida den Mut, Themen zu setzen, mit »sprachmächtiger Wortergreifung« die notwendigen Begriffe und Köpfe zu erringen, um schließlich erfolgreich auf der Straße agieren zu können. Mit Provokationslust und innerer Einigkeit könne die Rechte ihre Ziele erreichen, ohne von den Liberalen vor sich her getrieben zu werden.[38]

Mit Blick auf die Selbstdarstellung als Opfer sowie den revolutionären Habitus der Akteure und deren Übernahme klassisch linker Themen im Umfeld von *Junge Freiheit* bis *Sezession* kann konstatiert werden, dass diese Taktik wortgetreu beherzigt wurde. Dafür brauchte es Geduld, immer wieder musste man das Scheitern der eigenen Metapolitik eingestehen. Doch Metapolitik ist ein langfristiges, eher auf Intellektuelle zugeschnittenes Konzept und in der jüngsten Zeit stellen sich Erfolge ein. Die enorme Zugkraft, die Bewegungen gegen Political Correctness, die Homo-Ehe, Gender-Mainstreaming und eine moderne Sexualaufklärung entfaltet haben, zeigt das. Ihre konservativen Familien- und Rollenbilder haben der Neuen Rechten einen immensen Resonanzraum bis ins fundamentalchristliche Milieu verschafft. Im Zuge der Sarrazin-Debatte und Pegida-Bewegung ist sogar eine Verankerung der eigenen Semantiken im Bewusstsein breiter Bevölkerungsteile gelungen. Die Neue Rechte hatte schon längst eine ausgearbeitete Weltanschauung und musste diese nur noch an die erregten Massen weiterreichen. In dieser nächsten Phase wurde der reine Theoriezirkel verlassen und die Rednerbühnen und vor allem das Internet betreten. Den letzten Schritt zur Revision von '68 stellt nun die Bündelung der Kräfte in Form der AfD dar, die die geistige Metapolitik in reale Politik überführen soll.

DIE LINKE ALS VORBILD?

Als Beleg für die Übernahme linker Kampfmethoden in der Konfrontation mit '68 gilt, dass sich die Neue Rechte eine Strategie des italienischen Marxisten Antonio Gramsci aneignete. Gramsci hatte das traditionelle marxistisch-leninistische Konzept eines Zugriffs auf die Staatsorgane und Produktionsmittel um den Gedanken erweitert, dass ein Erfolg der Revolution zuvor die Erringung einer »kulturellen Hegemonie« seitens der Linken voraussetze. Die Linke, analysierte Alain de Benoist, verdanke ihre Erfolge neben ihren Organisationen »vor allem dem allgemeinen Klima, das sie metapolitisch zu schaffen vermochte und in Ansehung dessen ihr politischer Diskurs zusehends wahrer klingt.«[39] Hier sei, zumal in Zeiten der Defensive, der Hebel anzusetzen. Dementsprechend propagierte die Neue Rechte gerade aus ihrer parlamentarischen Schwäche während der sozialliberal geprägten Siebziger heraus ebenjenes Konzept der Metapolitik, um den »entscheidenden Erfolg der Linken nicht nur auf der Machtebene, sondern auch auf der geistigen Ebene [zu] bekämpfen«.[40] Kritiker verwiesen die Bedeutung der Gramsci-Rezeption allerdings früh in den Bereich der Legende: »Bei de Benoist & Co wurde freilich das materialistische Konzept Gramscis eigenartig spiritualisiert. Ein raunender Ton machte sich breit. Mit dem Verständnis einer zentralen konzeptionellen Unterscheidung im Zusammenhang der Hegemonietheorie Gramscis war es nicht so weit her. Niemand hatte ihn aufmerksam gelesen, aber dauernd wurde er beschwörend murmelnd zitiert.«[41]

Entgegen dem äußeren Anschein war dieses Vorgehen nicht neu. Gerade Konservative hatten schon immer ein ausgesprochen metapolitisches Verständnis an den Tag gelegt, wie ihre zahlreichen Kämpfe um die Hoheit über Moral, Sitten und Sprache zeigen. Als Urvater dieses Verfahrens ließe sich der französische Konservative Joseph de Maistre nennen. Er drang bereits in seiner Kampagne gegen die Französische Revolution darauf, sich nicht nur auf die traditionellen Überlieferungen zu berufen, sondern den neuen Ideen Gleichwertiges entgegenzusetzen. Er wollte die Aufklärung mit einer Gegenaufklärung kontern und so die Politik geistig neu grundieren. Ein ähnlich kulturkämpferisches Konzept war zudem schon von Autoren der Zwischenkriegszeit ausformuliert worden. Der Rückgriff auf Gramsci durch die Neue Rechte war also entweder Ausdruck eines Gedächtnisverlustes oder – einmal mehr – Mimikry. Benoist ging es weniger darum, den Seinen die Theorien des italienischen Marxisten nahezubringen, zumal er sich dort ohnehin nur Schlagworte entlehnte. Er wollte sie damit vielmehr zu einer eigenen Theoriebildung anstacheln. In ihr sah er den wesentlichen Grund dafür, dass die französische Rechte in der Bedeutungslosigkeit zu versinken drohte. Unter den Bedingungen der Moderne könne sich die Rechte nicht in nostalgischen Gefühlen für Königtum und Militär bescheiden, sondern müsse sich der Zeit stellen. »Zu Konrad Lorenz, Dumézil, Althusser, Lévi-Strauss, Gramsci scheint die Rechte anscheinend nichts zu sagen zu haben«, zählt er vor allem mit Blick auf den diskursmächtigen Strukturalismus auf.[42]

SCHWUNDSTUFEN DES KONSERVATISMUS

In der Metapolitik ging es also darum, die Verfügungsrechte über den konservativen Diskurs bzw. das, was man dafür hielt, zurückzugewinnen. Deren Verlust, das wusste gerade auch Mohler und scheute sich nie, es offen zu sagen, war dabei nicht den Siegen der Linken geschuldet, sondern den Reformströmungen im Konservatismus selbst. Als nach den großen Niederlagen der Rechten Ende der sechziger Jahre Schuldige gesucht wurden, nahm Mohler daher die Konservativen ins Gebet. Damit stand er nicht allein. Gleich zu Beginn der sozialliberalen Koalition kam es zu einer blätterübergreifenden Debatte in den deutschen Feuilletons über die Gültigkeit des Konservatismus, in der auch der Schweizer lautstark seine Stimme erhob.

Mohlers Bilanz der Lage glich schon Anfang der siebziger Jahre verblüffend der heutigen Rhetorik von AfD und Pegida, bis hin zum sorgsam inszenierten Tabubruch: »In der Politik will niemand mehr ›rechts‹ sein – man will ›in der Mitte‹ stehen oder allerhöchstens etwas rechts von der Mitte«, bemängelte er 1972 in einem Beitrag für eine italienische Zeitung, dessen deutsche Fassung in *Criticón* erschien.[43] Allenfalls sei man bereit, sich »konservativ« zu nennen, eine Konzession an die Kriegsniederlage und den »Genosse[n] Trend«. Der Hintergrund dieser politischen Domestikation der Deutschen seien die alliierten Besatzungsmächte und ihre liberalen Erfüllungsgehilfen. Er ließ keinen Zweifel daran, worum es ihm ganz zentral ging: Ein Kartell aus Siegermächten und »Meinungsmachern« halte die deutsche Politik »im Banne von Auschwitz«.[44] Den Liberalkonservatismus sah er als ein rein angelsächsisches und obendrein historisches Phänomen. Für seine Zeitgenossen, die dieser Linie anhingen, hatte er nur Verachtung übrig, wie er in einem anderen Text klarstellte: »Ein Liberalkonservativer in der Bundesrepublik von 1970/71 ist ein Mann, der bereits kapituliert hat.«[45] Die »große Abschlaffung« des Konservatismus nach angelsächsischem Vorbild kam für ihn nicht infrage.[46] Als Refugium, spottete Mohler, seien den Deutschen nur die harmlosen Varianten eines »Gärtner-«, »Demuts-« oder »Kulturkonservatismus« geblieben.[47] Deren christliche und liberale Prägung stehe jedem ernsthaften politischen Konservatismus im Weg. Als erklärter »Heide« ließ Mohler in einem weiteren Aufsatz aus dieser Zeit seine große Abneigung gegen den »Demutskonservatismus« der katholischen »Abendländer« in der Nachkriegszeit durchblicken. Ganz wie Weißmann die heutigen Islamgegner stellte er bereits die »abendländischen« Antikommunisten im Fahrwasser der USA unter »Liberalismus-Verdacht«.[48] Ohnehin leite die zeitgenössische Kopplung des Konservativen an die Kirchen und das amerikafreundliche Establishment die Deutschen politisch fehl. Beide, die christlichen Kirchen wie auch das Establishment, seien jedoch in einem unaufhörlichen Linksschwenk begriffen. Das alles zeige, dass in jüngerer Zeit die »konservative Zitadelle« einem anderen Gegner in die Hände gefallen sei, »der behauptet, konservativ zu sein«: den Liberalen.[49] Von allen Übeln empfand der Schweizer den

Liberalismus als das größte. Er sei, beschied Mohler, »ein Luxus, den man sich in windstillen Perioden oder auf Inseln wie der Schweiz leisten kann. In der deutschen Bürgerkriegslandschaft hat jede liberale Parole ihre unerbittlich linke Konsequenz.«[50]

In einer deutlichen Metaphorik unterstrich Mohler, warum für ihn der Liberalismus eine noch größere Gefahr als der Sozialismus sei: »Der Linke bringt Methoden und Härte mit, die wir brauchen können. Der Liberale schleppt Bazillen und seine Unbelehrbarkeit mit ein.«[51] Diese Parolen gelten in der Neuen Rechten bis heute. Sie sind aus derselben Quelle geschöpft, dem radikalen Antiliberalismus der Weimarer Rechten. Die Adaptionen von Formen der Linken durch einen radikalisierten Konservatismus finden sich vor allem im italienischen Faschismus, mit dessen Prinzipien viele Autoren aus Mohlers *Konservativer Revolution* liebäugelten. Mohler schließt seine Überlegungen zu den liberalen Verrätern mit dem bekannten Satz Moeller van den Brucks, der Jahre später aus dem Publikum schallte, als sein Schüler Weißmann den »Liberalismus-Verdacht« gegen Stürzenberger erhob: »An Liberalismus gehen die Völker zu Grunde.«[52]

Diese Angriffe auf den demokratisierten Nachkriegskonservatismus im Namen eines wahren Konservatismus waren typisch für Mohler. Zentrales Merkmal seiner Publizistik bis zum Schluss war es, den Begriff des »Konservativen« stets so weit nach rechts auszudehnen, wie es nur eben ging. Berührungsängste mit dem extrem rechten Lager verspürte er keine. Neben einer Autorenschaft für *Nation Europa* sind auch zwei seiner Texte in der *National Zeitung* erschienen. Das für Mohler bindende Kriterium war der Kampf gegen den Liberalismus und die alles zerstörende Dekadenz. Statt für eine Abgrenzung gegenüber dem äußersten rechten Rand entschied er sich stets für die Erweiterung der konservativen Familie. Sein entsprechender Lehrsatz lautete: »Die Definition, was ›konservativ‹ sei, ist bereits ein politischer Akt.«[53] Eine Technik, die er bereits erfolgreich in der *Konservativen Revolution* angewandt hatte. Deren Rezeption beschränkte sich ohnehin nie nur auf die Neue Rechte. Auch in den Kreisen des Neonazismus bis hin zur NPD erfreute sich Mohlers Autorenreigen einer großen Beliebtheit.

Mit dem Primat des Metapolitischen und ihrem Willen zu einer Neudefinition dessen, was gesellschaftlich unter »konservativ« akzeptiert werden konnte, hatte die Neue Rechte eine klare Orientierung. Was ihr fehlte, war realer politischer Einfluss. Um das zu ändern, fanden schon in den siebziger Jahren Debatten statt, ob es möglich sei, bundesweit eine konservative Plattform jenseits der verweichlichten und verwestlichten CDU zu etablieren. Auf der Suche nach Vorbildern blickte Mohler wiederum nach Frankreich. Er begutachtete den Front National und was er dazu notierte, klingt im Schatten der heutigen europäischen Krise, der weltweiten Migrations- und Flüchtlingsströme, beklemmend aktuell: »Der Wahlerfolg der ›Nationalen Front‹ von [Jean-Marie] Le Pen ist für sie eine Chance. [...] Le Pen wirkt wie eine Pflugschar, die neue Schichten für die Ideen einer Neuen Rechten empfänglich macht.«[54] Der Vergleich mit der wendenden »Pflugschar« trifft heute genauso auf die AfD zu, die anders als etwa die NPD tatsächlich neue Wählerschichten für rechte Politik zu erschließen vermag. Insofern lässt die »politische Freundschaft« aufhorchen, die zwischen AfD-Chefin Frauke Petry und Marine Le Pen, Tochter und Nachfolgerin Jean-Marie Le Pens, im Juli 2016 geschlossen wurde.[55]

Die siebziger Jahre waren bestimmt von derlei Selbstbefragungen einer krisengeschüttelten Rechten. Bei Lichte betrachtet waren sie auch von einem immensen Bedeutungsverlust für Positionen gekennzeichnet, wie Mohler sie noch vertrat. Die Demokratisierung der Bundesrepublik war nicht mehr aufzuhalten und mit ihr modernisierte sich auch der parteigebundene Konservatismus. Mohlers Stern sank. Aus dem Stichwortgeber der CSU, Berater von Franz Josef Strauß und Leiter der Siemens Stiftung war eine Figur am äußersten rechten Rand geworden. Sein publizistischer Werdegang führte von großen konservativen Häusern wie Piper und Ullstein zu kleinen rechten Verlagen wie Signum und Hohenrain. Die Aufgeregtheit der eigenen Rhetorik verwechselte er stets mit den politischen Realitäten. Das war schon deutlich geworden, als Mohler noch versucht hatte, Strauß die Rolle eines deutschen de Gaulle schmackhaft zu machen, der das Land aus der Nato führen könne. Entgegen seinen Einflüsterungen hatte die Westbindung der Bundesrepublik nie ernsthaft auf dem Spiel gestanden. Mohler hatte sein eigenes Getöse mit dem Klappern des Bonner Betriebs verwechselt. Insgesamt wurde, wie Peter Hoeres in seiner Untersuchung zu den außenpolitischen Debatten dieser Zeit ausführt, der Streit der »Atlantiker« mit den »Gaullisten« in der Presse »verschärft und zugespitzt« geführt, fand seinen Niederschlag aber in der Politik nur »abgemildert«.[56] Daher täuscht Mohlers stets in Siegfried-Pose vorgetragene Erzählung der eigenen Wirkmächtigkeit, eigentlich hatte er sich bereits gegen Ende der sechziger Jahre politisch isoliert. Ohne die Position bei der Siemens Stiftung wäre er im folgenden Jahrzehnt wohl ganz in der Bedeutungslosigkeit versunken.

DER WEG ZUR AFD – DIE SAMMLUNG DER KRÄFTE

Trotz des Wandels war die Neue Rechte in den achtziger Jahren institutionell noch wesentlich enger mit der bürgerlichen Rechten verbandelt als heute. Ihre Themen galten auch in Kreisen der konservativen Intelligenz als salonfähig. Diese gab es durchaus, Claus Leggewie stellte bereits in seiner 1987 veröffentlichten Rundreise durch die »Denkfabriken der Wende« fest, dass die Rechnung »linke Intelligenz versus CSU-Tölpel« falsch sei.[1] Er beschrieb eine ganze Reihe von Stiftungen und Professoren, die hinter den Kulissen für den konservativen Apparat von CDU/CSU das strategische Denken übernahmen. Der Bogen reichte von der Konrad-Adenauer-Stiftung und den Kreisen um den ewigen CDU-Rebellen Kurt Biedenkopf über das Kieler Institut für Weltwirtschaft bis zu jenen »Yedi-Rittern«, die sich im Studienzentrum Weikersheim um Günter Rohrmoser sammelten und enge Berührungen mit der Neuen Rechten hatten. Leggewie zitierte *Criticón* und betrachtete interessiert die Versuche der Schüler Robert Spaemanns, mittels der französischen Postmoderne »aus dem stählernen Gehäuse der Geschichte« auszubrechen und den wirtschaftsfreundlich-technokratischen Konservatismus an die ökologischen Grenzen des Daseins zu erinnern. Damit bewies Leggewie ein scharfes Auge für innerkonservative Dissidenz. Während man in der CDU/CSU als Trotzreaktion auf die Erfolge der Grünen mit den Sozialdemokraten um den größeren Fortschrittsoptimismus wetteiferte, wurden hier plötzlich auf katholischer Grundlage Forderungen laut, »›Widerlager‹ einzubauen, gegen einen selbstläufigen, auf Irreversibilität und Gattungszerstörung angelegten Modernisierungsprozeß.«[2] Leggewie lenkte zudem bereits den Blick auf den Bereich außerhalb des Konservativen. Er wies auf Alain de Benoist hin und am Ende stand ein persönlicher Besuch bei Armin Mohler ins Haus, der ihm freudig Auskunft gab. Offensichtlich, so vermittelte Leggewies Exkursion, war man rechts der Mitte geistig nicht träge. Es gab Kreise, die sich nicht auf die bequemen Sicherheiten einer »ewigen« Kanzlerschaft Helmut Kohls verlassen wollten und bereits Modelle suchten, die Linken von der Macht fernzuhalten, ohne dabei selbst zum Opfer des Fortschritts zu werden.

DIE *JUNGE FREIHEIT*

Das galt auch für den Autorennachwuchs um Dieter Stein, der gerade in Freiburg die *Junge Freiheit* ins Leben gerufen hatte. Hier sammelte sich ab 1986 eine neue Autorengeneration, auf der Suche nach der historischen Tendenzwende. Eine Selbstdarstellung dieser Zeit beschreibt, wie sich im Gravitationsfeld der *JF* »vor allem ein eigenes Lebensgefühl ausgebildet [habe], das vom Widerspruch gegen die ›Ideen von 1968‹ genährt« wurde.[3] Das im Verbindungsmilieu angesiedelte Studentenblatt wandelte sich im Laufe von 30 Jahren zum wichtigsten Organ der Neuen Rechten. Es verstetigte sein Erscheinen zum Wochenblatt und hat seinen Sitz nach einem preußischen Intermezzo in Potsdam mittlerweile in Berlin genommen. Fast alle Akteure der Neuen Rechten schreiben oder schrieben für die Zeitung, wenngleich sie sich nach internen Auseinandersetzungen in den letzten Jahren in einigen Punkten gemäßigt hat. Da die Zeitung schnell eine inhaltliche und personelle Nähe zu *Criticón* aufwies, verwunderte es nicht, dass auch bald Armin Mohler zu den Autoren zählte, zumal man seinen Schriften das Weltbild verdankte. Selbstbewusst verkündete der Werbeslogan der *JF* in den frühen neunziger Jahren: »Jedes Abo eine Konservative Revolution!«

Schon von einer der ersten kritischen Analysen der *JF* wurde Mohlers Kanon als »Vorbild« ausgemacht und der Charakter des Blattes als »Plagiat« der völkisch-nationalistischen Publizistik der Weimarer Zeit erkannt.[4] Mohler schrieb zunächst nur vereinzelt Artikel für die *JF*, bis er 1994 die Kolumne »Notizen aus dem Interregnum« besorgte. Der sperrige Titel nahm nochmal deutlich auf die Weltanschauung der »Konservativen Revolution« Bezug, der zufolge die Republik keine dem Deutschen angemessene Staatsform und ihre Existenz nur als schleunigst zu überwindende »Zwischenzeit« zu betrachten sei. Doch nach nur einem Jahr kam es nach einer Auseinandersetzung über Holocaust-Leugnung zum Bruch mit der Zeitung. Im Zuge der Wiedervereinigung hatte Mohler geschrieben: »Diejenige Souveränität, welche man den Deutschen zuallerletzt (oder am liebsten gar nicht) zugestehen könne, sei die über ihre Geschichte. Die offiziös verordnete deutsche Geschichte ist immer noch der beste Nasenring für jene unbefangenen Optimisten, welche immer noch auf die deutsche Voll-Souveränität hoffen.«[5] Anlass für diese Aussage waren die Debatten darüber, in Deutschland die Leugnung des Holocausts unter Strafe zu stellen. Die seit einigen Jahren ausführlicher werdende Forschung zu Nationalsozialismus und Shoah zählte in Mohlers Augen nicht. Sein Urteil zu den Fachhistorikern lautete: »Sie haben ihre Wissenschaft längst verraten.«[6] Mohlers Standpunkte waren nicht neu. Er hatte Ähnliches bereits 1989 in seinem Buch über den »Nasenring« der Vergangenheitsbewältigung geschrieben.[7] Der Publizist Rainer Zitelmann, in Vergangenheitsfragen beileibe kein Liberaler, hatte daraufhin in einer Buchkritik für die *Frankfurter Allgemeine Zeitung (FAZ)* Mohlers unkritische Haltung gegenüber Holocaust-Leugnern wie Fred Leuchter scharf angegriffen und ihm attestiert, »in manchem sogar noch bedenklicher als die gängige Praxis« zu sein.[8]

Als nun Mohlers Kolumne in der *JF*-Redaktion auf Kritik stieß und von anderen Ansichten flankiert publiziert wurde, nahm Mohler dies als Affront und beendete die Zusammenarbeit. So zumindest die Darstellung Kubitscheks, der demonstrativ nach seinem eigenen Zerwürfnis mit der Zeitung Mohlers Kolumnen als Sammelband herausgegeben und auch den Streit ausgiebig kommentiert hat. Demnach ging es dem Kreis der Kritiker um den Herausgeber Dieter Stein weniger um Mohlers konkrete Position. Ihnen war vielmehr unangenehm, dass Mohler die Frage der Shoah überhaupt aufgriff und »eine junge Rechte [...] den Feinden zum Fraß vor[werfe], wenn sie sich auf die Frage nach historischer Schuld, Singularität und Opferzahlen fixieren ließe. Notwendig sei vielmehr ein Ausstieg aus derlei Fragestellungen, zumal deren Klärung für junge Rechte ohne besonderes politisches oder publizistisches Interesse sei.«[9]

Der Aufruhr zeigte: Mohler hatte gegen eines der ungeschriebenen Gesetze der Neuen Rechten verstoßen, das gebot, die Verbrechen der Vergangenheit zu relativieren statt zu leugnen. Anstatt den Holocaust selbst infrage zu stellen, erachtete man es für geschickter, ihn entweder zu ignorieren oder seine historische Bewertung zu hinterfragen und ihn mit anderen Massenverbrechen gleichzustellen. Jedenfalls endete die Zusammenarbeit Mohlers mit der *JF* an diesem

Punkt. Stein und den Seinen ging es um die Vermeidung sensibler Themen, Mohler ertrug keinen Widerspruch zu seinen Thesen.

DER KURZE FRÜHLING DER WIEDERVEREINIGUNG

Die Vorsicht Dieter Steins vor den Fallstricken der Shoah-Leugnung in seiner Zeitung hatte einen weiteren Grund. Die *Junge Freiheit* sah Licht am Ende des Tunnels und wollte keine unnötigen Risiken eingehen. War der erste Aufschwung der Neuen Rechten eine Reaktion auf die sozialliberale Koalition gewesen, als den Konservativen der Verlust der Deutungshoheit bewusst wurde, vollzog sich der zweite am Ende des Blockkonflikts. Im Windschatten des deutschen Vereinigungsprozesses nach 1989 gelang einigen ihrer Autoren wieder ein Schritt in eine breitere Öffentlichkeit.

Angesichts der historischen Ereignisse wirkt die Offensive konsequent, aber nicht zwingend. Die Stimmung war zunächst weniger euphorisch, als zu erwarten gewesen wäre, denn Mauerfall und Wiedervereinigung hatten bei ihnen zu Beginn der neunziger Jahre eine »Erfüllungsdepression« und »Identitätskrise« ausgelöst, wie Thomas Assheuer als zeitgenössischer Beobachter feststellte.[10] Ihre langjährige Unterordnung unter den Imperativ der deutsch-deutschen Frage stellte sie nun vor ein Problem. Einerseits hatte sich ihr Wunsch erfüllt, andererseits jedoch vollzog sich der Sturz der DDR nicht nach dem gewünschten Muster. Ausschlaggebend waren die Annäherung in der Tradition der neuen Ostpolitik und zugleich die innersowjetischen Reformen von Glasnost und Perestroika gewesen, nicht der mit unerbittlicher Schärfe geführte Kalte Krieg, für den man selbst votiert hatte.

Doch schöpfte man zugleich neuen Mut für eine noch anzustrebende Zurückgewinnung des 1945 verlorenen »deutschen Ostens«. Assheuer resümiert die neurechte Debatte der Wendezeit: »Erst dieses Großdeutschland [in den Grenzen von 1937] wäre eine Rückkehr zu seiner Geschichte; erst die Grenz-Restitution bedeutet Befreiung von Westbindung (und die Perspektive auf eine Aussöhnung mit dem ›Russentum‹)« sowie »Emanzipation« von Fremdherrschaft.[11] Neben den Grenzen des Staatsterritoriums sollten auch umgehend die des historischen Bewusstseins revidiert werden. Die kritische Aufarbeitung der NS-Vergangenheit, der große Dorn im Auge der gesamten Rechten, könnte endlich widerrufen werden. Auf dem Weg zur Wiederaneignung der »eigenen« Geschichte betrieb man kurzerhand die »Entsorgung der Vergangenheit«.[12] Der Weg zur neuen nationalen Größe schien jedenfalls offen, fasste Assheuer die neurechte Einschätzung der Wiedervereinigung zusammen: »Wieder im Besitz seiner vollen Souveränität, befreit von seinen ›Zeitgeschichtsfesseln‹, soll Deutschland Europa führen.«[13] Mit diesem Kurs gelang der Neuen Rechten Mitte der neunziger Jahre ihre kleine publizistische Offensive. Die Richtung, unter der dieser Aufschwung verbucht werden konnte, gab 1994 der Titel eines Sammelbandes der beiden *Welt*-Redakteure Ulrich Schacht und Heimo Schwilk im Ullstein Verlag vor: *Die selbstbewußte Nation.* Ein weiteres Sammelwerk folgte ebenfalls bei Ullstein mit dem von Roland Bubik herausgegebenen Titel *Wir 89er.* In ihm empfahl sich der neurechte Nachwuchs, darunter Dieter Stein und Ellen Kositza, als Gegenentwurf zu den 68ern. Furore machte der Topos von der »selbstbewußten Nation« zudem in einem Aufruf »Gegen das Vergessen« in der *FAZ.* Mit Hilfe dieser Übernahme einer vergangenheitspolitischen Formel der Linken sollte kurz vor dem 50. Jahrestag des Kriegsendes am 8. Mai 1995 an »Vertreibungsterror«, nationale Teilung und »neue Unterdrückung im Osten« erinnert werden. Es fanden sich mehr als 200 Unterzeichner, um ihre Unzufriedenheit mit dem offiziellen Erinnern des Kriegsendes auszudrücken, darunter Heimo Schwilk, Ulrich Schacht, Klaus Rainer Röhl, Rainer Zitelmann, Karlheinz Weißmann und Dieter Stein.[14]

Weit kamen sie jedoch nicht. Die nach der Überwindung des Realsozialismus anstehende Neuordnung der Welt stand in den neunziger Jahren im Zeichen der Globalisierung und nicht der nationalen Partikularismen. Europa wuchs wirtschaftlich zusammen. Die letzten vergangenheitspolitischen Schlachten um das Ansehen der Wehrmacht, die Zwangsarbeiterfrage und den Anspruch auf die ehemaligen Ostgebiete wurden von der Rechten verloren. Die Deutschen hatten verstanden, dass sie ihren Anspruch auf eine europäische Führungsposition nur einlösen konnten, wenn sie sich überzeugend von jeder Reichsnostalgie lossagten. Exekutiert wurde diese letzte Stufe der Entnazifizierung nach 1998 von einer rot-grünen Regierung, deren Spitze durch APO und die »roten« Siebziger politisch geprägt worden war. Dass diese mittlerweile ein neues bürgerliches Milieu repräsentierten, barg eine tiefe Enttäuschung. Karlheinz Weißmann hatte sie im August 1998, unmittelbar vor dem Regierungswechsel, gegenüber der *JF* zum Ausdruck gebracht. Nach 1989 sei die Neue Rechte sicher gewesen, »wir hätten eine bestimmte geschichtliche Tendenz hinter uns und wären nun mit diesem Anschub fähig, einen Teil der Gegenseite zu uns herüberzuziehen. Das ist nicht geschehen. Eine zweite Hoffnung hat sich auf das Bürgertum gerichtet: wir haben gedacht, es wird die Gunst der Stunde nutzen und sich aus der babylonischen Gefangenschaft durch die Linke befreien, in der es seit 68 steckte. Wir haben die Feigheit des Bürgertums unterschätzt.«[15]

Tatsächlich schien die deutsche Nachkriegsgeschichte die unglaubliche Erfolgsstory einer Modernisierung zu sein, eine einzigartige friedliche Revolution inklusive. Die faschistische Versuchung schien ein für alle Mal gebannt, weder linker Terrorismus noch marodierende Nazibanden auf den Straßen von Rostock und Hoyerswerda hatten das Land vom Pfad demokratischer Läuterung abbringen können. Es war international geachtet, ökonomisch erfolgreich und stets bereit, mit gutem Beispiel voranzugehen. Wo andere nur Interessen hatten, hatte man selbst Moral. Dieser Wandel war zwar vor allem einer des Selbstbildes, ließ aber auch den bürgerlichen Konservatismus nicht unberührt. Langfristig führte das in ein weiteres Dilemma: Wollte die CDU an alte Wahlerfolge anknüpfen, musste sie für die großstädtischen Milieus attraktiv werden. Kam sie diesen aber zu nahe, verschreckte sie wiederum ihre Stammwähler im ländlichen Bereich. Ging sie zu sehr auf die weltmarktorientierten Deregulierer ein, so verlor sie den Sozialkonservatismus mit seinen protektionistischen Zügen aus den Augen. Zum Entsetzen der *JF* wurde konservative Politik unter dem Druck der rot-grünen Regierung zur Gratwanderung zwischen Vertriebenentreffen und Christopher Street Day, zwischen christlicher Arbeitnehmerschaft und Globalisierung.

DAS METAPOLITISCHE KARTELL UM DAS INSTITUT FÜR STAATSPOLITIK

Um den zunehmenden Modernisierungsdruck innerhalb des etablierten konservativen Lagers zu lindern und den damit einhergehenden Verlust der rechtskonservativen Denkfabriken und Köpfe zu kompensieren, entstand zur Jahrtausendwende der Plan einer eigenen Strategieschmiede. Zu diesem Zweck wurde im Jahr 2000 von Karlheinz Weißmann und Götz Kubitschek das private Institut für Staatspolitik (IfS) gegründet. Parallel dazu entstand der Antaios Verlag, dem in Zukunft die Aufgabe zukam, die Ergebnisse der neurechten Theoriearbeit publizistisch zu bündeln. Erik Lehnert, heute »wissenschaftlicher Leiter« des IfS, formuliert den metapolitischen Auftrag der rechten Intelligenz mit Hinweis auf den angenommenen Identitätsverlust der Deutschen. Er sorgt sich, »daß überhaupt noch daran erinnert wird, daß es eine deutsche Seele gibt. Dafür muß es einen Ort geben.«[16]

Nach diesem Motto führte das IfS Akademien und Tagungen durch und etablierte sich als Debattenzentrum der neurechten Szene. Dabei arbeitete es von Beginn an eng mit der *Jungen Freiheit* zusammen. Parallel zur Schulungsarbeit versuchte es, mit einer Schriftenreihe seinen Einfluss als Stichwortgeber zu vertiefen. Zwei dieser Schriften des IfS haben tatsächlich eine größere Aufmerksamkeit auf sich gezogen: Die 2010 vorgelegte Verteidigungsschrift des IfS zum *Fall Sarrazin* erfuhr mehrere Auflagen; und mit der 2011 veröffentlichten Broschüre *Die Frau als Soldat*, die sich dafür aussprach, die Bundeswehr als männliche Domäne zu wahren, wurde gezielt deren Offiziersnachwuchs angesprochen.

Als »Auslöser« zur Institutsgründung gilt ein Interview, in dem Weißmann 1999 gegenüber Dieter Stein von der *JF* über die Notwendigkeit eines »Reemtsma-Instituts von rechts« gesprochen hatte.[17] Die als links geltende Hamburger Stiftung hatte damals mit einer Ausstellung über die »Verbrechen der Wehrmacht« eine breite Geschichtsdebatte angeregt und ein Musterbeispiel metapolitischer Intervention gegeben. Dem wollte man von rechts etwas entgegensetzen. Allerdings entsprach der Hinweis auf die Linke dem üblichen Muster, sich durch Nachahmung ins Gespräch zu bringen. Weißmann gab im selben Gespräch noch einen weiteren Wink, der öffentlich aber kaum wahrgenommen wurde. Er wies Stein darauf hin, dass die »Jungkonservativen um den Historiker Martin Spahn […] nach der deutschen Niederlage von 1918 […] ein ›Politisches Kolleg‹ geschaffen« hatten, »eine Art privater Hochschule, die Forschung, Information und Orientierung ausdrücklich miteinander verknüpfen sollte«.[18] Das Politische Kolleg Spahns war von 1920 bis 1925 die Schulungsstätte der Jungkonservativen, an der neben einer ganzen Reihe Protagonisten aus Mohlers *Konservativer Revolution* auch Moeller van den Bruck arbeitete. Finanziert durch Zuwendungen der Schwerindustrie wurde hier maßgeblich gegen die Weimarer Republik agitiert. Damit hatte Weißmann seine Arbeit einmal mehr in die Tradition des völkischen Nationalismus gestellt und die Relevanz der Konservativen Revolution als »Erinnerungsort« bezeugt.[19] Auch in der Zielgruppenauswahl orientierte man sich ganz am jungkonservativen Eliten-Autoritarismus der Weimarer Zeit. Wie Weißmann in einem anderen Gespräch gegenüber der *JF* erklärte, ging es ihm darum, das »geistige Vakuum, das in der Union herrscht«, aufzufüllen. Dabei werde man jedoch den gebotenen Abstand zur Parteipolitik und den Massen wahren, von Parteistrukturen unabhängig bleiben und im Vorpolitischen agieren: »Uns geht es um geistigen Einfluß, nicht die intellektuelle

Lufthoheit über Stammtischen, sondern über Hörsälen und Seminarräumen interessiert uns, es geht um Einfluß auf die Köpfe, und wenn die Köpfe auf den Schultern von Macht- und Mandatsträgern sitzen, um so besser.«[20] In diesem Konzept zählte weniger Masse als vielmehr Macht. Auf diesem Weg versuchte das IfS, die jungkonservative Idee einer »Revolution von oben« umzusetzen.

Seit 2003 gibt das IfS zusätzlich die Zeitschrift *Sezession* heraus, die von einem gleichnamigen Blog flankiert wird. Ihr Titel folgt einem Konzept, das sich bereits im »Anschwellenden Bocksgesang« von Botho Strauß findet, dem in den neunziger Jahren der Status eines neurechten Manifests zugesprochen wurde: »Man muß nur wählen können; das einzige, was man braucht, ist der Mut zur Sezession, zur Abkehr vom Mainstream. Ich bin davon überzeugt, daß die magischen Orte der Absonderung, daß ein versprengtes Häuflein von inspirierten Nichteinverstandenen für den Erhalt des allgemeinen Verständigungssystems unerläßlich ist.«[21]

Auffallend an dieser Entwicklung ist, dass die Neue Rechte erst zur Jahrtausendwende unter den Bedingungen von Rot-Grün mit ihrer Gegenoffensive begann. In den Jahren der Regierung Kohl konnte sie keine derartigen Dynamiken entfalten. Das erinnert an ihren ersten Aufbruch unter dem Schlachtruf »Tendenzwende« im Schatten der sozialliberalen Koalition. So, wie Mohler Ende der sechziger Jahre versuchte, ein Netzwerk aus Publizisten und Politikern zu schaffen, bildeten nun seine Schüler ein jungkonservatives Kartell. Es bestand aus einer Wochenzeitung (*JF*), einem Thinktank (IfS), einem Verlag (Antaios) und einer Zeitschrift (*Sezession*), mit den entsprechenden Akteuren Kubitschek, Weißmann und Stein im Zentrum. Ziel der so gebündelten Kräfte war die Revitalisierung einer radikalen Rechten mit bürgerlichem Profil unter neurechter Hegemonie. Insofern trug die Strömung deutliche Züge einer klassischen »Reaktion«. Es ist ein Grundmuster derartiger Bewegungen, in der Defensive am aggressivsten zu werden. Allerdings brach das Bündnis in einem entscheidenden Moment. Zwischen *Sezession* und *JF* kam es ausgerechnet dann zu den schon erwähnten Verwerfungen, als sich die AfD formierte. Auf den ersten Blick waren diese dem zunehmend aggressiven Stil der *Sezession* und des IfS geschuldet. Zentral waren aber auch unterschiedliche Einschätzungen der Frage nach dem Sinn und Unsinn einer neuen Rechtspartei.

AUF DER SUCHE NACH VORLÄUFERN

An einer Krise bestand in den Augen der IfS-Gründer kein Zweifel. Das, was sie unter Konservatismus verstanden, war fraglos am Ende. Nennenswerte institutionelle Verflechtungen der Unionsparteien mit dem rechten Rand waren, anders als in den Achtzigern, am Absterben, die letzten Vertreter des Nationalkonservatismus alt oder isoliert. Eingeleitet habe diesen Trend bereits der opportunistische Kurs der Regierung Kohl, lautete die Analyse. Unter seiner Nachfolgerin Angela Merkel drohte nun endgültig der Verlust jeglichen Rechtsprofils. Die protestantische kinderlose Naturwissenschaftlerin mit DDR-Sozialisation wurde zum vielgeschmähten Gesicht des Wandels und stieß auf erbitterten Widerspruch. »Politik ohne Überzeugung – Merkels Union« betitelte das IfS 2005 eine Broschüre, die mit dem wirtschaftsorientierten, pragmatischen Erbe der Ära Kohl abrechnete. Allerdings hatte man durchaus begriffen, dass die Liberalisierung der CDU kein neues Phänomen war. Bereits das Ausbleiben der von Helmut Kohl angekündigten »geistig-moralischen Wende« habe den Kurs erahnen lassen. Selbst die letzten Bastionen des Grenzrevisionismus und der Vertriebenenpolitik seien zugunsten der europäischen Integration geschliffen worden. Mit Ausnahme einiger geschichtspolitischer Provokationen und »symbolische[r] Gesten« Kohls, genannt werden »der Besuch des Soldatenfriedhofs von Bitburg mit Ronald Reagan oder ein Besuch bei Ernst Jünger«, habe die CDU an der versprochenen Tendenzwende in Wirklichkeit kein Interesse gezeigt.[22]

In einem Leitartikel kurz vor der Bundestagswahl im September 2009 nahm Chefredakteur Dieter Stein in der *JF* ebenfalls die runderneuerte CDU ins Gebet. Das Sündenregister war aus seiner Perspektive schier endlos: »Vier Jahre Merkel als Kanzlerin, neun Jahre Merkel als CDU-Chefin haben tiefe Schleifspuren hinterlassen. Die Partei, die schon unter Kohl und Schäuble einem ›Modernisierungsdruck‹ unterworfen war, der darin bestand, Grundsätze am laufenden Band über Bord zu werfen, ist seit Eintritt in die Große Koalition um den Preis des Machterhalts gänzlich ins Chamäleonhafte entrückt.« Der Text zeigt, wie tief nach dem Untergang der DDR die Enttäuschung über die verpasste Wiederkehr des Nationalkonservatismus war. Der liberalisierte Konservatismus hatte in den Augen der *JF* auf ganzer Linie versagt. Statt endlich die Schäden von 1968 ff. zu beheben, setzte sich die CDU in den Augen Steins nun selbst an die Spitze des Fortschritts. Er prangerte die »Entkernung« der »Marke CDU« an: So habe sie die DDR-Bodenreform anerkannt, statt den enteigneten Besitz zurückzugeben. In der Einführung der Fristenregelung für Schwangerschaftsabbrüche sah er einen »Dammbruch beim Lebensschutz«. Der Verfall der christlichen Werte sei zudem an der Aufgabe des »traditionellen Familienbilds« abzulesen. Anstelle des gebotenen Widerstands »gegen die Homoehe«, klagte der Journalist allen Ernstes, habe sich die CDU »an die Spitze des feministischen ›Gender Mainstreaming‹-Projekts und einer sozialistischen Familienpolitik« gestellt. Ausdruck dieses Linkskurses sei Merkels Personalpolitik, der mit Martin Hohmann, Friedrich Merz und Jörg Schönbohm profilierte Konservative zum Opfer gefallen seien. Steins Resümee lautete, die CDU habe einen unverzeihlichen »Verrat« an ihrer konservativen Stammwählerschaft begangen. Aus Mangel an wählbaren Alternativen empfahl der *JF*-Chef seinen Lesern für die anstehende Wahl, ihr Kreuz bei der FDP zu machen und so den nationalliberalen Flügel zu stärken.[23]

Steins Ideallösung wäre eine eigene, dezidiert rechte Partei nach dem Schnittmuster der österreichischen FPÖ gewesen. Zu diesem Zweck hatte er in der Vergangenheit bereits auf die Republikaner und den Bund Freier Bürger gesetzt. Mangels Personal konnte man allerdings kaum hoffen, irgendwann über einen mit Haiders Partei vergleichbaren Machtfaktor zu verfügen. Die Strategie war denn auch, mit einer kleinen, aber koalitionsfähigen Gruppe die Unionsparteien unter Druck zu setzen und zur Erneuerung ihres rechten Profils zu bringen. Ganz nach dem Modell, wie es die Grünen in den Augen neurechter Analysten mit der SPD gemacht hatten. Das historische Vorbild für dieses Vorgehen fand sich in den eigenen Reihen. Armin Mohler hatte versucht, Franz Josef Strauß zur bundesweiten Aufstellung der CSU zu bewegen, da ihm die CDU damals schon zu liberal geworden war. Einer der Netzwerker in der »Aktionsgemeinschaft Vierte Partei«, die »Strauß' Sprung über den Main« in einer bundesweit agierenden CSU organisieren sollte, war Mohlers Intimus Marcel Hepp.[24] Allerdings war der Plan für solch eine neue Rechtspartei nie aufgegangen.

Angesichts der Schäden in der Union schien die Zeit 2009 reif. Inzwischen hatte sich jedoch innerhalb des jungkonservativen Kartells besagte intransigente Strömung um die *Sezession* und das IfS gebildet, die für den bürgerlich-reformistischen Ansatz von Parteiarbeit nur Naserümpfen übrighatte. Da man sich als Elite sah, tat man sich schwer, dem nun mal untrennbar mit dem Mehrheitsprinzip verbundenen Parteiwesen noch etwas abzugewinnen, zumal die Versuche der jüngeren Vergangenheit allesamt als gescheitert galten. »Es ist«, beschied daher eine Broschüre des IfS zum Thema Parteiarbeit, »nicht die schlechteste Aufgabe, einen jungen Mann vor diesem Lebenskonzept und der Verschwendung seiner Kraft zu bewahren!«[25] Zumindest, solange nicht die nötige Exklusivität der Mitglieder gewährleistet werden könne. Das so erwogene Modell erinnerte dann eher an einen politischen Herrenklub als eine demokratische Partei. Nach Möglichkeit erstrebte man die »Reduzierung der Mitgliederzahl auf ein Minimum, eine Aufnahme von Neumitgliedern mittels Bürgschaft zweier Altmitglieder sowie eine schwerpunktmäßig durch Spenden bestrittene Finanzierung der Partei«.[26]

Während die *JF* also noch den Verlust eines nationalkonservativen Lagers in der CDU betrauerte, begann man bei der *Sezession* mit einer radikalen Alternative zu liebäugeln. Im Themenheft »Faschismus« veröffentlichte Martin Lichtmesz 2010 einen begeisterten Artikel über ein von Neofaschisten besetztes Haus in Rom, das ihn offensichtlich in seinen Bann gezogen hatte. Bei der *Sezession* war man genau im Bilde, was für eine Strömung hinter der Casa Pound stand, wie sich das Zentrum nach dem avantgardistischen Dichter und Mussolini-Bewunderer Ezra Pound benannt hatte: »Soziales Pathos, antikapitalistische Rhetorik, nationale Symbolik – die Besetzer stammten aus der militanten rechtsradikalen Szene Roms und machten damals wie heute keinen Hehl aus ihren Überzeugungen: die seien ›weder links noch rechts‹, sondern schlicht ›fascista‹.«[27] Mit einem kleinen Radiosender, Buch- und Zeitschriftenhandel und guten Verbindungen zur lokalen rechten Musik- und Hooligankultur konnte die Casa Pound sich erfolgreich und provokant vermarkten. Bewusst gab man sich als rechtes Gegenstück zu den klassischen linken Kulturzentren der siebziger Jahre. Dazu passend ordnete sich die Casa Pound der in Europa wachsenden »Identitären Bewegung« zu, die ebenfalls mit subkulturellen Formen spielte.

Besonders reizvoll für Lichtmesz als langjährigen Autor des *JF*-Kulturressorts war die offensive Selbstinszenierung der Italiener als nonkonformistische Jugendbewegung und ihr Spiel mit den ästhetischen Formen des italienischen Futurismus. Mit dem »Turbodynamismus« als selbstkreiertem Programm hatten sich die Aktivisten der Casa Pound sogar an einer Kopie des futuristischen Manifests der Gruppe um Filippo Marinetti aus dem Jahr 1909 versucht. Das war zwar hochgradig anachronistisch, immerhin zeigten sich die Futuristen als erbitterte Feinde jeder Musealisierung und gingen von einer Halbwertszeit ihrer eigenen Kunst von nicht mehr als zehn Jahren aus. Die Rede der »Turbodynamiker« von der »haltlosen, brutalen und rücksichtslosen Aktion« und dem »Stil, der notwendig ist, um einen Brand zu stiften«, entfaltete trotzdem ihren plagiatorischen Charme bis Deutschland.[28]

Akteure wie Lichtmesz und Kubitschek fanden bei den italienischen Neofaschisten endlich die ersehnte Verbindung heroisch-männlicher Haltung und revolutionärer Dynamik mit der Ästhetik einer Bewegung. Der autoritäre Rebell, eine Gründungsfigur des historischen Faschismus, war ein attraktives Rollenmodell. In der Folgezeit kam es zu Besuchen und

Berichten über die Casa Pound und das mit ihr verbundene Netzwerk ähnlicher Zentren in Italien. Die Entscheidung bei der *Sezession* schien gefallen, wie stets führte die Radikalisierung des völkischen Nationalismus direkt in den Faschismus. Wie zur Bestätigung dieser Gesetzmäßigkeit lud Kubitschek zum zweiten »zwischentag« 2013 den italienischen Neofaschisten Gabriele Adinolfi für ein Podiumsgespräch ein. Adinolfi war von den italienischen Behörden eine Verbindung zum verheerenden Bombenanschlag von Bologna 1980 vorgeworfen worden, woraufhin er nach Frankreich ins Exil ging. Kubitschek rechtfertigte die Einladung damit, dass Adinolfi zwar faschistische Organisationen gegründet, aber nach eigener Auskunft mit dem Anschlag nichts zu tun hatte. Um die Familienzugehörigkeit zu unterstreichen, betonte er Adinolfis im Exil gewachsene Verbindungen zur Nouvelle Droite: »In Frankreich arbeitete er weiterhin metapolitisch-theoretisch, inspiriert vor allem durch Alain de Benoist und dessen GRECE.«[29]

Anders als bei der Premiere im Jahr zuvor war die *Junge Freiheit* diesem zweiten »zwischentag« als Aussteller ferngeblieben, ein deutlicher Indikator für die Querelen im Hintergrund. Beobachter nahmen an, dass die Verstimmung auch durch einen Sammelband des Antaios Verlags mit Texten von Armin Mohler befeuert wurde. Darin war, wohlmeinend kommentiert, die geschichtsrevisionistische Kolumne enthalten, die zum Ausscheiden Mohlers aus der *JF* geführt hatte. So trieb neben der Parteienfrage auch »der Umgang mit den deutschen Verbrechen in der Zeit des Nationalsozialismus« *Sezession* und *JF* auseinander, mit denen sich die einen noch weniger befassen wollten als die anderen.[30] In ihrem Bericht von der Messe zeigte sich die *Junge Freiheit* von der Anwesenheit des Italieners Adinolfi ebenso wenig angetan wie von dem Vortrag des ungarischen Politikers Márton Gyöngyösi. Dieser gehört nicht nur dem faschistischen Jobbik an, sondern war auch durch antisemitische Positionen aufgefallen. Hatte die *JF* im Vorjahr noch über den »zwischentag« als eine »konservative« Messe geschrieben, so bevorzugte man nun das Adjektiv »rechts« und setzte nach: »Die gewünschte politische Verbreiterung der Messe dürfte jedoch nur gelingen, wenn es zu einer selbstkritischen Auseinandersetzung über ›rechte‹ Positionen kommt.«[31] Zur Vorgeschichte der gegenseitigen Entfremdung dürfte im Übrigen auch ein unterschiedlicher Umgang mit dem Fall des norwegischen Massenmörders Anders Breivik gezählt haben. Breiviks Tatmanifest *2083: A European Declaration of Independence* war ein wildes Sammelsurium konservativ-revolutionärer Motive und dürfte bei der aufstrebenden *JF* erhebliche Sorgen hervorgerufen haben, mit dessen ideologischer Gemengelage identifizierbar zu sein. Antaios dagegen reagierte trotzig und warf ein Buch mit den Essays von Breiviks Hauptstichwortgeber, dem norwegischen Blogger »Fjordman«, auf den Markt.[32]

EINE DEUTSCHE TEA PARTY?

Während sich die Köpfe bei *Sezession* und IfS öffentlich desillusioniert von den Parteien zeigten und zunehmend auf Fundamentalkritik und Radikalität setzten, behielt die *JF* die Parteienlandschaft weiter im Auge. Ganz hatte sich das Blatt noch nicht mit dem Wandel der CDU abgefunden und hoffte noch auf eine innerparteiliche Revolte. Das Vorbild in dieser Misere kam ausgerechnet aus den USA: *JF*-Chef Dieter Stein plädierte für eine deutsche Variante der amerikanischen Tea Party, die nach Manier einer Basisbewegung anfing, die

Republikaner unter Druck zu setzen. Die amerikanische Bewegung war mit dem fundamentalchristlichen Milieu eng verbunden und bot für Stein ein nachahmenswertes Modell. Anlass für Hoffnung in Deutschland gab ihm die rechte Sammlungsbewegung »Linkstrend stoppen«, mit der ein letztes nationalkonservatives Aufgebot um den CDU-Rechtsaußen Friedrich-Wilhelm Siebeke eine Kurskorrektur der Partei erzwingen wollte. Bei einem Misserfolg, mahnte Stein, »könnten angesichts einer unter Merkel konturen- und führungslosen CDU Zentrifugalkräfte zunehmen«.[33] Die *JF* unterstützte »Linkstrend stoppen« nach Kräften, aber langfristig sollte Stein mit seiner Skepsis recht behalten. Innerhalb der CDU hatten sich Modernisierer durchgesetzt und sie schienen die Vernunft auf ihrer Seite zu haben. Das rechte Gegenlager wirkte mehr und mehr wie ein Narrensaum, wie 2011 ein kurzer Zwischenruf Lorenz Jägers, unbestrittene konservative Spitzenfeder der *FAZ*, bestätigte. Der Journalist hatte die Neue Rechte lange solidarisch begleitet und wenig Berührungsängste gezeigt. Er hielt einen Vortrag beim IfS und trat gemeinsam mit Karlheinz Weißmann auf. Doch dann warf er das Handtuch. Jäger waren die Töne zu schrill geworden, er zählte auf, wer inzwischen alles unter dem Label »konservativ« anzutreffen war: sogenannte »Klimaskeptiker«, Atomkraft-Befürworter, Verächter des Sozialstaates und »am unteren Ende des Niveaus« die Islamhasser von *Politically Incorrect*. Es sei eine »schöne Zeit« unter Rechten gewesen, gestand er, aber das Maß sei nun voll: »please count me out«.[34] Der Versuch einer »konservativen Reconquista«, wie Helmut Kellershohn es nannte, war vorerst gescheitert.[35] Die CDU schien endgültig nicht mehr für die autoritäre Restauration im Geiste des Völkischen Nationalismus zur Verfügung zu stehen. Nach diesem letzten Anlauf wurde es endgültig Zeit, sich nach einer Plattform außerhalb der Union, einer deutschen FPÖ, umzusehen.

Am 6. Februar 2013 war es dann so weit und die Alternative für Deutschland wurde gegründet. Die *JF* signalisierte von Beginn an ihre Nähe, war auf dem Gründungsparteitag am 14. April in Berlin vor Ort und schaltete einen Liveticker. In einer später von der Zeitung veröffentlichten Schrift zur Geschichte und den Hintergründen der Partei ließ es sich *JF*-Chef Dieter Stein nicht nehmen, auf ein *JF*-Interview mit dem ersten Parteichef Bernd Lucke ein Jahr zuvor hinzuweisen. In diesem hatte der Hamburger Ökonom schon über eine Parteigründung sinniert.[36] Obgleich sich die AfD unter seiner Führung vor allem als sozialstaatsfeindliche Anti-Euro-Partei profilierte, war sie tatsächlich vom ersten Tag an wesentlich mehr. So übt das fundamentalchristliche Netzwerk »Zivile Koalition« der stellvertretenden Bundesvorsitzenden und Europaabgeordneten Beatrix von Storch starken Einfluss innerhalb der AfD aus. In dieser Form soll religiös geleitete Metapolitik bis heute auf die Politik einwirken. Das Netzwerk gehört zu einer Bewegung, die sich zur Wahrung der traditionellen Familienstruktur mit systematischen Kampagnen gegen die rechtliche Gleichstellung von Homosexuellen und Sexualaufklärung gestellt hat. Nach eigener Darstellung ging aus der »Initiative Familienschutz«, die sich »unter dem Dach der Zivilen Koalition« organisierte, auch die »Demo für alle« hervor.[37] Nicht nur dem Namen nach orientierten sich diese Proteste am französischen Vorbild »La Manif pour tous«, einem Bündnis vor allem fundamentalchristlicher und ultrarechter Kräfte. Auch die *JF* begrüßte die Kämpfe »gegen die Gleichstellung von Homosexuellen im Ehe- und Adoptionsrecht« als aktiven Kinderschutz.[38] Wissend, dass der Kampf gegen die Gleichstellung Homosexueller integraler Bestandteil sein würde, bewertete Dieter Stein in der *JF* mit Verweis auf Frankreich die Gründung der AfD als »regelrecht befreiend«.[39] Im Kampf für die Beibehaltung tradierter Geschlechterrollen und ein konservatives Familienbild versprach man sich von der AfD handfeste Unterstützung. Zu Recht, denn diese Haltung fand im Parteiprogramm ihren Niederschlag in einer plakativen Suggestion: »Unsere Kinder dürfen in der Schule nicht zum Spielball der sexuellen Neigungen einer lauten Minderheit werden.«[40] Solche Formulierungen zeigen ebenso wie die Verweigerung der rechtlichen Gleichstellung homosexueller Paare: Die Ablehnung einer Sexualaufklärung, die Homosexualität als legitime Form der Sexualität einbezieht, ist bei der AfD ebenso programmatisch wie die Stigmatisierung von Homosexuellen als grundsätzliche Bedrohung für Kinder. Das Netzwerk der Beatrix von Storch kann zu Recht als Garant einer solchen »Backlash«-Politik bewertet werden. Wie Sebastian Friedrich in einer Studie zum Aufstieg der Partei schreibt, kommt »[i]nnerhalb der AfD [...] der Zivilen Koalition eine Vorreiterrolle in Sachen Antifeminismus zu«.[41] Der Versuch seitens rechtskonservativer Kräfte, eine Basisbewegung für ihre Anliegen zu organisieren, war indessen nicht neu. Nach dem gleichen Muster hatte von Storch, eine gebürtige Herzogin von Oldenburg, bereits mit ihrer Organisation »Allianz für den Rechtsstaat« in den neunziger Jahren für die Revision der DDR-Bodenreform geworben.

Ungeachtet dieser Zusammenarbeit mit lautstarken Lobbygruppen wie der Zivilen Koalition und den fundamentalchristlichen Einflüssen hatte die AfD anfangs noch das Image einer Honoratiorenpartei. Sie galt als wenig volksnah, ein professorenlastiges Bündnis nationalkonservativer und ordoliberaler Bürger, in dem sich die abgestoßenen Rechtsaußenflügel von CDU und FDP vereinten. Das Bedürfnis nach einer solchen Sammlung von »Germanomics« war vor dem Hintergrund der Eurokrise, der Rettungsschirme und Griechenlanddebatte offensichtlich gewachsen. Bei der Bundestagswahl im September 2013 erzielte die erst wenige Monate zuvor gegründete AfD mit 4,7 Prozent ein beachtliches Ergebnis. Dieter Stein bejubelte diese Entwicklung in der *JF* als »atemberaubende[n] Parforceritt«. Er schrieb, ihre schnelle Aufstellung zur Wahl und der knapp verpasste Einzug in den Bundestag seien eine »historische Sensation«.[42]

Parallel zu dieser Entwicklung begann im neurechten Netzwerk hinter den Kulissen die Auseinandersetzung über Sinn und Unsinn einer Partei wie der AfD. Karlheinz Weißmann sah sich in der *Sezession* Ende 2013 zu einigen grundsätzlichen Worten veranlasst, die seine Kameraden an den Realitätsbezug ihres Tuns erinnern sollten: »Metapolitik ist nicht alles. Metapolitische Strategien sind nur sinnvoll als Teil von politischen Strategien. Wer Metapolitik betreiben will, muß Lagen analysieren und Machbarkeitsfragen stellen. Wenn es Metapolitik um den ›Überbau‹ geht, dann nicht im Verständnis von philosophischer Wahrheitssuche oder Ideologieproduktion oder geistigem Glasperlenspiel oder wechselnden Interessen an Themen, die stimmungsmäßig ›affizieren‹ (Carl Schmitt). Metapolitik interessiert sich zwingend auch für politische Praxis und deren Träger, eine ganz scharfe Trennung ist weder machbar noch wünschenswert, aber das Interesse besteht keinesfalls in dem Sinn, daß man glaubt, seine persönlichen oder ästhetischen Maßstäbe gegenüber der Politik zur Geltung bringen zu müssen, denn die sind persönlich und ästhetisch und mithin nicht politisch.«[43] Einstweilen blieben diese Sätze im Raum stehen. Den Lesern erschloss sich der unmittelbare Sinn dieser Mahnung erst später, nachdem es zur öffentlichen Spaltung gekommen war.

Die Konturen der Auseinandersetzung zwischen nationalen Revolutionären und Reformern wurden erst deutlich, als der Kreis um Kubitschek im Antaios Verlag ein Gespräch veröffentlichte, in dem über die »Ergriffenheit« der »AfD-Positiven« gespottet wurde.[44] In klassisch intransigenter Manier schätzte man die AfD aufgrund ihrer Parteiform als »systemstabilisierend« ein. Ihr Hauptzweck sei es, lediglich »etwas Dampf vom Kessel zu lassen«.[45] IfS-Leiter Erik Lehnert formulierte seine Skepsis gegenüber dem AfD-Kurs bei der *JF* mit den Worten: »Bei den Republikanern hat's nicht geklappt, bei der Partei Die Freiheit nicht, beim Bund Freier Bürger nicht, aber sie denken immer wieder: Jetzt klappt's. Das finde ich geradezu phänomenal, daß die Leute immer das Gleiche glauben. Obwohl's nie funktioniert hat.«[46]

Ungeachtet dieser Sticheleien hatte die *Sezession* die Entwicklung dennoch scharf beobachtet. Im Herbst 2014 veröffentlichte Kubitschek ein ausführliches Interview mit zwei langjährigen Weggefährten, dem Fraktionsführer der thüringischen AfD Björn Höcke und dem Historiker Stefan Scheil, der in Rheinland-Pfalz für die Partei aktiv war.[47] Wenig später, im Februar 2015, gab Ellen Kositza bekannt, dass sie und ihr Mann beide im Laufe des Jahres 2014 einen Antrag auf Mitgliedschaft in der AfD gestellt hätten, dem nach einigen Monaten zunächst auf Landesebene stattgegeben worden sei, die Mitgliedschaft aber dann seitens der Bundesführung wieder zurückgenommen worden sei.[48] Allzu grundsätzlich kann die Ablehnung der Partei durch die Aktivisten von *Sezession* und IfS also nicht gewesen sein.

Dennoch schien inmitten dieses Gründungsprozesses der ersten erfolgversprechenden Rechtspartei jenseits der CDU in der Geschichte der Bundesrepublik die Kluft zwischen einerseits revolutionär und andererseits parlamentarisch orientierten Neurechten breiter zu werden. Wie Helmut Kellershohn einschätzt, sah die *JF* in der AfD einen konkreten Baustein für ihr Vorhaben, »durch die Verknüpfung von nationalliberalen, christlich konservativen, völkischen und staatspolitischen Ideen eine ›moderne‹ völkisch-konservative Bewegung im vorpolitischen Raum zu inspirieren und über deren parteipolitische Implementierung in den politischen Raum zu einer ›Umwälzung‹ (Stein) des politischen Systems beizutragen«.[49] Die damit verbundenen realpolitischen Schritte waren für einen politischen Ästheten vom Schlage Kubitscheks offensichtlich zu banal. Er gab sein Desinteresse an Äußerlichkeiten wie Wirtschafts- und Sozialpolitik freimütig zu, da er eine andere Ebene bevorzuge: »Das ist mir völlig egal, wenn ich über den Zustand der deutschen Seele nachdenke oder den Zustand der Tiefenstruktur unserer Psyche oder den Zustand unseres kulturellen Daseins. [...] Das ist die eigentliche Substanz des Volkes.«[50]

Die Auseinandersetzung zwischen Lehrer Weißmann und Schüler Kubitschek bekam die unschönen Züge eines politischen Vatermords. Die Heftigkeit der Kontroverse überraschte auch langjährige Beobachter. Kellershohn, der die Entwicklungen innerhalb der Neuen Rechten seit Jahrzehnten akribisch analysiert, zeigte sich von der »Gespaltenheit zwischen ›neuem Realismus‹ (Weißmann), politischem Existentialismus und metapolitischem Pluralismus« überrascht. Angesichts der »Ausschließlichkeitsformeln«, mit denen Weißmann und Kubitschek ihre Positionen garnierten, lag auch für Kellershohn die Konsequenz der Trennung nahe. »Möglich ist aber auch«, fügte er hinzu, »dass die Grundlagen der Arbeitsteilung und Kooperation im jungkonservativen Lager sowohl im IfS als auch zwischen IfS und JF neu verhandelt werden.«[51]

Im März 2015 sprach Kubitschek neben dem Lega-Nord-

Politiker Matteo Salvini auf einem Kongress der äußerst rechten Partei in Rom und trat auch auf der zugehörigen Kundgebung auf. Er reiste zusammen mit Kositza an, die in ihrem darauffolgenden Bericht für die *Sezession* angesichts der unverhohlenen Inszenierung ins Schwärmen geriet: »Pathetische Bombast-Musik, dann der wuchtige Einzug der Casa-Pound-Hundertschaften von der höhergelegenen Viale Gabriele d'Annunzio auf den bereits dicht gefüllten Platz. Tosender Beifall, undenkbar dies alles in Deutschland!«[52] Der Deutschlandfunk berichtete von hochgehaltenen Mussolini-Porträts und zum faschistischen Gruß gereckten Armen sowie aus Griechenland angereisten Vertretern der »Goldenen Morgenröte«.[53] Kositza zitierte lieber, was sie für die Kernaussage aus der Rede Kubitscheks hielt: »[E]s gehe nicht mehr um rechts und links, es gehe um unsere Identität: Jubel!«[54]

Umgehend kam von der *JF* ein Ordnungsruf, jede Etablierung einer rechten Alternative sei gefährdet, ließe man sich »auf den Holzweg dieser italienischen Bündnispolitik zwischen Rechtspopulisten und Neofaschisten« locken.[55] Das Tischtuch war zerschnitten, wie eine spätere Abrechnung Weißmanns mit Kubitschek in der *JF* zeigte. Weißmann begründete darin gegenüber der Zeitung seinen Rückzug im Winter 2013/14 erst aus der *Sezession*, dann aus dem IfS mit harten Worten: »Die Gründe sind leicht zu benennen: die dauernden Alleingänge Kubitscheks, seine notorische Unzuverlässigkeit, wenn es um Absprachen ging, und die permanente Grenzüberschreitung, etwa im Hinblick auf die ›Faschisten des 21. Jahrhunderts‹.«[56]

Der Streit innerhalb des neurechten Lagers lief parallel zu einer drohenden Spaltung der AfD in eine völkische und eine nationalliberale Strömung. Die beiden konkurrierenden Flügel waren bereits früh erkennbar und schlugen sich auch programmatisch nieder. Alban Werner deutete daher die Veränderungen im Wahlprogramm der AfD zur Europawahl 2014 im Vergleich zu den Programmen anderer Anti-EU-Parteien und denen der östlichen AfD-Landesverbände zu den Landtagswahlen 2015 als nicht nur den unterschiedlichen Wahlanlässen geschuldet. Die Europawahl habe noch ganz im Zeichen des neoliberalen Führungskaders um Bernd Lucke gestanden und den Fokus auf währungs- und wirtschaftspolitische Fragen gelegt. Die »Islamisierung«, durchaus ein europäisches Thema, kam gar nicht zur Sprache. In einem Vergleich mit den Programmen etablierter rechtspopulistischer Bewegungen kam Werner zu dem Schluss: »Im internationalen Vergleich am auffälligsten ist […], worüber das Europawahlprogramm der AfD vollständig schweigt: De[r] Islam. […] Der Kontrast zwischen klassisch rechtspopulistischer Rhetorik und dem Europawahlprogramm der AfD könnte kaum größer sein. Wo der Rechtspopulismus mythische Bilder unberührter Heimat beschwört, bemüht die AfD ein anspruchsvolles, dem Alltagsverstand völlig fremdes Arsenal volkswirtschaftlicher und wirtschaftspolitischer Fachbegriffe.«[57] Doch im selben Jahr 2014 hatte ein Exodus der Nationalliberalen aus der Partei begonnen, die eine konsequente Abgrenzung gegenüber der extremen Rechten vermissten. Vor allem ostdeutsche Landesverbände hatten nur halbherzig auf entsprechende Enthüllungen reagiert, dass einzelne Mitglieder sogar der neonazistischen Szene entstammten. Ausdruck fand dieser Rechtstrend schließlich in der Erfurter Resolution von André Poggenburg und Björn Höcke im März 2015, mit deren Hilfe sich der völkisch-nationale Parteiflügel formierte. Kurz darauf gründete Bernd Lucke den Verein »Weckruf 2015« zur Sammlung des nationalliberalen AfD-Flügels. Er verlor den Kampf gegen eine Koalition aus Völkisch-Nationalen und Nationalkonservativen und wurde im Juli 2015 als Vorsitzender abgewählt. Nach seiner Ablösung durch Frauke Petry trat Lucke aus der AfD aus und gründete die neue Kleinpartei ALFA, die bedeutungslos blieb. Damit war der Kurs der AfD weit rechts über den Nationalliberalismus hinaus festgelegt. Das bestätigte sich, als Björn Höcke bei einer Tagung des IfS am 21./22. November 2015 eine rassistische Rede hielt und die Partei Konsequenzen verweigerte. Höcke sprach dabei über menschliches Reproduktionsverhalten, stellte einen afrikanischen »Ausbreitungstyp« dem europäischen »Platzhaltertyp« gegenüber, um daraus zu schließen, dass »die Evolution […] Afrika und Europa […] zwei unterschiedliche Reproduktionsstrategien beschert« habe.[58] Angesichts dieser Entwicklungen schrillten bei der *JF* die Alarmglocken immer lauter. Mit Lucke als Ticket hatten sie einen Imagewechsel bewerkstelligen und Leser der bürgerlichen Mitte gewinnen wollen. Ausgerechnet ihre alten Kameraden schickten sich nun jedoch an, dem »jungkonservativen Hegemonieprojekt« einen Strich durch die Rechnung zu machen.[59] Stein forderte gar den Rückzug Höckes, wie Kubitschek verbittert seinen Lesern mitteilte.[60] Weißmann mahnte verstimmt im Gespräch mit der *JF*, den angestrebten Status der AfD als »Volkspartei« nicht durch einen radikalen Habitus zu gefährden. In Richtung Schnellroda und im Hinblick auf Kubitscheks Italiensehnsucht wurde er schließlich unmissverständlich: »Das, was Höcke macht und was Einflüsterer wie Kubitschek offenbar noch verstärken, hat eine destruktive Tendenz, die Chancen zerstört. Wenn man ihren Vorstellungen folgt, endet die AfD als ›Lega Ost‹, aber es wird ihr nicht gelingen, diejenigen zu gewinnen, die noch nicht gewonnen sind. Und darum geht es, um nichts anderes.«[61]

Mit der Verdrängung Bernd Luckes wendete sich das Blatt

zugunsten Kubitscheks, doch der erwartete große Bruch innerhalb des neurechten Milieus blieb aus. Unter Luckes Administration waren Kubitschek und Kositza offiziell nicht willkommen gewesen, nach seinem Abgang rückte die *Sezession* noch näher an den völkischen Flügel heran. Das IfS berichtete von steigendem Interesse an seinen Seminaren vonseiten der AfD-Klientel. Das war ein weiteres Radikalisierungszeichen, nicht von ungefähr nannte die sächsische Linken-Landtagsabgeordnete Kerstin Köditz die AfD bald schon warnend eine »vorrevolutionäre Partei«.[62] Der Durchbruch des völkisch-nationalen Flügels lag wesentlich daran, dass die AfD eben nicht bloß die Anti-Euro-Partei war, als die sie in der Öffentlichkeit gehandelt worden war. Aufgrund ihres Charakters als Sammelbewegung zwischen CDU und NPD war sie »keineswegs darauf festgelegt, eine Ein-Punkt-Partei zu sein, die sich ausschließlich mit der Finanz- und Währungspolitik der EU und der Bundesregierung beschäftigt. Die Mitgliederstruktur und die beteiligten Akteure waren von vornherein auf ein breiteres Themenfeld orientiert.«[63] Tatsächlich reichte die Liste der Gegenspieler Luckes von der fundamentalchristlichen Lobbyistin Beatrix von Storch über die CDU-Veteranen Alexander Gauland und Konrad Adam bis zur rechtspopulistischen Opportunistin Frauke Petry. Im Verein mit Björn Höcke und André Poggenburg gelang die Abwahl der Gründerfigur Lucke, in der AfD dominierten fortan Nationalkonservative und Völkisch-Nationale. Ihre tatsächlichen Erfolge verdankte sie dementsprechend weniger wirtschaftspolitischen Positionen, sondern einer hemmungslosen Agitation vor allem gegen Flüchtlinge, aber auch gegen Homosexuelle und »Gutmenschen«. Die AfD war nicht die Neue Rechte, aber die Neue Rechte spielte in ihr eine zentrale Rolle.

Am Ende kamen sie auch nach Luckes Abgang wieder zusammen. Kubitschek und das IfS näherten sich der AfD in Gesellschaft von Höcke und Poggenburg, die *JF* hielt sich an die »seriösen« Protagonisten Gauland, Petry und auch den letzten Nationalliberalen, den baden-württembergischen AfD-Chef Jörg Meuthen. Die Partei wurde zu der parlamentarischen Plattform, von der aus sich die lange geforderte »Kulturrevolution von rechts« im Bündnis mit Ordoliberalen und Fundamentalchristen wirkungsvoll forcieren ließ. Letztendlich fand sich auch das neurechte Kartell wieder unter ihrem Dach zusammen. Helmut Kellershohn hatte mit der Einschätzung richtiggelegen, dass im Streit die Aufgabenverteilung zwischen IfS, *JF* und den Flügeln der AfD neu hatte justiert werden müssen. Man war eine Strecke des Weges getrennt marschiert, schickte sich nun aber an, gemeinsam loszuschlagen. Die Partei scheute keine Skandale und hatte die Provokation als systematisches Konzept entdeckt. Doch fand der neurechte Aufbruch nicht nur in Form der AfD statt. Denn während man sich in deren Flügelkämpfen wiedertraf, entwickelte das von der *Sezession* propagierte, an der Casa Pound orientierte subkulturelle Konzept einer Identitären Bewegung eine erstaunliche Dynamik.

PROVOKATIONEN VON RECHTS – POLITIK DES SPEKTAKELS

Ungebetene Gäste bleiben in Erinnerung. Das wussten auch die Aktivisten, die Ende August 2016 in Berlin das Brandenburger Tor erklommen und dort ein Textbanner entrollten: »Sichere Grenzen – sichere Zukunft«. Die Demonstranten bekannten sich zur Identitären Bewegung (IB). Seit geraumer Zeit experimentiert diese mit Auftritten, die provozieren und dabei die eigenen Inhalte transportieren sollen. Eine klassische Strategie, öffentliche Aufmerksamkeit zu erhaschen, die vor allem durch digitale Medien gestützt wird. In Zeiten von *YouTube* und *Facebook* fällt es leicht, mit markanten Aktionen von sich reden zu machen. Der technische Aufwand ist gering, während unter Beachtung einiger Regeln der Effekt viraler Werbung nicht zu unterschätzen ist. Vor allem kalkulierten die Aktionsformen der IB das mediale Echo mit ein. Sie haben die Wirkmächtigkeit poppiger Bildinszenierungen erkannt. Das stellt die Berichterstattung vor das Problem, mit jeder Nachricht über die Identitären Gefahr zu laufen, auch deren Botschaft zu transportieren. Die IB hat dieses Konzept europaweit verstetigt. Gezielt pflegt sie ein subkulturelles Image, wählt provokative Aktionsformen und arbeitet routiniert mit popkulturellen Codes. Ein kritisches *Handbuch* zur IB aus Österreich analysiert als Alleinstellungsmerkmale der Strömung »Jugendlichkeit, Aktionismus, Popkultur und die Corporate Identity«.[1]

Thematisch widmet sich die IB fast ausschließlich der europäischen Grenz- und Flüchtlingsfrage, kämpft für den »ethnokulturellen Erhalt« Europas und gegen einen angeblichen »Austausch« der autochthonen Bevölkerung durch (muslimische) Einwanderer. Erste Impulse zur IB kamen aus Italien und Frankreich, in Österreich ist sie wesentlich stärker als in der Bundesrepublik, wobei zentrale Kader und auch viel Propagandamaterial der deutschen IB aus Österreich stammen. Das identitäre Konzept hat starke Ähnlichkeiten mit nationalrevolutionären Ansätzen der Vergangenheit, mitsamt der Berufung auf den Ethnopluralismus. Die IB hält landschaftliche Traditionen hoch und propagiert regionale Selbstbestimmung. Auf Aufklebern und im Internet variiert sie die immer gleiche Botschaft: »nicht rechts, nicht links – nur identitär«. Das allerdings ist Augenwischerei, schon eine kurze Sichtung ihrer Inhalte und historischen Bezüge lässt keine Zweifel an einer stramm rechten Ausrichtung. Genauer gesagt weist sie das »kulturrevolutionäre« Konzept unter Vermeidung von allzu offenen Bezügen zum »Dritten Reich«, die europäische Vernetzung sowie ihr weltanschaulicher Kanon als Teil der Neuen Rechten aus.

IDENTITÄRE KRIEGSERKLÄRUNG

Die Aktion am Brandenburger Tor brachte der IB erstmals nennenswerte Aufmerksamkeit in Deutschland. Einerseits sprangen ihre Hausmedien auf, allen voran die *Sezession*, die mit den Österreichern Martin Lichtmesz und Martin Sellner zwei führende Köpfe der deutschsprachigen IB unter ihren Autoren hat. Die *Junge Freiheit*, die zuvor schon wiederholt wohlwollend über die neue Strömung berichtet hatte, interviewte ausführlich einen Teilnehmer.[2] Gegenüber dem Blog

Tichys Einblick, einer laut Selbstverständnis »liberal-konservativen Meinungsseite«, bekannte sich Götz Kubitschek als Finanzier der Aktion und nannte das Vorgehen eine »Raum- und Wortergreifungsstrategie innerhalb der Medienmechanismen unserer Zeit«.[3]

Andererseits brachten diesmal auch Medien außerhalb des eigenen Milieus die Meldung, ein wichtiger Erfolg für eine vergleichsweise kleine Aktion. Das war nicht immer so. Eine Demonstration am symbolträchtigen 17. Juni desselben Jahres in Berlin, mit der ein »Sommer des Widerstands« eingeläutet werden sollte, war außerhalb des eigenen Spektrums überregional kaum wahrgenommen worden. Das galt auch schon für einen Fototermin im Dezember 2013, als sich einige Identitäre mit Fahnen im dramatischen Abendhimmel ebenfalls am Brandenburger Tor inszenierten – die Identitären setzen auf Symbole mit Wiedererkennungswert. Weitgehend unbeachtet blieben zudem »Schock-Aktionen« in verschiedenen Städten, bei denen islamische Vollverschleierung und Kunstblut zum Einsatz kamen. Doch erst im allgemeinen Aufschwung des rechten Aktivismus war die Öffentlichkeit sensibilisiert worden, mehr und mehr Berichte über diese neue »Jugendbewegung« am rechten Rand erschienen. *Compact*, das Magazin des Verschwörungstheoretikers Jürgen Elsässer, eines nach weit rechts gewendeten ehemaligen Leninisten, brachte in der Septemberausgabe 2016 ein eigenes Dossier zur IB. Ganz in der Tradition neurechter Protestformen erklärte er deren Kopf Martin Sellner zu einem »neuen Rudi Dutschke«.[4] Kurz vor der Besetzung des Brandenburger Tors hatte zudem das Bundesamt für Verfassungsschutz bekannt gegeben, die IB bundesweit zu beobachten. Zuvor hatten sich nur vereinzelte Landesämter um sie gekümmert.

Die mangelnde Wahrnehmung der IB in den ersten Jahren

mag auch daran gelegen haben, dass sie bis dato in Deutschland vor allem als virtuelles Phänomen durch die sozialen Medien geisterte. Ihre tatsächliche Mobilisierungsfähigkeit ist daher schwer einzuschätzen, bei den Aktionen waren meist nur Einzelpersonen involviert. Selbst die »europaweit« mobilisierte Demonstration am 17. Juni 2016 brachte nur ca. 100 Teilnehmer auf die Straße. Das Datum war bewusst gewählt, um an den Aufstand in der DDR 1953 zu erinnern, und spielte mit der in rechten Kreisen beliebten Analogie von der Bundesrepublik als »DDR 2.0«. Allerdings reichte der IB auch eine kleine Demonstration zur Produktion symbolbefrachteter Bilder: ein kleines Fahnenmeer vor dem Berliner Himmel. Ohnehin folgt auch sie dem neurechten Konzept, mehr die Entscheidungsträger als die Masse selbst zu adressieren. Ihre Zielgruppe sind Studenten, sie ist verwoben mit studentischen Verbindungen. Obgleich sich die IB stets als eigenständige Bewegung präsentiert, schielt sie stark auf die entsprechenden Parteien – in Deutschland die AfD, in Österreich die FPÖ.

In Deutschland fällte die AfD im Juni 2016 zwar einen Unvereinbarkeitsbeschluss hinsichtlich eines Engagements in Partei und IB. Vertreter des völkischen Parteiflügels, darunter die »Patriotische Plattform«, stellten aber umgehend klar, dass man sich nicht daran gebunden fühle. Angesichts der Beobachtung der IB durch den Verfassungsschutz positionierte man sich unmissverständlich: »Wir wünschen uns eine engere Zusammenarbeit zwischen Identitärer Bewegung und AfD, denn auch die AfD ist eine identitäre Bewegung und auch die Identitäre Bewegung ist eine Alternative für Deutschland.«[5] Im gleichen Sommer präsentierte das im Raum Fulda angesiedelte Magazin *printzip* interne Papiere der IB, in denen Strategien diskutiert wurden, »einen Fuß oder mehr in die AfD zu bekommen«.[6] Neben den ostdeutschen Landesverbänden weist die hessische AfD mit dem von der *Jungen Freiheit* unterstützten Martin Hohmann ein Profil auf, das für die IB besonders attraktiv ist. Zudem gehört ihr der IfS-Vereinsfunktionär Andreas Lichert an, der der IB bereits Räumlichkeiten zur Verfügung gestellt hatte.

Auch in Österreich sieht sich die IB als eigenständige Bewegung, das *Handbuch* berichtet allerdings von vielfältigen Überschneidungen der IB mit der FPÖ in personeller wie thematischer Hinsicht. Eine Reihe von Aktivisten waren vor (mitunter auch nach) ihrem Engagement bei den Identitären in Ämtern bei der Partei oder ihrer Studentenorganisation RfS. Das Dokumentationsarchiv Österreichischer Widerstand (DÖW) schreibt gar von einem »regen Personalaustausch« zwischen Partei und Bewegung, wobei auf doppelte Leitungsfunktionen verzichtet werde.[7] Dementsprechend zitiert das *Handbuch* den Grazer Parteichef Mario Eustacchio mit den Worten: »Bei den Identitären mitzutun steht nicht im Widerspruch zu unserem Parteistatut.«[8] Umgekehrt steht auch die IB der Partei »im Grunde wohlwollend gegenüber«, kritisiert sie mitunter aber als Teil des etablierten Politikbetriebs.[9]

In Österreich beanspruchen die Identitären immerhin 1000 Mitglieder für sich. Sie wirken auch in der Realwelt und agieren wesentlich offensiver. Der monothematischen Ausrichtung gegen Migration entsprechend, hatten sich die bekanntesten Aktionen der IB dort immer gegen Flüchtlinge gerichtet. Bekannt wurde eine Bühnenbesetzung österreichischer Identitärer am Wiener Burgtheater im Frühjahr 2016. Die Störung galt einer Aufführung von Elfriede Jelineks *Schutzbefohlenen*, an der Flüchtlinge mitwirkten. Bereits im Februar 2013 hatten sie versucht, eine Kirchenbesetzung durch Asylbewerber in Wien durch eine Gegenbesetzung zu verhindern. Selbst zu internationalen Kooperationen kam es schon. Im November 2015 machten österreichische und slowenische Identitäre bei der Aktion »Lebende Grenze« gemeinsame Sache. Unterstützt von »Ein Prozent« bildeten sie am Grenzübergang Spielfeld eine Menschenkette gegen Flüchtlinge.[10] Die Aktionen der IB in Deutschland und Österreich dauerten gewöhnlich nicht lange und zeitigten keine tatsächlichen Ergebnisse. Letztlich kam ihnen stets nur symbolische Bedeutung zu. Aber sie generierten hinreichend mediale Aufmerksamkeit.

GÉNÉRATION IDENTITAIRE – »DIE ANDERE JUGEND«

Vor dem Auftauchen im deutschsprachigen Raum hatte die IB ihren Anfang jedoch an anderer Stelle genommen. Sie kann als ein weiteres Beispiel der deutsch-französischen Synergien gesehen werden, von denen die Geschichte der Neuen Rechten traditionell geprägt ist. Vor den Deutschen und den Österreichern überstellten auf der anderen Rheinseite erstmals junge Aktivisten einer selbsterklärten »Génération Identitaire« der multikulturellen Gesellschaft ihre *Déclaration de guerre*, ihre »Kriegserklärung«.[11] Als »l'autre jeunesse«, »die andere Jugend«, beschwor sie den Ernstfall, die letzte Möglichkeit, aktiv zu werden, um sich gegen den Verlust der eigenen Identität zur Wehr zu setzen.[12] Im Internet kursierten Videos, in denen junge »Patrioten« dramatisch verkündeten, einer Generation anzugehören, die »für einen falschen Blick, weil sie jemandem eine Zigarette verweigert oder eine andere Art sich zu kleiden hat, getötet wird«. Sie sahen sich als »Opfer der 68er«, forderten den Verzicht und die Abkehr von der falschen Realität, Härte, Leistungswillen, Kampfgeist und vieles mehr aus dem Repertoire des Heroismus. Der Kampf um die eigene »Identität« sollte schließlich zur Überwindung der Bedrohung und Dekadenz führen, den Weg frei machen für eine strahlende Zukunft der Vergangenheit: »Wir sind die Bewegung, die auf unsere Identität, unser Erbe, unser Volk und unsere Heimat schaut und mit gestärktem, aufrechten Gang in die Zukunft gen Sonnenaufgang marschiert.«[13]

Es war eine geschickte Wahl, »Identität« zum titelgebenden Kampfbegriff zu machen. Die Verteidigung der »eigenen Identität« gehört fest zum Denken nicht nur der Neuen Rechten, auch wenn in Deutschland der Begriff erst in jüngster Zeit in die vorderste Reihe der Agitationsphrasen gerückt ist. In Frankreich war er stärker präsent, so wurde beispielsweise in den neunziger Jahren ein Musikstil als »rock identitaire français« bezeichnet, der hier unter dem Label »Rechtsrock« bekannt ist. Guillaume Faye adressierte sein »Manifest des europäischen Widerstandes« bereits an die »identitäre Bewegung Europas«, bevor das Konzept in Gestalt der gleichnamigen Organisation grenzübergreifend bekannt wurde.[14] Alain de Benoist merkt im Gespräch mit der NPD-Zeitschrift *Hier & Jetzt* an, er »habe diesem Begriff ein ganzes Leben gewidmet«.[15] Als sich 2007 mehrere Parteien der extremen Rechten kurzzeitig zu einer eigenen Fraktion im Europaparlament zusammenschlossen, wählten sie den Namen »ITS«: »Identität, Tradition, Souveränität«. Vor allem für theorieinteressierte Kreise war der Begriff zentral. Mit Sätzen wie »Unsere Identität ist objektiv die der Deutschen als Deutsche« leistete der Politologe Bernard Willms bereits 1986 seinen Beitrag zur Weltanschauung der Neuen Rechten.[16] Seine Aufzählung der »Todsünden gegen die deutsche Identität« enthält schon die bis heute wesentlichen Punkte (nicht nur) neurechten

Denkens: »Selbsthass« und mangelndes nationales Selbstbewusstsein, »Vermoralisierung« von Politik, Demokratie statt Nation, Pazifismus sowie Unterwürfigkeit gegenüber den Siegern von 1945.[17]

Der Propaganda im virtuellen Raum folgten in Frankreich Taten. International bekannt wurde der »Bloc Identitaire« (BI), als Aktivisten aus seinen Reihen am 20. Oktober 2012 im südfranzösischen Poitiers eine im Bau befindliche Moschee besetzten. Ort und Datum waren symbolisch gewählt. Sie wiesen auf den (angeblichen) Jahrestag eines Sieges von Karl Martell über ein arabisches Heer im Jahr 732 hin – einen Gründungsmythos der Abendland-Ideologie. Nach dem Massaker islamischer Terroristen in der Redaktion von *Charlie Hebdo* griff der BI mit der Parole »Je suis Charlie Martell!« den »esprit de 732« wieder auf.[18]

Vor der Besetzung der Moschee-Baustelle 2012 war der BI schon vereinzelt im Ausland wahrgenommen worden. Berichte fanden sich etwa auf der einschlägigen Website *PI-News* oder seitens des nationalrevolutionären Blogs *Der Funke*, der im Dunstkreis österreichischer Neonazis entstanden war und als »Vorläuferorganisation« der Identitären Bewegung in der Alpenrepublik gilt.[19] Auch den Parolen der römischen Casa Pound ließ sich entnehmen, dass in den Nischen rechter Subkulturen eine europäische identitäre Strömung begonnen hatte, Konturen anzunehmen. Endgültig dürfte dann vor allem das starke Medienecho der Aktion in Poitiers in anderen Ländern Anlass gegeben haben, sich das Konzept der IB näher anzusehen.

Zum Zeitpunkt der Besetzung in Poitiers bestanden die Identitären in Frankreich etwa zehn Jahre. Sie hatten Zeltlager mit Schulungen und Kampfsportübungen veranstaltet und Kontakte ins Ausland geknüpft.[20] Die heute von der IB in anderen Ländern übernommene popkulturelle Symbolsprache fand dort von Anfang an Verwendung. Auch in Frankreich war die IB nicht aus dem Nichts gekommen, sondern hatte wiederum eigene Vorläufer. Entgegen der Legende einer spontanen Basisgründung referiert das *Handbuch* die Fakten des Gründungsprozesses: »Der BI ist die Nachfolgeorganisation der *Unité Radicale*, die sich durch einen ›virulenten Antisemitismus‹ auszeichnete und 2002 verboten wurde, nachdem ein Mitglied einen Anschlag auf den damaligen französischen Präsidenten Jacques Chirac verübt hatte. Zusammen mit Aktivist_innen der ebenfalls rechtsextremen *Jeunesses Identitaires* wurde 2003 der BI aus der Taufe gehoben.« Letztlich ging es darum, nach dem Verbot über eine Auffangorganisation zu verfügen. »Der BI war eine notwendige strategische Lösung, um weiterhin eine Rolle in der organisierten rechtsextremen Szene Frankreichs zu spielen und die Ressourcen der *Unité Radicale* nicht zu verlieren.«[21]

Auch Volkmar Wölk zeichnet nach, dass sich der Bloc Identitaire in Frankreich um 2002/03 aus der nationalrevolutionären Strömung herausgeschält hatte. Diese wies einige Differenzen zur etablierten französischen Rechten, wie dem Front National, auf. Im BI fanden sich bereits die ideologischen Versatzstücke, die in den neuen Formen der politischen Rechten inzwischen europaweit verbreitet sind: »Prägend für die Gruppe war damals wie heute die ideologische Trinität aus Regionalismus, Nationalismus und Europa-Ideologie, wobei Regionalismus und die Europa-Orientierung die entscheidenden Punkte für die Ablehnung durch den Front National waren.«[22] Inhaltlich rezipierte der BI einige Autoren der Nouvelle Droite und setzte sich mit deren metapolitischen Strategien auseinander. Zentral war dabei das Werk von Guillaume Faye, einem langjährigen Weggefährten (und internen Gegenspieler) Alain de Benoists im GRECE-Kreis. Fayes 2001 in Frankreich erschienenes Manifest *Wofür wir kämpfen* sollte den Weg zur »kulturellen Revolution und Neugeburt Europas« weisen. Es wurde 2006 von der deutschen GRECE-Dependance, dem Thule-Seminar, in Zusammenarbeit mit der NPD-nahen »Gesellschaft für freie Publizistik« übersetzt. Darin finden sich die Richtlinien identitärer Politik klar ausformuliert, wie etwa der Hinweis, dass »Kultur letzten Endes auf einer biologisch vererbten Grundlage beruht, die auf ganz besondere (biologische) Anlagen verweist«.[23]

Faye lieferte weitere Stichworte und Denkanstöße. Sein Werk prägte Begriffe wie den der »Reconquista« zur Abwehr der (muslimischen) »Kolonisation Europas«, die zusammen mit seinen Analysen zur »Katastrophenkonvergenz« in das Denken und den Sprachgebrauch der Neuen Rechten eingegangen sind. Deutlich steht auch er in der geistigen Linie faschistischen Denkens, was sich vor allem in seinen Versuchen zeigt, Hightech und Traditionalismus zu einer Synthese zu bringen. Unter dem Begriff »Archäofuturismus« machte Faye sich an eine Remythisierung der Hochmoderne. Aufbrüche in diese Richtung hatten im letzten Jahrhundert bereits der Futurismus und Autoren wie Ernst Jünger gewagt. Auch erinnern seine Texte vor allem durch ihren apokalyptischen Beiklang an Julius Evola, den Esoteriker des italienischen Faschismus. Für seine offene Adaption des klassischen Rassismus steht Faye allerdings auch innerhalb der Nouvelle Droite in der Kritik, was die Identitären europaweit nicht daran hinderte, ihn zu einem ihrer Impulsgeber zu erheben.

Doch auch Fayes Gegenspieler innerhalb der Szene, Alain de Benoist, nahm die Traditionslinie der Neuen Rechten in der IB wohlwollend zur Kenntnis. Kurz nach der Aktion in

Poitiers lobte er in der *Jungen Freiheit* den »Einfallsreichtum« ihrer Aktionen, prophezeite ihr aber begrenzten politischen Einfluss, solange sich das Verhältnis der identitären Regionalisten zum zentralistisch orientierten Front National nicht kläre.[24] Hintergrund dieser Ratschläge waren immer wieder aufflammende Streitigkeiten über ein mögliches Zusammengehen der IB mit dem Front National bei gemeinsamen Aktionen und Wahllisten. Daher stand auch in Benoists Bericht weniger die Moscheebesetzung im Mittelpunkt als ein identitärer Kongress im südfranzösischen Orange, bei dem die Differenzen zum Front National einmal mehr Thema waren. Mit diesem 4. Konvent der IB am 3. und 4. November 2012 aus Anlass ihres zehnjährigen Bestehens nahm auch das deutsche Kapitel der Strömung mehr und mehr Gestalt an. Das hatte einen einfachen Grund: Zu den Gästen in Südfrankreich zählten Götz Kubitschek und Martin Lichtmesz von der *Sezession.*

Schon seit geraumer Zeit hatte der Kreis um die *Sezession* nach einer modernisierten Variante der »Konservativen Revolution« gesucht, die den Bedingungen des Medienzeitalters besser gewachsen war als die klassischen Zirkel aus der Mohler-Schule. Zudem zeichnete sich ab, dass die *JF* sich immer mehr dem bürgerlichen Nationalkonservatismus öffnete, also den reformistischen anstelle des revolutionären Wegs einschlug. Die gemeinsame Marschstrecke schien langsam an ihr Ende zu gelangen. Persönliche Animositäten und charakterliche Unterschiede der Protagonisten dürften das Übrige dazu beigetragen haben, dass Kubitschek sich mehr und mehr von der *JF*-Redaktion um Dieter Stein entfernt hatte. Andere, radikalere Formen lockten. Etwa die bereits erwähnte neofaschistische Casa Pound, die Beobachtern der Szene gar als »Prototyp« der Identitären gilt.[25] Folgerichtig fühlte man sich bei der *Sezession* auch vom Konzept des Bloc Identitaire angezogen. In seiner Ankündigung der Reise nach Orange zog Kubitschek selbst die Verbindung von den französischen Identitären zu den römischen »Faschisten des Dritten Jahrtausends«, wie sich die Betreiber des römischen Hausprojekts nannten.[26] Modernisierte Formen und das Konzept eines rechten Internationalismus korrespondieren mit den Entwürfen des europäischen Faschismus der Zwischenkriegszeit, die auch Kubitschek und seinen Getreuen Orientierung bieten. Der Besuch der Aktivisten in Südfrankreich muss jedenfalls einige Erwartungen geweckt haben. In den Tagen danach verfassten Lichtmesz und Kubitschek eine ganze Serie an Artikeln, um ein deutsches Pendant der IB aus der Taufe zu heben. Ebenfalls nach Frankreich mitgefahren war ein Autor des Nachwuchsorgans *Blaue Narzisse*, der unter dem Titel »Identitär in Orange« optimistisch von der neuen Strömung berichtete.[27] Seitdem hat es sich vor allem der Antaios Verlag zur Aufgabe gemacht, »identitäre Literatur« aus Frankreich in Deutschland zu verbreiten. Die Werke von Renaud Camus und Jean Raspail sollen, in der Übersetzung von Martin Lichtmesz, die Botschaft vom »großen Austausch« in die Lande tragen. Mit dieser Verquickung ökonomischer und politischer Interessen wurde Kubitschek zum Bewegungsunternehmer der Identitären.

Szeneintern fand dieses Trommeln durchaus Widerhall. Auch die solch aktionistischen Ansätzen mittlerweile distanziert gegenüberstehende *JF* sprang auf den Zug auf. Im März 2013 brachte die Zeitung eigens einen Aufmacher zur »neuen Jugendbewegung« der Identitären, wie *JF*-Chef Dieter Stein etwas hochgegriffen kommentierte. Er hatte verstanden, dass erneut die Frage der kulturellen Hegemonie verhandelt werden sollte: »Es geht um die Herrschaft über den öffentlichen

Raum.«[28] Zudem erschien dort ein Interview mit dem Franzosen Fabrice Robert, einem ehemaligen Stadtrat des Front National, der als Gründer des Bloc Identitaire gilt. Er räumte zwar ein, dass die Identitären auch in ihrem Mutterland nur 2000 bis 3000 Aktivisten zählten, verwies aber optimistisch auf das Konzept der virtuellen Mobilisierung via Internet: »Wenn 100 Leute an der Aktion teilgenommen haben, sind es vielleicht 100 000, die davon erfahren.« Robert bot das ganze Repertoire der Nouvelle Droite auf, von der Aneignung Gramscis über die Vorlagen von GRECE bis zur Adaption linker Aktionskonzepte. Er skizzierte das Identitätskonzept seiner Bewegung in Abgrenzung zur »republikanischen« Identität, die »fern jeder körperlichen Identität, sinnentleert jeder fleischlichen und historischen Dimension« sei. Damit lieferte er eine elegante Umschreibung des klassischen Abstammungsprinzips, das Staatsbürgerschaft primär über die einheitliche Blutslinie im Volk definiert, in Abgrenzung zum Staatsbürgerschaftskonzept, das sich einer ethnisch heterogenen Bevölkerung öffnet. Roberts Betonung der ethnokulturellen Bindung des eigenen Identitätskonzepts zielte auf den von Marine Le Pen modernisierten Front National, den er als »jakobinisch« klassifizierte. Die Äußerungen des IB-Sprechers über die Partei lesen sich äußerst radikal: »Der FN verbindet die Frage der Identität mit der der Akzeptanz der ›republikanischen Werte‹. In seiner Integrationslogik räumt er folglich ein, daß ein Maghrebiner, der in Frankreich lebt, unsere Sprache beherrscht und unsere Gesetze respektiert, unversehens und gänzlich zum Franzosen wird. Nicht so für uns, da diesem Maghrebiner immer noch zwei von drei Bausteinen unserer Identität fehlen, nämlich die körperlich-generative und die zivilisatorische: Er wird niemals Elsässer oder Bretone oder Korse usw., geschweige denn Europäer.«[29] Für eine Bewegung, die gewöhnlich damit hausieren geht, gar nicht rechts zu sein, und in ihren Online-Publikationen die Parole »100 % Identität – 0 % Rassismus« ausgibt, waren das sehr offene Worte.

Die Realität sieht allerdings schon innerhalb der Bewegung anders aus. Aktivisten der Casa Pound demonstrierten schon 2011 in Bozen gegen einen Südtiroler Separatismus, den sie vom regionalistischen Ansatz der IB her eigentlich unterstützen müssten. Den Neofaschisten ist Rom im Zweifel doch näher als die Region. Ein weiteres Problem ist die Herkunft wesentlicher Kader der deutschen IB aus Österreich. Die enge Verbindung steht eher in der Tradition des alten »alldeutschen« Gedankens einer deutsch-österreichischen Einheit. Auch dies ist im Sinne des klassischen völkischen Nationalismus und hat wenig mit den »landschaftlichen« Postulaten der IB zu tun. Ohnehin erweisen sich die Beteuerungen der IB, nicht rechts zu stehen, schon auf den ersten Blick als unhaltbar. Vor allem in ihrem Haupttätigkeitsfeld, der ästhetischen Modernisierung altbekannter politischer Inhalte, ist die Ausrichtung der IB weit ins rechte Lager hinein kaum zu übersehen.

VON SPARTA NACH STALINGRAD UND ZURÜCK

Die Identitären vereinen einen Widerspruch in sich, der typisch für aktivistische und junge Bewegungen der äußersten Rechten ist: Sie bedienen sich moderner Agitationsformen, um damit traditionelle Inhalte zu propagieren. Nicht selten wird die Botschaft von der angeblichen Zerstörung der nationalen Identität durch die amerikanische Massenkultur in genau den Formen dieser Kultur verabreicht.

Die IB richtet sich bei ihren Aktionen nach den Erfordernissen des Medienzeitalters und legt das Hauptaugenmerk auf eine eingängige Bildsprache. Die Kulisse ihrer Inszenierung wird sorgfältig gewählt, die Aktivisten tragen viele große Fahnen mit sich, was den Eindruck von mehr Masse vermittelt. Ihre Parolen und Embleme sollen attraktiv wirken und stets wiedererkannt werden. Dabei soll möglichst alles gemieden werden, was landläufig mit rechts in Verbindung gebracht wird. Man gibt sich smart, poppig und bodenständig zugleich. Sie haben verstanden, dass die Dokumentation und anschließende Verbreitung ihrer Aktionen im Internet langfristig wichtiger sein können als die Aktion selbst. Unterstützt werden sie dabei von der Initiative »Ein Prozent«.

Das Propagandamaterial der IB, Flyer, Aufkleber und Plakate, folgt den Prinzipien moderner Werbung: griffig, provokant und vor allem wiedererkennbar. Die darin verwendete Symbolsprache aber bedient sich im traditionellen Fundus nationaler und kultureller Mythen. Besonders beliebt ist die Antike. Als markantes Label hat die IB daher den griechischen Buchstaben Lambda gewählt, von dem sie immer wieder verkündet, er werde eines Tages »bekannter als Coca-Cola« sein. Der schwarze Winkel auf gelbem Grund soll die Schilde der Soldaten Spartas geziert haben. Popularisiert wurde das Symbol in den späten neunziger Jahren durch *300*, eine bildgewaltige Graphic Novel des US-amerikanischen Comiczeichners Frank Miller. Eine Adaption des Comics als gleichnamiger US-Splatterfilm wurde schließlich weltbekannt (USA 2007). Bilder und Symbole aus *300* tauchen immer wieder im Kontext der IB auf. Die Wahl dieses inhaltlich eher dürftigen Films ist dabei durchaus passend, wird hier doch ein klassischer Mythos durch den Fleischwolf gedreht: In *300* hält eine kleine Schar soldatischer Übermenschen unter Spartas König Leonidas am Thermopylen-Pass 480 v. Chr. der Invasion einer haushoch überlegenen Multikulti-Streitmacht des Perserkönigs Xerxes stand, um Zeit für weitere Verteidigungsmaßnahmen im Hinterland zu gewinnen. Folgt man den Narrativen des Historismus, so ermöglichte dieses Selbstopfer die Geburt der abendländischen Kultur.

Die IB hat diesen Mythos wiederbelebt und beutet seine Symbolkraft aus. In ihren Augen wiederholt sich inzwischen die Abwehr der Barbaren, mit der Génération Identitaire als »Phalanx Europa« in der ersten Reihe. Der schon erwähnte Versuch der IB 2013, eine Kirchenbesetzung durch Flüchtlinge durch eine »Gegenbesetzung« zu verhindern, fand daher unter der Parole »Thermopylen in Wien« statt. Ihre Selbstdarstellungen verkünden: »Wir sind die Bewegung, die lieber die Thermopylen wählt, als die Schlaffheit und die Selbstverleugnung.«[30] Allerdings entbehrt es nicht ganz der Ironie, dass diese Rückbesinnung auf die Thermopylen als europäischen Gründungsmythos eines Umwegs ausgerechnet über ein Erzeugnis der von ihnen verabscheuten amerikanischen Popkultur bedarf – und noch dazu eines ihrer schlechtesten.

Ohnehin konterkarikiert der Sparta-Bezug den jugendlich-zeitgemäßen Anspruch der IB, stammt er doch aus dem Kostümfundus des soldatischen Heroismus. In der europäisch geprägten Kultur fiel das Stichwort »Thermopylen« stets, wenn es galt, Soldaten auf das Unvermeidliche einzuschwören. Das betraf besonders die Söhne des deutschen Bildungsbürgertums, denen man während zweier Weltkriege einprägte, ihre nationale Pflicht höher zu stellen als das eigene Leben. Leitmotiv war die auf den griechischen Lyriker Simonides von Keos zurückgehende Inschrift an den Thermopylen, die dem deutschen Heldennachwuchs in der Übersetzung Friedrich Schillers verabreicht wurde: »Wanderer, kommst

Du nach Sparta, verkündige dorten, Du habest uns hier liegen gesehn, wie das Gesetz es befahl.«

Ihren Höhepunkt erlebte die Thermopylen-Referenz folgerichtig im Nationalsozialismus, als es darum ging, das Massensterben an der Ostfront mit Bedeutung aufzuladen: »In den letzten Tagen des Kampfes um Stalingrad erinnerte Reichsfeldmarschall Hermann Göring die Truppen an den Tod des Leonidas und seiner 300 Kameraden, den er als Beispiel höchsten Soldatentums verklärte.«[31] Für die Überlebenden und Nachgeborenen hatte das den Thermopylen-Mythos in Verruf gebracht. Erst die traditionsbewusste IB zeigte sich geschichtsvergessen genug, ihn wiederzubeleben.

Für nüchterne Beobachter der Identitären ist das nationale Sturm-und-Drang-Pathos anstrengend. Es ergibt sich aber folgerichtig aus ihrem offensiv gepflegten Stil adoleszenter Trotzigkeit, den vor allem Sellner und Lichtmesz kultiviert haben. Beide sind bei Kubitschek in Schnellroda gern gesehene Gäste und innerhalb der IB tonangebend. Vor allem die Person Sellners zeigt, dass es mit der Abgrenzung der IB gegenüber dem Neonazismus nicht weit her ist. Sellner, heute österreichischer Bundesleiter der IB und zugleich eines ihrer wenigen Zugpferde in der Bundesrepublik, gehörte zuvor zum Zirkel des Neonazis Gottfried Küssel, der mit seiner Gruppe das 2011 vom österreichischen Innenministerium stillgelegte Webportal *Alpen-donau.info* betrieb. Die staatliche Intervention gegen den offenen Neonazismus führte direkt zur Ausweichgründung der Identitären. Wie das DÖW anmerkt, ist die »Etablierung der IBÖ [...] maßgeblich als Reaktion auf den sich verstärkenden Repressionsdruck auf die Neonaziszene nach 2010 zurückzuführen, die den offenen Neonazismus als sowohl in puncto Breitenwirkung als auch hinsichtlich Beschränkungen gesetzlicher und polizeilicher

Art wenig zukunftsträchtiges Modell ins Bewusstsein der Aktivisten rückte.«[32]

Für diese enge Bindung an die ganz alte Rechte spricht auch das vorhandene Material der IB. Der Rückgriff auf die Phrasen und Mythen des heroischen Nationalismus zeigt die Grenzen ihrer Inszenierung. Sie folgen lediglich dem popkulturellen Gesetz von der überbietenden Wiederholung. Insgesamt ist der avantgardistische Touch der IB aufgesetzt und bleibt auf das Werbematerial beschränkt. Kratzt man ein wenig an der Oberfläche, so kommen recht konventionelle ästhetische Vorlieben zum Vorschein. Die Bildgalerien der IB sowie die Bildauswahl ihrer Anhänger in den sozialen Netzwerken zeugen von den gleichen Stereotypen, die rechte Subkulturen seit jeher ausmachen. Sie stammen aus der Welt der »Schwarzen Romantik« und des Neofolk bis hin zu offenem Blut-und-Boden-Kitsch. Nicht nur deshalb, sondern auch aufgrund ihres teils völkischen Korporationen angehörenden Personals beurteilt das DÖW die Abgrenzung der IB vom herkömmlichen Rechtsextremismus als »trügerisch«.[33]

Die Konzentration auf die äußere Form bietet noch weitere Möglichkeiten. Sellner ist wie auch Kubitschek in einer Doppelrolle als Aktivist und Geschäftsmann innerhalb der Bewegung aktiv. Im November 2013 gründete er mit seinem IB-Mitstreiter Patrick Lenart die identitäre Marke »Phalanx Europa«. Mitsamt dem angegliederten Versandhandel wollen sie die IB mit den passenden Outfits beliefern. Die angebotenen Textilien tragen das Konterfei Ernst Jüngers mit dem Schriftzug »Feuer und Blut – Elite«. Friedrich Nietzsche gibt es ironisiert mit Sonnenbrille. Angeboten werden zudem T-Shirts mit der Aufforderung zur »Remigration«, Bücher des Antaios Verlags, Aufkleber, Poster mit Nietzsche, Heidegger, Jünger und Spengler etc. Als Leitmotiv gilt den Geschäftsleuten, wie sie der *Blauen Narzisse* verrieten, ein Satz von Philippe Vardon, einer Gründungsfigur des französischen Bloc Identitaire: »Wir müssen unsere eigene Kultur schaffen, denn unsere Werte sind nicht die des Systems, und wir müssen alle Möglichkeiten nutzen, um diese, unsere eigene Kultur zu verbreiten.«[34]

Das Musikangebot von Phalanx Europa lässt ebenfalls keine Fragen offen, im Programm sind allein drei Platten der Rechtsrock-Truppe Von Thronstahl. Die Musik der Band eignet sich hervorragend zu Propagandazwecken, entsprechend wird sie eingesetzt. Von einer Lambda-verzierten Grafik raunt bedeutungsschwer eine ihrer Textzeilen: »Drängend aus dem Untergrunde gründen wir geheimen Staat!«[35]

Der avantgardistische Anstrich der IB offenbart sich schnell als ein ganz banaler Teil der alten »ästhetischen Mobilmachung«, wie Andreas Speit die Verschränkung rechter Ideologien mit bestimmten subkulturellen Strömungen bezeichnet hat.[36] Nicht wenige der angeblichen Modernisten und »IBster«, wie sich die Identitären in Anlehnung an den Modebegriff »Hipster« nennen, erweisen sich bei näherer Betrachtung also ganz klassisch als »Evolas Jünger und Odins Krieger«.[37] Sie bleiben ganz in den pathetischen Geschmacksmustern der alten rechten Subkulturen gefangen und offenbaren ein nostalgisches Lebensgefühl. Zwar gibt es Anleihen beim italienischen Futurismus oder der Pop-Art, das Gros des Materials wird aber von heroischer Monumentalität bestimmt: Fantasy-Ästhetik im Stile der Tolkien-Verfilmungen, viel Naturromantik, Bauernkitsch sowie Wald und Gebirge im Zwielicht. Als Selbstbild präsentiert man harte Konterfeis männlicher Kämpfer und sanfte Erotik bezopfter Frauen, mitunter »aufgesext« mit etwas Lack und Leder. Jedoch viel mehr als in die Moderne weist dieser Geschmack in die viktorianische Zeit und die »Décadence«. Die Motive scheinen bei den britischen Präraffaeliten, Symbolisten wie Böcklin und Hodler sowie bekannten Jugendstilmotiven entlehnt. Die Textzitate entstammen aus dem üblichen Kanon der »Konservativen Revolution«: Friedrich Nietzsche, die Brüder Ernst und Friedrich Georg Jünger, Oswald Spengler, Arthur Moeller van den Bruck, Julius Evola. All das zeugt vom im Kern doch »alte[n] Denken der Neuen Rechten«, wie Micha Brumlik es formuliert und dabei auch auf die neuerliche Rezeption Martin Heideggers durch die IB hinweist.[38]

MIT HEIDEGGER IN DEN »WIDERSTAND«

Die traditionellen Referenzen der Neuen Rechten auf Heidegger als den Philosophen des »Eigenen« haben seit der Publikation der *Schwarzen Hefte* mit anschließender Kontroverse um den darin zutage tretenden Antisemitismus noch zugenommen. Martin Lichtmesz entlehnte 2014, als die Debatte ihren Höhepunkt erreicht hatte, bei Heidegger den Titel seines Manifests: *Kann nur ein Gott uns retten?* Wie aus Trotz begann die *Sezession* das Jahr 2015 mit einem Themenheft zu Heidegger. Der Philosophiestudent Martin Sellner klammert sich an Heideggers Seinsphilosophie. Zusammen mit seinem identitären Mitstreiter Walter Spatz veröffentlichte er 2015 bei Antaios den Gesprächsband *Gelassen in den Widerstand.* Mit Hilfe von philosophischen Versatzstücken und Begriffsbrocken sowie der identitären Kernbotschaft gegen die Migration wird Heidegger darin zum »identitäre[n] Denker« erklärt.[39]

Ganz der in der Neuen Rechten gepflegten »Ernstfall«-Rhetorik verpflichtet, stellen die Diskutanten klar, dass der kontemplative Weg allein nicht mehr ausreichend ist. Bei aller passiven Verweigerung gegenüber der Moderne und demonstrativen Gelassenheit vergessen sie doch nicht ihre politische Mission und fragen: »Würde ein solcher Widerstand auch nur einen einzigen Asylbewerber daran hindern, nach Deutschland zu kommen oder hierzubleiben?«[40] Es drängt sie zur politischen Tat, die sie von dem Philosophen aufgewertet wissen wollen. Heideggers Überlegungen zum »Volk« von 1934 werden direkt in die Gegenwart übertragen. Vom Bemühen, eine Differenz zum historischen Nationalsozialismus zu wahren, ist dabei ebenso wenig zu spüren wie von der Distanz zur heutigen extremen Rechten. Am Ende werden die philosophischen Termini in einfache Parolen gegossen. Von Heidegger zum rechten Szeneslogan ist es dann nur ein kleiner Schritt: »Wenn Du die drei Modi des Volksbegriffes mitdenkst, müssen wir uns als Körper, Seele und Geist definieren – das schließt den Ausschluss der Ausländer mit ein: ›Heimat, Freiheit, Tradition! Multikulti Endstation!‹«[41]

Dieses Bedürfnis, die eigene politische Haltung mit philosophischer Autorität aufzuwerten, durchzieht letztlich das ganze Gespräch. Der Habitus eines philosophischen Proseminars macht das Buch zur nervenaufreibenden Lektüre. Ungewollt verschafft der Text seinen Lesern jedoch einen guten Einblick in die dünne Substanz der vieldiskutierten Rechtsintellektualität. Am Ende findet sich jede Aussage Heideggers immer wieder auf das Leitmotiv der Identitären heruntergebrochen. Ganz nach diesem Muster wollen die Diskutanten die Völker so kategorisch geschieden sehen wie die Begriffe: »Heideggers Denken ist als Denken der Endlichkeit und Zeitlichkeit nicht zuletzt auch ein Lob der Grenze. Der Grenze zwischen Naturwissenschaft und Philosophie, Ontologischem und Ontischem, Sein und Dasein, aber zuletzt notwendig auch zwischen Volk und Volk.«[42] Mit solch geistigem Rüstzeug machten sich Identitäre in Deutschland und Österreich auf, tatsächliche Grenzen zu ziehen, und bauten 2015 einige Meter Zaun an der Grenze zu Ungarn und im Jahr darauf neben einer Flüchtlingsunterkunft in Thüringen.[43]

Hat dieses Spiel erst einmal begonnen, identitäre Inhalte in Heideggers Jargon zu fassen, so lässt sich auch die Parole vom »großen Austausch« mit Heidegger zum »Kollateralschaden der Seinsvergessenheit« philosophisch erweitern.[44] Letztendlich funktioniert das ganze Buch nach diesem Schema der Anpassung des philosophischen Wortes an den eigenen Diskurs von der Grenzverteidigung. Dabei werden auch die Schlüsselbegriffe der neurechten Szene im Text untergebracht: Heideggers »Erkenntnis, daß das Seiende eine Eigenständigkeit hat, die es zu hüten und zu achten gilt«, beinhaltet, auf die Völker übertragen, für die Diskutanten die »wahre, ›ethnopluralistische‹ Botschaft Heideggers«.[45]

Gekonnt platzieren sie Inhalte, die deutlich an das Geschichtsbild der gesamten extremen Rechten einschließlich des Neonazismus anschließen. Ihre Forderung, sich »wieder [zu] vergegenwärtigen, daß der alte griechische Mensch ein nordischer Typus war, wie eindrücklich durch Statuen und Texte der Antike belegt ist«, schlägt en passant einen Bogen von klassischer NS-Propaganda hin zum Thermopylen-Kult der Identitären Bewegung.[46] Um dieses Gedankengut zu erschließen, sei ein Blick in Hitlers »Abendland-Rede« zum Kriegseintritt der USA gewagt. Dort beschwor der »Führer« ebendieses »nordische« Griechentum und vergaß auch den Hinweis auf die Thermopylen nicht: »Es gab Zeiten, da war Europa jenes griechische Eiland, in das nordische Stämme vorgedrungen waren, um von dort aus zum ersten Mal ein Licht anzuzünden, das seitdem langsam, aber stetig die Welt der Menschen zu erhellen begann. Und als die Griechen den Einbruch der persischen Eroberer abwehrten, da verteidigten sie nicht ihre engere Heimat, die Griechenland war, sondern jenen Begriff, der heute Europa heißt.«[47]

Ganz in diesem Geist ist auch eine andere Passage gehalten, in der die identitären Gesprächspartner ihr Verhältnis zur Gegenwart klarstellen: »Heidegger schließt den Gedankengang mit einem Blick auf die angloamerikanische Welt, also auf das, was heutzutage ›freiheitlich-demokratische Grundordnung‹ oder ›westliche Werte‹ genannt wird. Seiner Meinung nach ist der amerikanische Kriegseintritt 1941 nicht als Versuch zu werten, das Abendland zu retten, sondern es zu zerstören; eine Diagnose, der ich hundertprozentig zustimme.«[48]

Angesichts dieser Geschichtsdeutung stellt sich die Frage, wie den Deutschen das vielbeschworene »Eigene« abhandenkommen konnte. Auch hier ist der Brückenschlag zur traditionellen Argumentation der extremen Rechten nicht zu übersehen. Letztlich sind die Kriegsniederlage und die anschließende Aufarbeitung der NS-Zeit die Ursache. Denn die Deutschen, heißt es, seien auf die Last der Vergangenheit fixiert. Das mache ihnen das »unnachgiebige Zurückdrängen des feindlichen Geistes und das kompromißlose Einfordern und Verteidigen des Bodens« unmöglich. »Es sind doch dieser fortdauernde Schuld- und Sühnekomplex, dieser nicht endenwollende Gang nach Canossa, die angebliche Schuld der Deutschen und die angebliche Schuld der weißen Rasse, die uns lähmen.«[49] Mit solchen Thesen bewegen sich die Autoren inmitten der vertrauten »Schuldstolz«-Rhetorik, die in der gesamten äußersten Rechten verbreitet ist. Allerdings kann ihre Behauptung, »heutzutage sind wir Deutsche in der wohl dunkelsten Stunde unserer Geschichte angelangt«, selbst aus einer Rechtsaußenperspektive als maßlos gelten.[50] Angesichts solcher Aussagen wirken die »neutralen« Selbstdarstellungen der IB ebenso wie die Beteuerungen Sellners, er habe sich von seiner neonazistischen Vergangenheit losgesagt, insgesamt unglaubwürdig.

Vor diesem Hintergrundrauschen wird im *Gespräch über Heidegger* jedoch eine identitäre Standortbestimmung verkündet, die sich von der völkisch-nationalen Publizistik der zwanziger Jahre, von Autoren wie Spengler, Schmitt, Jünger oder Moeller van den Bruck, kaum mehr unterscheiden lässt: »Unser Ziel ist die geistige Verschärfung. Wir wollen die Herzen in Brand setzen, etwas in Bewegung bringen, die entscheidenden Fragen erneut, tiefer und mit politischen Folgen stellen. Die geistige Unruhe, der schlafende Furor teutonicus, das ewig unzivilisierbare, urdeutsche Fieber, das uns aus germanischen Urwäldern wie aus gotischen Kathedralen entgegenstrahlt, versammelt sich in uns. Unsere Gegner wissen das, und sie haben Angst. Sie wissen von der Möglichkeit der spontanen Eruption und Regeneration. Und sie wissen, daß wir nicht mehr in ihre Fallen laufen, daß wir ihren Schablonen und ihren Gängelbändern entwachsen sind.« Die Rhetorik ist alt, aber wirkungsvoll. Sie drängt die Leser zur Tat. Viel Zeit bleibe ihnen nicht, wie man sie unzweifelhaft wissen lässt: »Wir leben in der Zeit der Entscheidung.«[51]

Ziel des philosophischen Schauspiels von Sellner und Spatz war es, der IB zusätzlich zu ihrem popkulturellen Auftreten den Anstrich von Intellektualität zu geben. Dafür eignen sich die Begriffe Heideggers offensichtlich hervorragend. In ihnen lassen sich die Identitären als die »Einzigsten« des Volkes präsentieren, die sich zu einem »Da-Sein im Sinne der Eigentlichkeit« bekennen.[52] Nach der Lektüre steht der Leser vor einer merkwürdigen Entscheidung: Entweder bestätigt das

Gespräch Sellners mit Spatz alles, was Heideggers Kritiker seit jeher über Heidegger sagten, und seine Philosophie ist das geeignete Rüstzeug für den Weg in die Barbarei. Oder die beiden identitären Schöngeister nehmen in seinem Namen die drastische Reduktion von Heideggers Denken vor, wie sie Heideggers Verteidiger gewöhnlich seinen Kritikern vorwerfen. Insgesamt bietet das Gespräch eine Karikatur von Philosophie und präsentiert dem Publikum den Jargon des Jargons der Philosophie Heideggers. Ganz gleich, wie die Entscheidung am Ende fällt: Sollte es je Zweifel gegeben haben, dass sich unter Rückgriff auf den Philosophen Inhalte der extremen Rechten intellektuell verbrämen lassen, die Identitären haben sie nun beseitigt.

KONSERVATIV-SUBVERSIVE AKTIONEN – VOM GEIST AUF DIE STRASSE

Wie stets in der Familiengeschichte der Neuen Rechten war auch an der provokativ auftretenden IB nichts wirklich neu. Ihre Inhalte erweisen sich bei näherem Hinsehen als neu verpackte Traditionsbestände. Selbst die Form der rechten Provokation war schon erprobt. Eine Archäologie der rechten Bewegungen vermag auch hier vorsichtig Schicht um Schicht abzutragen und Wiedererkennbares zutage zu fördern. Wie sich dabei zeigt, war der subkulturell gestylte Politaktionismus, der heute die Form der IB bestimmt, längst bekannt. Nur hatte die Methode der Provokation in Deutschland zunächst nicht so viel Fahrt aufgenommen wie in Frankreich. Einige Jahre zuvor hatte Kubitschek noch über die Lethargie der Wohlstandsgesellschaft geklagt: »Es fehlt eine Kriegserklärung.«[1] 2012 lag die ersehnte Formel endlich vor: die *Déclaration de guerre* des Bloc Identitaire, und die Deutschen sprangen begeistert auf. Vor allem aber musste der deutschen Reisegruppe, die sich 2012 auf den Weg nach Orange machte, das Aktionskonzept ihrer französischen Kameraden bekannt vorkommen. Es war schließlich ihr eigenes, nur waren sie selbst kurz zuvor damit gescheitert.

UNGEBETENE GÄSTE

Bevor die französischen, italienischen und deutsch-österreichischen Aktivisten mit dem schwarz-gelben Logo auftraten, hatte ein Kreis um die *Sezession* die identitäre Taktik medialer Aufmerksamkeitserhaschung durch »ungebetene« Besuche schon einmal durchgespielt. Im Vorfeld seiner Reise nach Orange wies Kubitschek selbst auf die Ähnlichkeit zwischen den Aktionsformen der IB und eigenen Erfahrungen hin.

»Ungebeten« war schon das Motto eines Besuchs, den Aktivisten um Kubitschek im Mai 2008 der Berliner Humboldt-Universität abstatteten. Ihr Ziel war die Störung eines Kongresses zum Protestjahr 1968. Nachdem die rechten Aktivisten das Universitätsgebäude vor Beginn des Kongresses mit eigens vorbereiteten Plakaten und Aufklebern bepflastert hatten, »persiflierten« sie, wie Kubitschek später in der *Sezession* schrieb, während des Treffens die Aktionsformen der 68er: »Man befestigte Spruchbanner, forderte über Megaphon den Abbruch des Kongresses, stürmte den Hörsaal und ließ von den Rängen Flugblätter auf die Kongreßteilnehmer regnen.«[2] Die Ausschlachtung über die eigenen Medien folgte auf dem Fuße.

Kubitschek und die Seinen waren offensichtlich auf den Geschmack gekommen und bemühten sich, in den folgenden anderthalb Jahren mit der »Konservativ-Subversiven Aktion« (KSA) weitere Bilder zu produzieren. Sie sahen es als ihren Auftrag, den Etablierten unversöhnlich klarzumachen, dass man ihnen »in Verantwortung für unsere Nation den geistigen Bürgerkrieg« erklärt habe.[3] Jede ihrer insgesamt sechs Performances war daher auf Irritation und öffentliche Reaktion angelegt. Sie wiederholten das Vorgehen unter anderem auf Veranstaltungen mit Politikern und Prominenten wie

Egon Krenz, Günter Grass und Daniel Cohn-Bendit. Jedes Mal wurde mittels Videomitschnitt, einer eigenen Website und Berichterstattung in den Szenemedien dafür gesorgt, dass die Aktionen zumindest an die eigene Öffentlichkeit gelangten.[4]

Teilweise versuchte man auch ein rein virtuelles Statement zu setzen, wie mit einer Aktion am 11. November 2009 in Berlin. Bei dieser entrollte die kleine Schar der KSA ein Transparent, um gegen die Reise Angela Merkels nach Paris zu demonstrieren. Die Kanzlerin nahm dort an den Gedenkfeierlichkeiten zum Ende des Ersten Weltkrieges teil. Für die Medienguerilla von rechts war das Anlass genug, 90 Jahre nach seinem Abschluss noch einmal gegen den Versailler Vertrag zu protestieren. Ein wirklicher Gegner war daher diesmal nicht vor Ort. Doch setzte sich die Gruppe, in schwarze Hemden gekleidet, für die Kamera kurz an verschiedenen symbolhaften Orten Berlins wie dem Brandenburger Tor und dem Reichstag in Szene. Immerhin stand man damit in der Tradition von Moeller van den Brucks Juniklub, der sich 1919 ebenfalls aus Protest gegen Versailles gegründet hatte.[5] Für das Selbstverständnis als »Traditionskompanie« zur »Identitätswahrung durch Sammlung der richtigen Leute im richtigen Geist« sind derartige historische Bezüge stets wichtig.[6]

Rechte Anti-68er mit 68er-Methoden? Die in diesem Vorgehen angelegte Verwirrung war programmatisch. Schon der Name »Konservativ-Subversive Aktion« war eine Anspielung auf die »Subversive Aktion« in den sechziger Jahren. Als einer der Keimzellen der Protestbewegung gehörten dieser Gruppe führende Köpfe der 68er an. Später bekannte Protagonisten wie Dieter Kunzelmann, Bernd Rabehl, Rudi Dutschke, Günter Maschke und Frank Böckelmann beherrschten bereits damals das Spiel, mit provokativen Aktionen und Texten mediale Aufmerksamkeit zu generieren. Sie selbst orientierten sich dabei an der Situationistischen Internationale (SI) um Guy Debord, die versuchte, der Revolution jenseits der sozialistischen Apparate in Ost und West neues Leben einzuhauchen. Im Zentrum der situationistischen Kritik stand der Begriff des Spektakels, dessen beständiges Produkt eine »autonom gewordene Bildwelt« ist, »in der sich das Verlogene selbst belogen hat«.[7] Ausgehend von einer Theorie neuer Proletarität und einer an Marx geschulten Kritik des Warenfetischs galt ihre theoretische wie praktische Stoßrichtung der am höchsten entwickelten Form der »kapitalistischen Waren- und Bilderproduktion«.[8] Die SI kannte aber weder die Setzung ewig-mythischer Werte noch die zwanghafte Kopplung der kulturellen Form an das Ethnische, sondern zog ihre Kritik aus den sozialen Bedingungen der Nachkriegsmoderne. Ihr Gestus unbedingter Radikalität macht sie auch für Rechte attraktiv, Martin Lichtmesz von der *Sezession* etwa kann in seinen Texten eine gewisse Bewunderung nicht verbergen. Die erste Generation der Situationisten hatte 1950 in Notre-Dame während des Ostergottesdienstes den Tod Gottes verkündet – und wurde von den Messebesuchern fast gelyncht. In gewisser Weise stand das Punk-Gebet von Pussy Riot in der Moskauer Christ-Erlöser-Kathedrale 2012 in dieser Tradition. Doch darüber echauffierten sich die Zeitungen der Neuen Rechten freilich lauthals.

Die Positionen der damaligen Situationisten haben daher mit denen der heutigen Neuen Rechten nichts gemein. Allerdings gab es auch im Situationismus den Drang, hinter den kapitalistischen Bildwelten etwas unentfremdet »Eigenes« zu suchen. Das galt auch für den deutschen Ableger, in dessen »Kultur- und Gesellschaftskritik« sich »auch eher als konservativ wahrgenommene Elemente wiederfinden« lassen. »Die Identifizierung eines ›Abstieg[s] der Kultur zur Kulturindustrie‹ wie auch die Konsumkritik war auch Bestandteil der Konservativen Revolution.«[9] Es fällt auf, dass gerade von den deutschen SI–Adepten tatsächlich einige den Weg von der situationistischen Mikrorevolte zurück in den Schoß der Nation suchten. Bereits früh war es deshalb in der SI zu Spaltungen gekommen. Die deutsche Strömung der Subversiven Aktion war 1962 unter dem Vorwurf des »Nationalsituationismus« ausgeschlossen worden.[10] Maschke, Rabehl und Böckelmann tauchten im Laufe der Jahre bei der äußersten Rechten auf. Auch Henning Eichberg versucht in seiner Rezeption des Situationisten Asger Jorn eine Verbindung vom Denken der Neuen Rechten zur SI herzustellen. Eichberg hatte 1991 im Rahmen einer vielbeachteten Berliner SI-Retrospektive einen Katalogbeitrag über Jorn verfasst. Darin zeigte er sich fasziniert vom Interesse Jorns an der »nordischen Volkskunst«. Er zitierte dessen Selbstbeschreibung als Anhänger eines »radikalisierten revolutionären Konservatismus« und sah in dessen Beschäftigung mit skandinavischen Runen, Mythen und Schamanentum eine identitäre Spurensuche.[11]

Vielleicht wäre im Winter 2015/16 auch die Aufregung um das Themenheft zur Einwanderung der Zeitschrift *Tumult* weniger groß gewesen, wenn man zuvor registriert hätte, dass ihr Herausgeber Frank Böckelmann bereits 1998 in *wir selbst* publiziert hatte – zusammen mit Henning Eichberg, Horst Mahler und Bernd Rabehl sowie einigen *JF*-Autoren.[12] Letztere hat mit Werner Olles ebenfalls einen konvertierten 68er in ihren Reihen, der stetig über Böckelmann und andere berichtet. Der Öffentlichkeit war die weitere Entwicklung dieser einst revolutionären Biographien jedoch meist unbekannt geblieben. Daher galt die *Tumult*-Ausgabe, in der manche deutsche Edelfedern in besten Pegida-Jargon verfielen, plötzlich als Skandal.

Immerhin war *Tumult* aus einem Zeitschriftenprojekt hervorgegangen, das sich seit den siebziger Jahren – anfangs gar im avantgardistischen Merve Verlag – maßgeblich an der Einführung Michel Foucaults in Deutschland beteiligt hatte. Offensichtlich war im Laufe der Jahrzehnte der Drang zur Dekonstruktion einem massiven Bedürfnis nach Restauration gewichen. Zwar war die Lust des Ex-Subversiven Böckelmann an der »Konsensstörung« geblieben, wie der Untertitel der Zeitschrift verkündet, doch schlug sich *Tumult* nun – vorgeblich aus Protest gegen das »Spektakel« des Konformitätsdrucks – an die Seite von AfD und Pegida. In ihrem »Mitarbeiterstamm« führt sie mit dem 2016 verstorbenen Ernst Nolte, Ulrich Schacht und Günter Maschke gewichtige Traditionsautoren aus dem Universum der Neuen Rechten, aber auch jüngere Vertreter wie Till Kinzel und den Maler Benjamin Zschocke an.[13] Insofern wilderte die KSA nur bedingt im Lager ihrer Gegner.

Diese erste Konservativ-Subversive Aktion war zunächst ein Experiment, das bewusst die Ästhetik ihrer Gegner kaperte. Ihre Form war nicht konzeptionell, sondern durch das Konferenzthema »1968« angeregt. Durch den Erfolg der Premiere fühlten sich Kubitschek und seine Mitstreiter, darunter Felix Menzel von der *Blauen Narzisse* und Martin Lichtmesz von der *Sezession*, zu mehr ermutigt. In einem anschließenden Bericht über diese ersten positiven Erfahrungen führte Kubitschek aus, warum es sich lohne, diese konfrontative Aktionsform beizubehalten: Sie störe und verunsichere den Gegner, sei authentisch und trage zur Selbstvergewisserung bei. Dabei führe sie die Rechte aus der Defensive in die Offensive. Vor allem aber, stellte Kubitschek in einer bildpolitischen Reflexion fest, schaffe das Vorgehen ein eigenes, werbendes Narrativ: »Irgendeine der Aktionen der kommenden Monate könnte der bilder- und geschichtenarmen neurechten Szene die immer wieder erzählbare Geschichte und das immer wieder reproduzierbare Bild verschaffen, in dem sich das ›Ich‹ des Provokateurs zum ›Wir‹ der Betrachter vervielfältigt.«[14] Das Vorgehen ist mehr als eine geschickte Werbestrategie. Es zeugt erneut vom Willen der Neuen Rechten, sich mangels realer Bezugspunkte die eigene Legende selbst zu schaffen und verweist auf die erfundenen Traditionen, von denen die Rechte seit jeher lebt. Nur werden sie hier bewusst und offensiv gewendet, ganz im Sinne des Credos, das Moeller van den Bruck 1923 formulierte, wonach »konservativ« sei, »Dinge zu schaffen, die zu erhalten sich lohnt«.[15]

Die Hoffnung der KSA war, endlich mehr Aufmerksamkeit auf sich zu ziehen und so das Öffentlichkeitsdefizit gegenüber linken Aktionsgruppen wie Attac wenigstens etwas wettmachen zu können. Diese seien bei den Medien derart beliebt, glaubte man in den Reihen der KSA, dass sie mit nahezu allem in die Nachrichten kämen. Die Rechte werde dagegen stiefmütterlich behandelt, wie Lichtmesz rückblickend klagte. Trotz des Willens zur Provokation blieb das Medienecho verhalten. Es sei gar »nicht so einfach« gewesen, »ordentlich Aufmerksamkeit zu kriegen«, als man mit »der Konservativ-subversiven Aktion experimentiert« habe.[16] Möglicherweise lag das daran, dass die gewählten Formen den Aktivisten zwar verwegen vorkamen, tatsächlich jedoch schon seit Jahrzehnten zur politischen Alltagspraxis jeder Strömung gehörten. Flugblätter verteilen, Transparente hochhalten, Parolen rufen, für eine bleibende Schlagzeile war das zu wenig. Das zeigte sich auch, als die Identitären sich anschickten, in die Fußstapfen der KSA zu treten. Um relevant wahrgenommen zu werden, bedurfte es nicht nur prägnanter Aktionen, sondern auch des gesellschaftlichen Klimas. Dieses erzeugten jedoch nicht die Aktionen der Situationisten-Kopie von rechts, sondern erst die »Flüchtlingskrise«.

DIE »KONSERVATIVE FRONT«

Ein Blick noch weiter zurück in die Ahnengalerie der heutigen Neuen Rechten zeigt, dass selbst die von der KSA bevorzugte Aktionsform innerhalb des eigenen Milieus nicht neu war. Damit stößt die 68er-Analogie erneut an ihre Grenzen. Die Geschichte der provozierenden Performance von rechts reicht sogar bis in die Bundesrepublik der späten fünfziger Jahre zurück. Armin Mohlers Schüler Marcel Hepp wählte damals diese Methode zusammen mit seinem jüngeren Bruder Robert für seine »Katholische Front«, deren Name später in »Konservative Front« geändert wurde. Diese rechten Studentengruppen agierten an den Universitäten Tübingen und Erlangen und stellten sich gegen die Aufarbeitung der deutschen Verbrechen während des Zweiten Weltkriegs. Dabei verwendete sie Mittel, die man heute ebenfalls der alternativen Medienguerilla zuordnen würde: Sie griffen gängige Diskussionen oder Schlagwörter auf und verkehrten deren Inhalte. Sie positionierten sich mit Überspitzungen oder irritierten das Publikum mit einer falschen »Deutsch-israelischen Studentengruppe« zum Thema »Geschichte der Geißlerbewegung im 20. Jahrhundert«. Die heute unter dem Schlagwort »Schuldkult« geforderte Erinnerungsabwehr war damit bereits früh im Selbstverständnis der Neuen Rechten zu finden. Das gilt auch für den Rassismus. Als aus den Reihen der Konservativen Front ein Albert-Schweitzer-Zitat verballhornt wurde, um gegen afrikanische Studenten als

»schwarze Minderbrüder« zu hetzen, reagierte die Universität Erlangen immerhin mit einem Hausverbot.[17]

Marcel Hepp, der Kopf hinter diesen Aktionen, hat in der Ahnengalerie der Neuen Rechten einen festen Platz. Ihm und seinem Bruder waren bedeutende Karrieren beschieden. Nach Abschluss seines zweiten Staatsexamens wurde der Jurist Marcel 1965 auf Vermittlung Mohlers zum persönlichen Referenten von Franz Josef Strauß und gab für diesen den CSU-eigenen *Bayernkurier* heraus. Robert sollte sich wiederum einen Namen als äußerst rechter Soziologe machen und gilt in der Szene als »Vordenker«.[18] Robert Hepps Interpretation demographischer Daten in seinem Hauptwerk *Die Endlösung der Deutschen Frage* antizipierte bereits Ende der achtziger Jahre sowohl die Thesen Sarrazins als auch den identitären Diskurs um den »großen Austausch«.[19] Doch vor allem sein Bruder Marcel genoss den Ruf des gewieften Pioniers. Sein früher Tod 1970 traf Mohler schwer. Er widmete ihm 1972 die Neuauflage seiner *Konservativen Revolution* mit dem Hinweis, dass beider Freundschaft ein Ertrag des Buches gewesen sei. Für die provokanten Aktionen der Studentengruppe Hepps beanspruchte er in einem Nachruf für den *Bayernkurier*: »Sie führten an den Universitäten den modernaktionistischen Stil mit Go-Ins, Teach-Ins ein; von ihnen erst hat die APO später, zu ganz anderen Zwecken, einen äußerlichen Teil des Vorgehens übernommen.«[20] Mohler erwähnte darin einen wichtigen Punkt, der auch heute für die Aktivisten der Identitären gilt. Demnach war Marcel Hepp »für seine politischen Gegner so unverdaulich, weil er so jung war. Er widerlegte allein schon durch seine Existenz, daß die Jugend nur auf der Linken zu finden sei.«[21] Ein Porträt der *Sezession* aus dem Jahr 2015 übernahm Mohlers Argumentation, es sei das »[b]esondere Verdienst« der Konservativen Front gewesen, »bereits ein Jahrzehnt vor den '68er-Revoluzzern« den »modern-aktionistischen Stil« erfolgreich angewandt zu haben: »Go-Ins, das ›Kapern‹ von Versammlungen oder die Aufforderung an Professoren, ihre Lehrmeinung zu rechtfertigen, wurden als genuin rechte Wortergreifungsstrategien in den akademischen Raum der BRD eingeführt.«[22] Innerhalb der Szene ist die Geschichte dieser politisch-medialen Kampfmethoden bekannt. Bewusst knüpften sowohl die KSA der Jahre 2008/09 als auch die heutigen Identitären daran an.

Solche eingängigen Provokationen, die über die Medien Motive mit hohem Wiedererkennungswert in die öffentliche Wahrnehmung einspeisen sollen, blieben allerdings nie auf das neurechte Milieu beschränkt. Auch Neonazis bedienten sich ihrer. So schuf die »Aktionsfront Nationaler Sozialisten/Nationale Aktivisten« um Michael Kühnen 1978 ein bleibendes Motiv, als sie in deutschen Fußgängerzonen mit Eselsmasken posierte. Wie der gesamten Rechten ging es ihnen darum, die Aufarbeitung der deutschen Vergangenheit zu verhindern. Auf Schildern leugneten sie die Existenz von Gaskammern in den deutschen Vernichtungslagern. In der jüngeren Vergangenheit praktizierten gerade Neonazis immer wieder die Methode des sogenannten Flashmob, um in handstreichartigen Aktionen mit Musik, Fackeln und Verkleidungen als »Unsterbliche« etwa gegen einen angeblichen »Volkstod« zu demonstrieren. Ziel war dabei weniger die Aufmerksamkeit der etablierten Medien, die meist ausblieb, sondern vor allem die Schaffung eigener Bilder und Videos, die über das Internet publiziert werden konnten. Wie stets sind die Grenzen zwischen alter und neuer Rechter in Form und Inhalt fließend.

RECHTE PARTISANEN: CARL SCHMITT UND GÜNTER MASCHKE

Angesichts dieser Entwicklungen lässt sich sagen, dass subkulturelle Vorgehensweisen mit ihren kreativ-provokativen Möglichkeiten innerhalb der gesamten Rechten durchaus Usus sind. Das Spiel mit den Medien, das die linke APO in der Zeit um 1968 so meisterlich beherrschte, kennt eben auch seine rechte Variante. Das ist wenig erstaunlich. Die Provokation gehört fest ins Aktionsrepertoire aller Kräfte, die zunächst um Aufmerksamkeit der Öffentlichkeit buhlen müssen, weil ihre Position sonst nicht wahrgenommen werden würde. Sie ist die perfekte Waffe des politischen Partisanen, da sie ihre Wirkung auch aus einer defensiven und unterlegenen Position entfaltet. Das Missverhältnis in der Kräfteverteilung ist sogar eine gute Voraussetzung. Eine gelungene Provokation verwandelt die eigene Schwäche in Stärke und die Überlegenheit des Gegners in Schwäche. In dieser Rechnung ist die Möglichkeit einer medialen Auswertung einkalkuliert, nur sie kann aus der Niederlage einen Sieg machen. Denn wird aus überlegener Position auf eine Provokation mit übertriebener Härte reagiert, kann dies dem Provokateur neben der Aufmerksamkeit auch die Sympathien des Publikums einbringen. Die Logik des Partisanenkampfes ist also die Logik beidseitiger Eskalation. Dies wird dadurch verschärft, dass eine Kapitulation dem regulären Kämpfer vorbehalten ist. Für den Partisan kommt sie nicht infrage. Gerade der Typus des Revolutionärs unter den Partisanen sieht in der Provokation ein adäquates Mittel. Setzt sie ihn doch angemessen in Szene und klärt die Fronten.

Ausformuliert hatte das bereits Carl Schmitt in seiner *Theorie des Partisanen.* Darin verfolgte er mit Interesse, wie in der Nachkriegszeit die verbliebenen Großmächte von kleinen Partisanengruppen unter Druck gesetzt werden konnten. Von der Rechten wurde Schmitts Analyse stets auch als Anleitung gelesen. Die »defensive Pose« des Partisanen war für sie reizvoll, denn sie »wertet das imaginierte Opfer moralisch auf«.[23]

Schmitts später Schüler Günter Maschke hat diese Theorie verfeinert. Dem Kreis der Subversiven Aktion zugehörig kannte er sich mit öffentlichen Provokationen bestens aus. Mit einer robusten Persönlichkeit versehen, nutzte er seine Kenntnisse zur permanenten Revolte. Entsprechend schrieb Karlheinz Weißmann über diesen Weg von der linksradikalen Subversiven Aktion zum Rechtsintellektuellen in der *Jungen Freiheit*, Maschke neige »nicht zu Rückzügen in ästhetische, religiöse oder sonstige Gegenwelten. Wahrscheinlich hängt das mit einer charakterlichen Disposition zusammen – ›Ich war eigentlich von Jugend an immer ›dagegen‹‹ meinte er in einem Interview –, aber auch mit einer Weltanschauung, die im Kern agonal ist, ganz und gar davon bestimmt, daß die Entscheidung, die Feindbestimmung, der Kampf unausweichlich sind. Die Alternative heißt nicht Kompromiß, Freundschaft und ewiger Frieden – das sind Illusionen –, sondern Dekadenz.«[24]

Götz Kubitschek hat dieses Denken anschließend weiterentwickelt, 2007 legte er in seinem Verlag eine kleine taktische Handreichung vor. Der Titel der Schrift: *Provokation*. Auch ihn trieb das Problem der Dekadenz um. Seine Zeitdiagnose fiel fatal aus: Er sah sich konfrontiert mit »Heerscharen blinzelnder Deutscher«, die keinen Protest mehr wagen wollten, korrumpiert und »der Härte ihres Schicksals beraubt durch ein warmes Wohnzimmer, Nachschub an Nahrung und Flüssigem, eine Spielkonsole, Fernseher, DVD-Gerät und die

Möglichkeit, folgenlos mit ihrer Freundin zu verkehren«.[25] Fieberhaft suchte er nach Möglichkeiten, die Wohlstandsstarre zu durchbrechen, und landete bei der gezielten Provokation. Im weiteren Text beschreibt er eingehend, was in den darauffolgenden Jahren konkret zur Anwendung kommen sollte, von plakativen Aktionen bis zur Rede von »Gutmenschen« und »Lügenpresse«. Es ist »an uns«, heißt es, »die Krise als Chance zu nutzen. Die Zuspitzung der Begriffe und die Kennzeichnung der Gegner: Das sind unsere Aufgaben.«[26]

An der Technik der gezielten Provokation, schreibt der Aktivist, führe unter den gegebenen Umständen »kein Weg vorbei«. Sie sei oft »das einzige Mittel der Schwachen: Wer über Machtmittel verfügt, der drückt, was er möchte, einfach durch, erzählt, was er möchte, einfach auf allen Kanälen. Wer keine Macht hat, bereitet sich lange und gründlich vor, studiert die Reflexe des Medienzeitalters und erzwingt durch einen Coup öffentliche Wahrnehmung.«[27] Inzwischen gehören Kubitscheks Handreichungen für gelungene Provokation zur Standardlektüre der IB. Fortan suchen sie in der von ihnen so kritisierten moralischen »Skandalokratie« selbst den Skandal.

Kubitscheks Lehrmeister, dem er diese Einsicht verdankte, war Günter Maschke. Als ehemaliger APO-Aktivist, der in den Bann Carl Schmitts geraten war, befasste sich Maschke ausgiebig mit Fragen des Partisanentums. Noch als Kommunist hatte er einige Zeit in Havanna gelebt, dort die Revolutionsgeschichte studiert und begonnen, die offizielle Lesart zu hinterfragen. In Kuba, urteilte die *Junge Freiheit* über Maschke, »konvertierte er zum Nationalrevolutionär«.[28] Seither ist er für die Neue Rechte eine feste Größe. Demonstrativ ließ sich Kubitschek in der Vergangenheit schon bei der Lektüre von Maschkes *Kritik des Guerillero* filmen.[29] In diesem vielbeachteten Buch, das ein Beitrag zur »Theorie des Volkskriegs« sein sollte, hatte Maschke die Wirksamkeit öffentlicher Inszenierungen herausgearbeitet. Er kam zu dem Schluss, dass sich Fidel Castro nicht auf dem militärischen, sondern allein auf dem medialen Schlachtfeld behauptet hatte. Unter Castros Führung habe es keine ernsthaften militärischen Auseinandersetzungen gegeben. Die größten Auseinandersetzungen hätten städtische Partisaneneinheiten geführt, während Castros Häuflein fernab davon in der kubanischen Wildnis herumirrte. Dennoch konnte er sich durch seine Selbstdarstellung in den Vordergrund drängen: »Es war nichts als der Mythos der Guerilla, der Castro die Schlüsselrolle in der Opposition gab.«[30] Konstitutiv für diesen Mythos sei zudem die Geste der Selbstermächtigung gewesen, deren Rechtfertigung darin bestand, eine Situation zum revolutionären Ausgangspunkt auszudeuten. Darauf aufbauend konnte dann jederzeit der »Ernstfall« erklärt werden. Die Neue Rechte hat diesen Gestus ebenso verinnerlicht wie ihre Vorbilder der »Konservativen Revolution« zwischen den Kriegen. »Erkenne die Lage« war daher die zentrale Botschaft eines Gesprächs, das Kubitscheks *Sezession* 2011 mit Maschke führte.[31]

AUFMERKSAMKEITSÖKONOMIE IN DER »SKANDALOKRATIE«

Die Strategie, durch provozierte Skandale Aufmerksamkeit auf sich zu ziehen, ist keineswegs auf die Kreise der äußersten Rechten beschränkt. Tatsächlich ist damit eine Technik beschrieben, die generell im Marketing angewandt wird. Die Mechanismen der »Gesellschaft des Spektakels«, wie sie die Situationisten um Guy Debord herausgearbeitet hatten, bestimmen heute die Werbestrategie. Erst der Tabubruch schafft die Aufmerksamkeit der Öffentlichkeit, die anschließend ausgebeutet werden soll. Nicht anders arbeitet der etablierte Kulturbetrieb, wenn nach diesem Schema gefallene Schlagersternchen wieder ins Gespräch und Schauspieler in die Gazetten drängen. Darauf weist auch Kubitschek hin: »Man muß als Neuling heute provozieren, um noch wahrgenommen zu werden, und so mancher abgehalfterte ehemalige Prominente taucht sein Haupt in einen Eimer voller Maden, um sich wieder ins Gespräch zu bringen.«[32]

Allerdings kann ohne das entsprechende geistige Großklima selbst ein provokanter Versuch, in die Schlagzeilen zu kommen, verpuffen. Als der Antaios Verlag 2014 den Roman *Hirnhunde* veröffentlichte, half selbst das von Kubitschek in die Welt gesetzte Gerücht nichts, der Autor Raoul Thalheim sei in Wirklichkeit ein angesehener Literat, der aus Angst um sein Image nur unter Pseudonym für sein Haus schreibe.[33] Obgleich Thalheim darin alle Inhalte von Pegida mitsamt dem Lügenpresse-Theorem antizipierte, blieb der Skandal aus. Antaios wurde erst im Windschatten von Pegida und AfD bekannter. Immerhin war das ein erster Versuch, der Skandalisierung rechter Umtriebe dadurch zu begegnen, dass man den Skandal bewusst provoziert und zu steuern versucht. Kubitscheks Schüler Felix Menzel analysierte unter diesen Gesichtspunkten für die *Sezession* die Wirkungsweisen gelungener Provokationen. Dabei wog er sie als Mittel gegen den »Skandalmechanismus« der liberalen Öffentlichkeit ab. Als deren Hauptinteresse machte er die »Debattenverhinderung« aus, mit der vom liberalen Paradigma abweichenden Positionen erst gar kein Raum gewährt werden sollte. Da jede rechte Stellungnahme mit einer Kritik zu rechnen habe, die sie mundtot machen wolle, müsse man sie eben mit einer Provokation anreichern, die eine Debatte erzwinge. Als gelungenes Beispiel nennt er Thilo Sarrazin: »Den ›Fall Sarrazin‹ hätte es nicht gegeben, hätte er nicht vorab von den ›Kopftuchmädchen‹ gesprochen. Dies war eine bewußte Skandalisierung. Wenn man nichts zu verlieren hat und zudem noch ein dickes Fell besitzt, kann man einen Skandal provozieren, weil nur über ihn heutzutage noch neue Themen ansprechbar sind. Die Skandalisierung von Sarrazin hat danach nur noch partiell funktioniert.«[34] Seit dieser Einsicht galt es, Skandale durch Überbietung zu beschleunigen. Akif Pirinçci, ehemals erfolgreicher Krimiautor, beschritt diesen Weg in aller Konsequenz. Er schlug einen bemerkenswerten Kurs weit nach rechts ein, der ihn schließlich auf die Bühne von Pegida und in Kubitscheks Verlag führte. Er begann im Frühjahr 2013 mit einem offensiven Verstoß gegen die Political Correctness, indem er auf dem Blog *Achse des Guten* mit evolutionsbiologischen Thesen zu den Gewaltverbrechen muslimischer Männer aufgewartet hatte. Ein Jahr darauf publizierte er im Manuscriptum Verlag das Buch *Deutschland von Sinnen. Der irre Kult um Frauen, Homosexuelle und Zuwanderer.* Sein freundliches Image als Katzenkrimi-Autor war unwiederbringlich verloren. Pirinçci war für den auf Harmonie bedachten Unterhaltungsbetrieb zur Persona non grata geworden. Nachdem eine sarkastische Äußerung über geschlossene Konzentrationslager auf einer Pegida-Kundgebung im Herbst 2015 tatsächlich falsch rezipiert wurde und sich damit alle Ressentiments gegen die »Skandalokratie« bestätigt fanden, wurde er Hausautor bei Kubitschek.

Die finale Überbietungsgeste dieses Milieus stellte allerdings ein Selbstmord in Frankreich dar. Am 21. Mai 2013 erschoss sich der französische Autor Dominique Venner, ein langjähriger Protagonist der französischen extremen Rechten und ehemaliges Mitglied der rechtsterroristischen »Organisation de l'armée secrète« (OAS), aus Protest gegen die Homo-

Ehe am Altar der Notre-Dame. Götz Kubitschek wies noch am gleichen Tag darauf hin, dass Venner das Selbstopfer kurz zuvor in einem Interview der *Sezession* gegenüber angedeutet habe.[35] Karlheinz Weißmann würdigte in der *Jungen Freiheit* Venners »Leben zur Verteidigung der abendländischen Identität« und schrieb von dem »starken Bild«, das die Aktion geschaffen habe.[36] Die Situationisten und Pussy Riot hatte Venner damit auf jeden Fall überboten.

Die Methode gezielter Provokation hat der Rechtspopulismus international zur Perfektion entwickelt. Seine Politiker waren bislang Meister darin, dem provokanten Vorstoß umgehend das Bedauern eines »Missverständnisses« hinterherzuschicken. Diese im englischen Sprachraum als »Dog Whistle Policy« bekannte Technik sendet ihre Botschaften erfolgreich an die Zielgruppe aus. Der ehemalige FPÖ-Chef Jörg Haider war für solche »Sager« berüchtigt, wie der entsprechende Austriazismus lautet. Seine Äußerungen reichten von der Beschäftigungspolitik des »Dritten Reichs« bis zum Lob der Charakterstärke von Angehörigen der Waffen-SS. Sie wurden von der entsprechenden Klientel stets goutiert und gegenüber anderen schnell relativiert. Die AfD übt sich ebenfalls regelmäßig in diesem Spiel. Sie hält sich erfolgreich mit Bemerkungen über einen möglichen Schusswaffeneinsatz gegen Flüchtlinge oder die Rehabilitation des Begriffs »völkisch« in den Schlagzeilen. Als Mehrwert winkt der Nimbus des Rebellen, die Aura der Revolte. Der Erfolg und die immer öfter ausbleibenden Distanzierungen zeigen, dass diese Formen der politischen Verrohung durchaus gutgeheißen werden. Mit Donald Trump, der sich im Wahlkampf schon nicht mehr auf Doppeldeutiges beschränkte, geschweige denn zurückruderte, ist der Gipfel der Provokationstaktik in der rechten Revolte wohl erreicht.

UNTERGANG UND RETTUNG – AUFSTAND DES »GEHEIMEN DEUTSCHLAND«

Es sah zunächst wie ein zivilgesellschaftliches Statement gegen religiösen Fundamentalismus aus, als in Dresden am Montag, dem 27. Oktober 2014, ein politischer »Abendspaziergang« stattfand. Mit dem Umzug wollten »Patriotische Europäer« ein Zeichen gegen die »Islamisierung des Abendlandes« setzen. Das entsprechende Kürzel lautete »Pegida«. Es war schon die zweite Demonstration dieser Art, doch war die Premiere in der Woche zuvor nicht über die Grenzen der Stadt hinaus bekannt geworden. Auch dieser Anlauf der Veranstalter blieb mit einigen Hundert Teilnehmern noch überschaubar, zumindest im Vergleich zu den späteren Dimensionen des Spektakels. Die Organisatoren legten viel Wert auf Abgrenzung. Sie distanzierten sich nicht allein vom Islamismus, sondern auch von sonstiger Gewalt. Dafür gab es gute Gründe, denn am Vortag hatten Ereignisse im Westen der Republik den Eindruck vermittelt, dass Demonstrationen gegen die islamistische Barbarei lediglich als Vorwand für die Entfesselung eigener primitiver Kräfte dienten. Zur Vorgeschichte von Pegida gehört daher zunächst ein Ereignis in Köln.

HOGESA – ERSTER AUFMARSCH IN KÖLN

Der Dresdner Pegida-Umzug fand statt, als die Augen der Öffentlichkeit gerade ins Rheinland blickten. Anders als am Montag in Sachsen hatte es am Sonntag zuvor in Nordrhein-Westfalen bei einem Hooligan-Aufmarsch schwere Ausschreitungen gegeben. Unter dem Titel »HoGeSa« hatte sich am Kölner Hauptbahnhof ein Milieu zum Kampf gegen den »Islamismus« versammelt, das gewöhnlich als wenig repräsentativ für »westliche Werte« gilt: gewalttätige Fußballfans, nicht selten mit guten Verbindungen in neonazistische Kreise. HoGeSa stand für »Hooligans gegen Salafisten«, doch die Kampfansage blieb symbolisch. Da die meisten Islamisten zu dieser Zeit den Nahen Osten zerstörten, reagierten sich die Hooligans an Schaufensterscheiben, Passanten und der Polizei ab.

Die Randale wäre zu verhindern gewesen, aber trotz Ankündigungen aus der Szene und offener Mobilisierung agierten die Behörden unvorbereitet. Ihre Einschätzung der Teilnehmer in Anzahl und Entschlossenheit erwies sich mit 1500 als völlig falsch, es kamen ca. drei Mal so viele, teilweise gut organisierte und ausgesprochen kampfbereite Anhänger. Die Folge der polizeilichen Fehleinschätzung waren verletzte Beamte, Angriffe auf Passanten und Journalisten sowie Sachschäden um 50 000 Euro. Zu den Merkwürdigkeiten des gescheiterten Polizeieinsatzes gehörte, dass die Behörden mit dem süddeutschen Neonazi Roland Sokol über einen V-Mann im Vorbereitungskreis der HoGeSa verfügten, also stets detailliert im Bilde gewesen sein mussten.[1] Wirkungsvolle Gegenmaßnahmen wurden dennoch nicht eingeleitet. Die Bilder der wenig überraschenden Ausschreitungen prägten in den nächsten Tagen die Medien.

Nahm man die Bekundungen der Hooligans ernst, so war es ihnen diesmal eigentlich um etwas anderes gegangen als um die übliche Massenschlägerei einer »dritten Halbzeit«. Auf der Agenda von HoGeSa stand nichts Geringeres als die Rettung des Abendlandes. Die Meldungen aus dem Nahen Osten, wo die mörderische Miliz des »Islamischen Staates« seit dem Sommer 2014 erfolgreich in Syrien und dem Irak vorrückte, hatte die »Krieger« unter den Fußballfans auf den Plan gerufen.[2] In einigen Städten Nordrhein-Westfalens war es zuvor schon zu kleineren Hooligan-Demonstrationen »gegen Islamisten« gekommen. Spätestens als eine salafistische Propaganda-Aktion in Wuppertal bekannt wurde, bei der sich islamistischer Nachwuchs medienwirksam als »Scharia-Polizei« inszenierte, sahen sich Teile der Hooligan-Szene genötigt, im größeren Maßstab aktiv zu werden. Der Politologe Richard Gebhardt, der mit der regionalen Szene gut vertraut ist und die Ereignisse vor Ort umgehend analysierte, betonte die Brisanz dieser Aktivität: »Die Kampagne der HoGeSa zeigt, dass Teile der gewaltaffinen Fußballsubkultur auf eine Ausweitung der Kampfzone drängen.« Gebhardt skizzierte damit zutreffend eine Entwicklung, die von Politikern und Sportfunktionären selbst nach Köln geleugnet wurde. Vor allem angesichts zu erwartender Entwicklungen warnte er vor Verharmlosung: »Auch wenn die HoGeSa in ihrer jetzigen Variante nur eine ›temporäre Kampfgemeinschaft‹ bleiben wird, ist sie Ausdruck einer noch nicht abgeschlossenen und explizit politisch ausgerichteten Neuformierung der Hooligans.«[3] Wie er schrieb, ist diese Szene signifikant größer als von den Behörden angegeben, traditionell gut vernetzt und nicht selten weit nach rechts offen.

Ein gemeinsames Vorgehen unter Einbindung altgedienter Neonazi-Kader und ihres Anhangs lag also nahe. Trotz der häufigen Behauptung von Hooligans, unpolitisch zu sein, ließ sich die Aktion dann auch schwer von einem rechten Aufmarsch unterscheiden. Einschlägige Musikgruppen und bekannte Neonazis fanden sich im Publikum und auf der Rednertribüne. Als einer der Hauptredner agierte der Hamburger Neonazi Thorsten de Vries, der nicht nur in die Vorbereitungen eingebunden war, sondern sich auch eng mit dem später als V-Mann enttarnten Sokol abgestimmt hatte.[4] Bereits in die Vorbereitungen waren Aktivisten der rechtspopulistischen Kleinpartei Pro-NRW und der neonazistischen Die Rechte einbezogen. Als Anmelder der Demonstration trat Dominik Roeseler auf, damals stellvertretender Landesvorsitzender von Pro-NRW. Aufgrund der antiislamischen Ausrichtung der Partei war diese Verbindung nicht überraschend. Personelle Überschneidungen des rechten Milieus mit der Fußballszene gab es ohnehin immer. Der Rechte-Vorsitzende Siegfried Borchardt ist seit Jahrzehnten sowohl in neonazistischen als auch in Hooligan-Kreisen bekannt, bereits in den achtziger Jahren trug er den Spitznamen »SS-Siggi«. Im Gespräch mit einem »nationalrevolutionären« Blog gab er an, bereits bei dem Vorbereitungstreffen für Köln dabei gewesen zu sein, und verwies stolz auf die hohe Zahl »aktiver Nationalisten« bei HoGeSa.[5]

Unter diesen Voraussetzungen nahmen die Dinge in Köln schnell ihren gewohnten Lauf. Mit Parolen wie »HoGeSa, die Familie hält zusammen – für Deutschland« gaben die Teilnehmer alles, um die Öffentlichkeit daran zu erinnern, dass marodierende Männlichkeit an keine spezifische Herkunft oder Religion gebunden ist. Als Referenz an die europäische Kultur ließen die Teilnehmer, wie später auch auf einigen Pegida-Umzügen, den Schlachtruf »Ahu!« erklingen – eine Anleihe beim bereits erwähnten Sandalenfilm *300*, in dem sich die Helden Spartas so ihres ungebrochenen Mutes versichern. Dergestalt für ihre Zwecke ausreichend mit Geschichtsbewusstsein ausgestattet, prügelten und demolierten die Hooligans mit dem Anspruch, in Deutschland »Freiheit, Recht und Ordnung« wiederherzustellen.[6] Realen islamischen Eiferern hatte HoGeSa übrigens nichts entgegengesetzt, das eigentliche Thema blieb gewissermaßen virtuell. Dafür zeigte der Aufmarsch in Köln, welch skurrile Blüten der antiislamische Diskurs in der deutschen Gesellschaft mittlerweile treiben konnte.

PEGIDA – »DRESDEN ZEIGT, WIE ES GEHT!«

Das Medienecho auf die HoGeSa-Randale war durchweg negativ. Für einen Moment sah es so aus, als sei Köln nicht nur der Beginn, sondern zugleich das Ende öffentlicher Aktionen »gegen die Islamisierung«. Doch dann übernahm unerwartet Pegida den Staffelstab und schuf eine neue politische Realität. In Dresden konnte das durch die Kölner Ausschreitungen verlorene Terrain nicht nur wiedergutgemacht werden, es entstand mit der Zeit sogar eine rechtspopulistische Massenbewegung. Diese Entwicklung kam überraschend, denn anfangs erlangten die Dresdner Umzüge kaum überregionale Aufmerksamkeit. Immerhin nahm die Redaktion der *Blauen Narzisse* (*BN*) Notiz davon und verkündete: »Dresden zeigt, wie es geht!« Die vor allem als Blog wirksame neurechte Nachwuchszeitung um Felix Menzel verfügte über eine Dresdner Außenstelle, daher konnte die *BN* umgehend auf Pegida reagieren. Der Online-Auftritt der *BN* berichtete: »Jeden Montagabend wollen die Initiatoren von Pegida nun durch Dresden ziehen. 25 Jahre nach dem Mauerfall knüpfen sie damit an die Tradition der Montagsdemonstrationen an.«[7] Auch in der Berichterstattung der *BN* war der Druck noch spürbar, der von der Kölner Randale ausging. Lutz Bachmann, der Sprecher der Dresdner Initiative, betonte in einem Interview kurz nach dem Umzug explizit den gewaltfreien Charakter von Pegida und grenzte sich von HoGeSa ab.[8]

Pegida hing mit Köln zusammen und zugleich nicht. Die zeitliche Nähe der Hooligan-Randale, die der sächsischen Initiative den Start erschwerte, war Zufall. Der erste Umzug hatte in Dresden mit ca. 350 Teilnehmern schon am 20. Oktober, also eine Woche vor HoGeSa, stattgefunden. Doch erst die Hooligans in Köln verschafften Pegida als Kontrast mehr Aufmerksamkeit: Während in Köln »der missratene Teil der Fußballfamilie« randalierte, konnten sich in Dresden »besorgte Bürger« profilieren.[9] In der Realität wurde dieses Schema der »guten« und der »bösen Islamkritik« jedoch durch die erstaunliche Zustimmung infrage gestellt, die sich beispielsweise in den Leserforen der *JF* für die Hooligans abzeichnete.

Es war ohnehin nicht der Anspruch von Pegida gewesen, in Dresden nur den Gegenbeweis zu Köln anzutreten. Wie Pegida-Sprecher Lutz Bachmann gegenüber der *Bild* zu Protokoll gab, war er bereits einige Zeit zuvor durch eine kurdische Demonstration vor Ort auf die Idee gekommen, in Dresden Proteste zu organisieren.[10] Dass die Demonstration, die Bachmann erschreckt hatte, aus Solidarität mit der von Islamisten belagerten syrischen Stadt Kobanê stattfand, die hauptsächlich von säkularen kurdischen Milizen gegen den »Islamischen Staat« verteidigt wurde, störte Bachmann offensichtlich nicht. Er sah den Protest der Kurden und ihrer Unterstützer in Dresden als Ausdruck eines »Religionskrieges auf deutschem Boden«, wie auch das Fronttransparent von

Pegida verkündete. Hier zeigten sich erneut die verworrenen Pfade der deutschen Islamismus-Debatte. Die wohl größte selbsterklärte Basisbewegung gegen den Islamismus nahm eine antiislamistische Demonstration zum Anlass ihrer Aktivitäten. Damit drängte sich von vornherein der Verdacht auf, Pegida richte sich nicht nur gegen Islamisten, sondern generell gegen Migranten.

Die Schlagzeile der *BN* »Dresden zeigt, wie es geht!« fand nicht nur bald Verwendung als Slogan der Umzüge, sondern erwies sich als richtige Einschätzung. »Die neue Wut aus dem Osten« nannte die *FAZ* bereits Anfang Dezember 2014 ihre erste große Reportage aus Dresden, in der sie die dortige Stimmung als Mischung aus Ressentiment und Angst beschrieb. Vor allem sei der offizielle Gründungsimpuls schnell in den Hintergrund gerückt, der vorgebliche Protest gegen islamischen Fundamentalismus wich schnell dem allgemeinen Unmut gegenüber der deutschen Asylpolitik. Angesichts des Erfolges habe Lutz Bachmann als Organisator und Hauptredner »blitzschnell« das Programm geändert und erfolgreich auf die Karte des nationalsozialen Populismus gesetzt. Es ging »in seiner Ansprache schon gar nicht mehr um Glaubenskriege und nur noch am Rande um den Islam. Er sprach jetzt von armen Rentnern, die ohne Strom in kalten Wohnungen säßen und sich kein Stück Stollen leisten könnten, während der Staat Asylbewerbern voll ausgestattete Unterkünfte zur Verfügung stelle. ›So sieht's aus!‹ und ›Genauso isses!‹, rief die Menge.«[11]

Die Dynamik von Pegida war für Außenstehende zunächst schwer nachzuvollziehen. Das lag auch am Initiator Lutz Bachmann selbst. Der damals 41-jährige gebürtige Dresdner stand erst kurz im Rampenlicht, als herauskam, dass der lautstarke Kämpfer für Sicherheit und Ordnung selbst eine schillernde Figur war. Schon Anfang Dezember 2014 veröffentlichte die *Sächsische Zeitung* eine längere Recherche über »Das krumme Leben des Pegida-Chefs«.[12] Das Szenario darin hätte einer Brecht-Oper zur Ehre gereicht, so offensichtlich inszenierte sich hier ein Ganove als Saubermann. Bachmann, der sich damals selbst als »klassischen CDU-Wähler« einschätzte, bewegte sich lange Zeit im sächsischen Rotlichtmilieu und blickte auf eine veritable kriminelle Vergangenheit zurück.[13] Er hatte unter anderem wegen Körperverletzung, Einbrüchen und Rauschgiftdelikten vor Gericht gestanden und war vorbestraft. Nachdem seine Biographie mehrfach in den Medien thematisiert worden war, setzte er auf das offene Bekenntnis als Gegenoffensive. Bachmann schaffte es nun erfolgreich, sich als Gestrauchelten zu inszenieren, der reuevoll auf den rechten Pfad der Tugend zurückgefunden hatte. Eine frühere Abschiebung aus Südafrika, wohin er vor einer Haftstrafe geflohen war, verstand er später sogar als Beispiel für einen vorbildlichen Umgang mit kriminellen Ausländern darzustellen.

Trotz oder gerade wegen der inhaltlichen Melange hatte sich Pegida nicht nur in Dresden etabliert, sondern strahlte auf weitere Städte aus. Vereinzelt kam es sogar in anderen europäischen Ländern zu ähnlichen Versuchen. Im Laufe der nächsten zwei Jahre brachte Pegida in Dresden zeitweise mehr als 15 000 Personen auf die Straße. Die Demonstrationen wurden zum Magneten nicht nur für frustrierte »Normalbürger«, sondern, wie noch zu sehen sein wird, auch für bekannte Akteure der äußersten Rechten. Allein der Export in den Westen funktionierte nur schleppend. In den großen Städten Nordrhein-Westfalens, in München oder Hamburg waren die Gegenaktivitäten stärker. Doch in den neuen Bundesländern sprangen bald mehrere Gemeinden auf. Ein besonders radikaler Ableger gründete sich mit »Legida« in Leipzig, dem mit Hans-Thomas Tillschneider auch ein Funktionär der AfD angehörte. Götz Kubitschek war ebenfalls dazugestoßen und stand bald auf der Rednerbühne. Auch die Kreise, die sich in Köln diskreditiert hatten, schlossen sich an. Die anfangs betonte Unterscheidung vom HoGeSa-Milieu schwand, Pegida entwickelte auch für diese Szene eine hohe Attraktivität. Hooligans des Dresdner Fußballvereins Dynamo etwa stellten auf den Umzügen die Ordner.

Ein prominentes Beispiel für die Sogwirkung von Pegida ist die ehemalige Hamburger AfD-Politikerin Tatjana Festerling, die am Kölner Hooligan-Aufmarsch teilgenommen hatte. Als sie deswegen und nach weiteren zustimmenden Äußerungen zu HoGeSa in die Kritik ihres damals dem »moderaten« AfD-Flügel zugehörigen Hamburger Landesverbandes geriet, verließ Festerling die Partei und schloss sich in Dresden Pegida an. Die Radikalisierung brachte ihr einen beachtlichen Erfolg, wie sich bald zeigen sollte. Als frisch zugezogene Parteilose erzielte sie im Juni 2015 mit der Unterstützung von Pegida bei der Dresdner Oberbürgermeisterwahl 9,6 Prozent im ersten Durchgang. Der Einfluss von Pegida auf die Politik war damit kaum mehr zu bestreiten. Nach einem zwischenzeitlichen Abflauen der Teilnehmerzahlen sowie scharfen Konflikten im Organisationskreis verhalf die sogenannte Flüchtlingskrise gegen Ende 2015 Pegida wieder zu einem Aufschwung. Insgesamt hatte sich das Phänomen also verfestigt. Pegida war auf günstige Umstände getroffen. Die Dresdner Spaziergänge des Winters 2014/15 hatten einen Impuls gegeben, die unterschiedlichsten Protestmotivationen und Milieus zu einer rechten Strömung zu bündeln.

Eine solche Sammlung war bis dahin noch nicht einmal der AfD gelungen, denn trotz diverser Überschneidungen in Inhalten und Zielgruppen hielt sich die Partei gegenüber der Bewegung zunächst bedeckt. Zu sehr wurde sie zu diesem Zeitpunkt noch selbst von einer internen Auseinandersetzung zwischen Rechtsliberalen und Völkisch-Nationalen gebeutelt. Diesem Streit war auch die Kritik der »seriösen« Rechten in der AfD an Festerling geschuldet, die damals mit ihrem Rückzug nach Dresden endete. Erst mit der Abwahl des Hamburger Parteigründers Bernd Lucke im Juli 2015 und dem anschließenden Siegeszug der völkisch-nationalen Richtung rückten AfD und Pegida enger zusammen. Luckes Gegenspieler André Poggenburg wurde später seinen Wählern als »Pegida-Gänger der ersten Stunde« angepriesen.[14] Bald galt die AfD als parlamentarischer Flügel der Bewegung, der die auf der Straße erzeugte Stimmung in Wählerprozenten auszumünzen verstand. Akteure wie Festerling verschärften derweil ihren Ton. Die *FAZ* zitierte ihren Redebeitrag zum Jahresbeginn 2016 in Leipzig wörtlich: »Wenn die Mehrheit der Bürger noch klar bei Verstand wäre, dann würden sie zu Mistgabeln greifen und diese volksverratenden, volksverhetzenden Eliten aus den Parlamenten, aus den Gerichten, aus den Kirchen und aus den Pressehäusern prügeln.« Der Artikel beurteilte diese Wortwahl als Zeichen dafür, dass die Rednerin längst »jedes Maß« verloren hatte.[15] Allerdings schien gerade das sie für ein internationales Rechtsmilieu interessant zu machen. Weitgehend unbemerkt geblieben war ein Auftritt Festerlings im April, der die internationale Vernetzung belegte. Im neurechten Institut Iliade, das 2014 am Jahrestag seines öffentlichen Selbstmords zum Andenken an

Dominique Venner gegründet worden war, trafen in Paris die Köpfe der Nouvelle Droite zusammen. Neben einem Vertreter der Identitären Bewegung und den Antaios-Autoren Jean Raspail und Renaud Camus sprach dort als deutscher Gast Tatjana Festerling.

Mit der Radikalisierung und dem Erfolg stieg der Druck auf die Pegida-Aktivisten. Erste Mitstreiter verließen die Organisationsebene schon Anfang 2015 im Zwist mit Lutz Bachmann. Zu weiteren Auseinandersetzungen kam es jedoch nicht wegen dessen radikaler Rhetorik, sondern aufgrund unterschiedlicher Aktionsvorstellungen. Als ein Teil von Pegida aufsehenerregende Proteste gegen ein Treffen internationaler Entscheidungsträger vom 9. bis 12. Juni 2016 in Dresden, die sogenannte Bilderberg-Konferenz, ankündigte, diese jedoch ausblieben, kam es zu Spaltungen und gegenseitigen Vorwürfen. In der Folge lieferte sich die ehemalige Pegida-Spitze eine Reihe öffentlicher Auseinandersetzungen untereinander. Die Querelen um Alleingänge, Geld und angeblichen Verrat wurden für Außenstehende unübersichtlich, das Bündnis zerfiel. Die *Sächsische Zeitung* meldete Tatjana Festerlings Ausschluss aus dem Trägerverein.[16] Auch Götz Kubitschek war verärgert und kündigte an, die Fundraising-Initiative »Ein Prozent« sei künftig nur noch mit im Boot, »wenn sauber und ehrlich gearbeitet und gespielt« werde.[17] Festerling verschwand vorerst aus der Öffentlichkeit, um wenig später vor Kameras im Kampfanzug an der südbulgarischen Grenze zu posieren. Sie begleitete dort paramilitärisch organisierte Nationalisten, die in den Wäldern Jagd auf illegale Einwanderer machten. Von Lutz Bachmann wurde im September 2016 bekannt, dass er seinen Lebensmittelpunkt nach Teneriffa verlegt hatte, wo er jedoch bald darauf zur »unerwünschten Person« erklärt wurde. Die Berichterstattung über die Pegida-Führung hatte sich vom Politikteil der Zeitungen in die Klatschspalten verlagert. Es war wohl das Schicksal zu unerfahrener, zu schnell bekannt gewordener Prominenter, das hier einmal mehr von Eitel- und Gehässigkeiten bestimmt wurde. Der Stern von Pegida sank, doch das Bündnis hatte seinen Zweck erfüllt. In der Gesamtbedeutung für die rechte Mobilisierung hatte sich das Verhältnis zur AfD umgedreht: Der Aufstieg der Partei ging mit einem Bedeutungsverlust des Bündnisses einher. Pegida wurde durch die Wahlsiege der AfD absorbiert, die Dresdner Abendspaziergänge waren dafür der Katalysator gewesen. Als in Dresden am 16. Oktober 2016 der zweite Jahrestag der Pegida-Umzüge begangen wurde, zeigte die Besetzung der Bühne einmal mehr, wie eng die Milieus inzwischen miteinander verwachsen waren. Vor ca. 8000 Menschen sprachen an der Semperoper unter anderem Martin Sellner (IB), Jürgen Elsässer (*Compact*) und Michael Stürzenberger (*PI*).

Ungewöhnlich am Erfolg dieser neuen rechten Strömung war, dass er sich tatsächlich jenseits der eingefahrenen politischen Kanäle einstellte. Das betraf vor allem die Medien. Pegida, AfD und Co. hatten sich anfangs mit der »Lügenpresse«-Rhetorik keinen Gefallen getan. Auch konservative Medien waren ob der verzerrenden Angriffe auf ihre Integrität konsterniert. Volker Zastrow, Politikredakteur bei der *FAZ*, nannte AfD und Pegida treffend eine »neue völkische Bewegung«, deren »Gier nach Gewalt [...] mit Händen zu greifen« sei. Über ihre Wut auf die Medien schrieb er: Sie werde »niemals abreißen, denn man will statt der ›Lügenpresse‹ völkische Beobachter«.[18] Solche bekamen sie dann auch. Das gesellschaftliche Klima war gereizt genug, eine »alternative« Öffentlichkeit des rechten Randes zu etablieren. Medien wie *Junge Freiheit*, *Compact*, *Politically Incorrect*, *RT* (ehemals *Russia*

Today) und *Sezession* standen bereit, um den ausbleibenden Zuspruch zu substituieren. Zudem wurden die Möglichkeiten der neuen Medien ausgiebig genutzt. Der Volkszorn tobte in den Kommentarspalten der Zeitungen und schaffte sich massenhaft Erleichterung via *Twitter* und *Facebook*. Die Wütenden schufen sich auf der Suche nach Bestätigung für ihr paranoides Weltbild eine eigene Echokammer, frei von Political Correctness und »Gutmenschentum«. Welche Wirkung eine solche Parallelwelt entfalten kann, erwies sich Ende 2016 im US-amerikanischen Präsidentschaftswahlkampf. Der Sieger Donald Trump hatte kurz vor Schluss Steve Bannon in sein Team geholt, der zuvor als Chefredakteur von *Breitbart News* gearbeitet hatte. *Breitbart News* zählt in den USA zur »Alternative Right«, einer Strömung der rassistischen »White Supremacists«, und steht damit weit rechts des etablierten US-Konservatismus. Die von ihnen verwendeten hochgradig aggressiven Semantiken über liberale Eliten und Medien waren die amerikanische Entsprechung des »Lügenpresse-Volksverräter«-Jargons der Pegida.

Konkrete Auswirkungen hatte die feindliche Haltung der Pegida gegenüber den Medien vor allem auf die Arbeit von Journalisten. Zeitungen und Online-Medien berichteten von einer wahren Inflation beleidigender und bedrohender Zuschriften. Die ohnehin schon ausgesprochen grenzwertige Diskussionskultur in den Online-Foren erodierte in einem Maß, dass sich beispielsweise die *Süddeutsche Zeitung* dazu entschloss, das offene Forum zu schließen. In den geballten Vorwürfen gegenüber Journalisten als »linken Gutmenschen« wurde zwischen *FAZ* und *taz* kein Unterschied mehr gemacht. In Teilen der Öffentlichkeit hatte sich ein Bild verfestigt, nach dem quasi die gesamte Presselandschaft pauschal einer ferngesteuerten Propaganda diene. Der Schlachtruf dieser Phantasmagorie war »Lügenpresse«, später durch den langjährigen *Focus*-Redakteur und anschließenden Berater von Frauke Petry, Michael Klonovsky, leicht abgeschwächt zu »Lückenpresse«.[19] Zum ersten Mal seit Langem kam es in Deutschland wieder im größeren Umfang zu Tätlichkeiten gegenüber Pressevertretern. Die internationale Organisation »Reporter ohne Grenzen« stellte in ihrer Nahaufnahme zur Situation der Pressefreiheit für den Zeitraum 2015/16 explizit den Zusammenhang zwischen der Häufung von Übergriffen und Pegida, Legida und Co. her: »Die Zahl der Angriffe, Drohungen und Beleidigungen gegen Journalisten und Redaktionen ist in Deutschland sprunghaft gestiegen. Mindestens 39 gewalttätige Übergriffe zählte Reporter ohne Grenzen 2015. In den ersten Monaten des Jahres 2016 setzte sich diese Tendenz unvermindert fort.« Wie die NGO schrieb, kam es zu den Vorfällen »meist auf Demonstrationen der Pegida-Bewegung und ihrer regionalen Ableger, bei Kundgebungen rechtsradikaler Gruppen oder auf Gegendemonstrationen«.[20] Die Organisation sah diesen besorgniserregenden Trend ausdrücklich im Kontext der Pegida-Kampagne gegen die »Lügenpresse«.

AUF DER GROSSEN BÜHNE

Der Aufschwung neurechter Medien war zugleich von der Präsenz ihrer Wortführer bei Pegida begleitet, die das Bündnis mit Stichworten – ihren Stichworten – belieferten. Akteure wie Kubitschek schwangen sich auf die Bühne und bereiteten die eigenen Inhalte für ein Massenpublikum auf. So kam es zu einer von vielen Paradoxien dieser Zeit, denn während die distanzierten Medien pauschal als »Lügenpresse«

abgeurteilt wurden, hatte das Fußvolk von Pegida und AfD keine Probleme damit, Kubitscheks oder Elsässers Reden auf der Bühne erst zu lauschen und anschließend auf *Sezession* oder bei *Compact* darüber zu lesen.

Wie unmittelbar die Verbindungslinien zwischen neurechter Theorietradition und den »Rettern des Abendlandes« auf der Straße sein konnten, wie tief sie zudem in den weltanschaulichen Fundus des deutschen Nationalismus hineinreichten, hatte sich schon am 21. Januar 2015 in Leipzig gezeigt. An diesem Abend stand Götz Kubitschek bei Legida auf der Bühne und sprach zur versammelten Menge von der »große[n] und besondere[n] Geschichte« der Deutschen: »Unser Volk hat von anderen Völkern viel gelernt und anderen Völker viel beigebracht, sein Erfindergeist, sein Organisationstalent, sein Fleiß sind sprichwörtlich, seine Musik und seine Philosophie sind einzigartig. Unser Volk hat sich in der schwierigen Mitte Europas behauptet, es hat Kriege geführt und wurde mit Krieg überzogen. Warum zähle ich das auf? Ich zähle es auf, weil wir alle hier diejenigen sind, die diese deutsche Geschichte weitertragen müssen und weitertragen dürfen.«

Anschließend rief er den großen Zug der Nation durch die Geschichte auf, von den Familien über die Bürger und Bauern bis zu den Buchdruckern, Johann Sebastian Bach und der Völkerschlacht bei Leipzig. All das, »die Geschichte der armen und der reichen Leute [...], die Geschichte der fleißigen Handwerker und der großen Forscher, der guten Mütter und der strengen Lehrer«, so Kubitschek, trage jeder Deutsche mit sich und müsse es weitertragen. Die Rede hatte eine große integrierende Kraft. Gerade weil sie das Gemeinsame aufrief und nicht das Trennende, konnte sie Einigkeit herstellen. Mit ihr verdeutlichte Kubitschek die Parole »Wir sind das Volk«, die die Demonstranten von der Wendezeit übernommen hatten und die nun wieder durch die Straßen hallte. Sie zeichnete dieses »Volk« als eine unentrinnbare Gemeinschaft der Deutschen in der Geschichte. Aus dem Ruf des »Volkes« nach seiner Rolle als Souverän wurde die Evokation einer überhistorischen Gemeinschaft »Volk«, in der *demos* und *ethnos* verschmolzen. Ein besonderer Einfall dabei schien, dass Kubitschek explizit auch die negativen Seiten dieses deutschen Schicksalsstroms thematisierte. Denn er verschwieg die »dunkle Seite« nicht, sondern reihte unumwunden »die Geschichte der Zerstörung« ein: »die Geschichte der gefallenen Soldaten, der ermordeten Juden, der zerbombten Städte und der Millionen Vertriebenen«. Er beschwor die deutsche Teilung und die Wiedervereinigung, um schließlich darauf hinzuweisen: »Wir alle bauen nun an der deutschen Geschichte weiter.«[21]

Der in diesen Worten dargebotene Kitsch bereitete eigentlich nur die uralten Motive des Nationalismus auf, die Schicksalsgemeinschaft der »Nation« und das handelnde Kollektivsubjekt »Volk«. Die Rede präsentierte eine Geschichtsvorstellung, wie sie etwa aus Oswald Spenglers *Untergang des Abendlandes* bekannt ist. In diesem gilt Geschichte als »Schicksal von Daseinsströmen in Gestalt von Mann und Weib, Geschlecht, Volk, Stand, Staat, die sich im Wellenschlag der großen Tatsachen verteidigen und gegenseitig überwältigen wollen«.[22] Doch wurde Kubitscheks nationaler Zuckerguss von 15 000 Leipziger Demonstranten goutiert, von denen einige sogar große schwarz-rot-goldene Kreuze mit sich trugen.

Ganz gleich, ob sie Spengler nun kannten oder nicht, die Rede kam beim Publikum sichtlich an. Das mag daran gelegen haben, dass sie auf jede Differenzierung innerhalb des suggerierten gemeinsamen Schicksals verzichtete. Unterschiedslos vereinte ihr Text die gefallenen Soldaten mit den Opfern der Shoah in einem Geschichtsstrom, der weder Ursache noch Wirkung kennt. Nur eine subtile Unterscheidung bot sie: Die Vertriebenen wurden als »Millionen« beziffert und standen mit den zerstörten Städten am Ende einer Steigerung, während die Juden unbestimmt dazwischenblieben.

Allerdings war diese Rede weder allein dem Geist Spenglers noch Kubitscheks agitatorischem Können entsprungen. Genau betrachtet war sie ein Plagiat. Ohne dass es das Publikum ahnte, hatte der rechte Verleger auf der Leipziger Bühne etwas aufgerufen, was er Jahre zuvor als ein Schlüsselereignis in seinem Leben geschildert hatte. Denn die zentralen Elemente der Leipziger Rede waren von seinem ehemaligen Mentor Karlheinz Weißmann übernommen. In einem kleinen Gesprächsband mit dem prophetischen Titel *Unsere Zeit kommt*, den die beiden zehn Jahre zuvor publiziert hatten, schildert Kubitschek, wie er Karlheinz Weißmann Mitte der Neunziger in der »Deutschen Gildenschaft«, einer nationalkonservativen akademischen Verbindung, kennenlernte. In dieser traditionellen Studentenverbindung hatte es eine Auseinandersetzung über das Absingen des Deutschlandliedes mit allen drei Strophen gegeben. In der Fraktion der Befürworter des vollständigen Textes fanden Weißmann und Kubitschek zusammen. Sie planten gemeinsam eine Feierstunde, deren Dramaturgie die Teilnehmer auf das Deutschlandlied hinführen sollte. Kubitschek beschreibt, wie die Ansprache Weißmanns ihn durch ihre gewaltige Suggestivkraft überwältigt habe: »[I]ch weiß noch genau, wie Weißmann zum Schluß seines Vortrags zu einem gewaltigen Bild ansetzte: Er ließ an den Hörern den historischen Zug der Deutschen vorbeiziehen, nannte Kaisergeschlechter, Bauernführer, Siedler, Künstler, Denker, Epochen, alles selbstverständlich und vor allem ohne Relativierung. Als er auf die Epoche des 3. Reichs zusteuerte, hielt der Saal den Atem an. Und Weißmann rief die Frontsoldaten, die Männer des 20. Juli, die KZ-Häftlinge, die letzten Verteidiger der Ostgrenzen, die Vertriebenen und die Spätheimkehrer auf; ließ dann, ohne die Abfolge zu unterbrechen, die Arbeiter des 17. Juni 1953 folgen, um mit denen zu enden, die die Mauer eingerissen hatten. Im Saal war es still, dann spielte das Streichquartett seinen dritten Satz, und es erhoben sich alle und sangen selbstverständlich wieder alle Strophen des Deutschlandlieds. Die Kritiker waren verstummt. Seit jenem Tag weiß ich, was das ›Geheime Deutschland‹ ist.«[23]

Dieses »geheime Deutschland« sollte mittels Pegida und Co. nun zur Massenveranstaltung werden und seine Kritiker erneut verstummen lassen. Um das zu unterstreichen, führten Götz Kubitschek und Ellen Kositza bei ihren Reisen die sogenannte Wirmer-Flagge mit, eine nach Vorbild der skandinavischen Fahnen in Schwarz-Rot-Gold gehaltene Kreuzflagge, die dem Kreis um den Grafen Stauffenberg zugeordnet wird. Die mit dieser Symbolik implizierte Rollenzuweisung war wenig subtil: Dort die Diktatur, hier der Widerstand. Gleichzeitig sollte sie gegen Kritik immunisieren. Wer sich unter die Fahne von Hitlers Gegnern des »20. Juli« sammelt und dabei auch noch an die ermordeten Juden erinnert, kann so schlimm nicht sein. Unterschlagen wurde dabei allerdings, dass die Wirmer-Flagge seit den neunziger Jahren auch Verwendung im neonazistischen »Deutschen Kolleg« um Horst Mahler fand.

Kubitscheks Leipziger Rede schaffte es, die neurechte Geschichtsdeutung von Spengler bis Weißmann für die Massen aufzubereiten. Sie zeigte beispielhaft, wie die Narrative des deutschen Radikalnationalismus von Pegida aufgenommen wurden. Dabei war der breite Erfolg von Pegida nicht abzusehen gewesen. Der Titel der Demonstrationen wirkte wenig eingängig und kaum erfolgversprechend. »Pegida« stand für den noch sperrigeren Namen »Patriotische Europäer gegen die Islamisierung des Abendlandes«. Ein Scheitern wäre nicht verwunderlich gewesen. In den letzten Jahren hatte es immer wieder Anläufe zu diffusen Protestaktionen gegen »die da oben« gegeben, bei denen sich auch Verbindungen zur politischen Rechten ausmachen ließen. Am bekanntesten waren bislang die sogenannten Montagsmahnwachen, deren Parolen Inhalte der alten Friedensbewegung mit allerlei verschwörungstheoretischem und rechtem Gedankengut vermischten. An ihnen war bereits Kubitscheks späterer Kampfgefährte Jürgen Elsässer beteiligt gewesen. Doch sie hatten nie so gezündet wie Pegida, die zunächst nur nach einer neuen Variante dieser »Montagsdemonstrationen« aussah. Die neuerlichen Umzüge hantierten mit ähnlichen Semantiken und fielen auf den gleichen Wochentag, denn die Wahl des Montags als Aktions- und Protesttag zählt in der ehemaligen DDR schon zur politischen Folklore. Wenig sprach also dafür, dass Pegida ein anderes Schicksal als die Montagsmahnwachen erwarten würde.

Doch Pegida konnte auf etwas aufbauen, was den Montagsmahnwachen noch gefehlt hatte. Die Krisen im Nahen Osten und in weiten Teilen Afrikas kamen nun in Gestalt der Flüchtlinge unübersehbar an Europas Grenzen an, zogen in die Städte weiter und erreichten zunächst via Internet und Fernsehschirm, schließlich auch per amtlichem »Königsteiner Schlüssel« zur Verteilung der Flüchtlinge im Land selbst die sächsische Provinz. Anders als etwa im Fall der lediglich abstrakt erfahrenen NSA-Abhöraffäre war die empfundene Bedrohung greifbar. Zusammen mit der globalen Realität des Terrors radikaler Muslime rief dies nun diese vermeintlichen Verteidiger des Abendlandes auf den Plan und brachte den an Spengler geschulten Kader der Neuen Rechten auf die Bühne. Von HoGeSa über die selbsterklärte Phalanx Europa der Identitären Bewegung bis hin zu den Patriotischen Europäern rüstete man sich gegen den »Untergang des Abendlandes«.

»ABENDLAND« – KURZE GESCHICHTE EINES MYTHOS

Der Begriff »Abendland« war nicht zufällig gewählt, er sollte den übergeschichtlichen Standort der Protestierenden bestimmen und eine Identität stiften. Zu Beginn der Pegida-Erfolgswelle bekräftigte Bachmann diesen Anspruch im Gespräch mit der *Jungen Freiheit* nochmal mit der Formel: »Deutschland ist Abendland!«[1] Wie auch der Begriff »Islamisierung« eignete sich »Abendland« sehr gut, die Affekte des Publikums zu mobilisieren. Bei Pegida waren diverse Motive versammelt, die sich in jeder nationalistischen Agitation finden und auf den Rechtskurs der Bewegung hindeuteten: der demonstrative Patriotismus, die exklusive Identität und das Szenario einer äußeren Bedrohung. Allein die »Europäer« mögen auf den ersten Blick verwundern, hatte man es doch mit einer Strömung zu tun, in der die ablehnende Haltung gegen die Europäische Union, ihre Institutionen und Regeln mehrheitlich verbreitet war. Europa mit seinen Minderheitenrechten, das war in diesem Milieu nicht selten »Gayropa«, die EU als politische Institution die »EUSSR«. Wie zu sehen sein wird, gab es auf der Rechten jedoch schon immer einen anderen Europabegriff, der hier ebenfalls zum Zuge kommen sollte.

EUROPA FÜR ANTI-EUROPÄER

Von der heutigen Relevanz des Konstrukts »Abendland« für die Neue Rechte zeugt die Aufnahme unter die »Leitbegriffe« im *Staatspolitischen Handbuch* des IfS. Dort wird es beschrieben als »die traditionelle Bezeichnung für den westlichen und mittleren Teil Europas, der nach dem Zusammenbruch des Weströmischen Reiches im 5. Jahrhundert geprägt wurde von der Landnahme und Staatenbildung der germanischen Völker sowie der Durchsetzung des lateinischen Christentums.«[2] Die Bezeichnung wird im Gegensatz zu »Europa« bevorzugt, da dies »im Unterschied zu Abendland kein präziser politischer Begriff« sei.[3] Allerdings, so lässt sich einwenden, ist »Abendland« kaum besser definiert. In der Abhängigkeit von seinem Antagonisten »Morgenland« dient es primär der Positionsbestimmung in Einwanderungsfragen. Diese Möglichkeit zur Abgrenzung ist auch das politische Kalkül des IfS. Doch spielte der Islam in diesem Antagonismus traditionell nicht die Hauptrolle.

»Abendland« hat eine wechselhafte Geschichte, in der mit dem Wort mehr ein Mythos als eine politische Realität bezeichnet wurde, und war diversen Zwecken unterworfen. Dennoch erstaunt es nicht, dass der Begriff bis heute eine gewaltige Macht entfalten kann. Er ist verständlich und vielfältig aufgeladen: hier die Welt der Vernunft, der Wissenschaft und des selbstbewussten Individuums, dort die des Affekts, der Religion und der amorphen Masse. Hier Kultur, dort Barbarei, hier das zu Schützende, dort die Bedrohung. Eine Weltsicht, die eine komplexe Geschichte auf ein einfaches Schema reduziert. In dieser Wertung kommt das eine ohne das andere nicht aus. Der imaginierte Abendländer braucht sein Gegenstück zur Selbstvergewisserung, wie auch der Dschihadist ohne die »Zionisten« und »Kreuzfahrer« nichts wäre. Das Szenario erleichtert die Mobilisierung der politischen Leidenschaften und die Verteidigung des »Eigenen«.

Bei der AfD hat es der Begriff als »abendländische christliche Kultur« in die Präambel des 2016 beschlossenen Parteiprogramms geschafft, näher bestimmt wird er jedoch auch dort nicht.[4] Die *Junge Freiheit* zitierte den AfD-Politiker Alexander Gauland mit den Worten: »Wir sind keine christliche Partei. Wir sind eine deutsche Partei, die sich bemüht, deutsche Interessen wahrzunehmen.« Dazu zähle die Verteidigung der eigenen »kulturelle[n] Tradition« gegen eine »raumfremde Einwanderung«, die »vom Islam ausgehe«. Er selbst, so Gauland weiter, »verwende den Begriff ›Abendland‹ als Abgrenzung zum Islam«. Zu diesem Zweck brachte er in der *JF* eine neuzeitliche Scheidelinie ins Spiel: »Mit dem Sieg über die Türken vor Wien 1683 haben wir eine klare Trennung zwischen dem Abendland und den osmanisch-muslimisch besetzten Territorien bekommen.«[5]

In der Praxis findet damit eine Entkopplung von »Abendland« und der christlichen Konnotation statt, die eigentlich konstitutiv für den Begriff war. Auch seitens des völkisch orientierten AfD-Flügels wird Kritik an einer christlichen Ausrichtung geübt. Björn Höcke bemängelte das Fehlen der paganen Traditionen in der Verwendung des Abendland-Motivs: »Wenn sich Pegida ›für die Erhaltung und den Schutz unseres christlich-jüdisch geprägten Abendlandes‹ einsetzt, dann freut mich das einerseits, andererseits bemerke ich das Fehlen der antiken und germanischen Wurzeln desselben.«[6]

Vor allem aufgrund ihrer Ablehnung der sozial- und einwanderungspolitischen Haltung der Amtskirchen können sich heutige Rechte ganz ohne das Christentum auf das Abendland beziehen. All das sind Hinweise darauf, dass das klassische Abendland-Motiv nicht so einfach mit der heutigen Bewegung in Verbindung zu bringen ist, die für sich reklamiert. Die Unterschiede sind zum Teil gravierend, mitunter bis zur Entstellung. »Abendland« hat in der politischen Geschichte bis zu seinem Verschwinden in der zweiten Hälfte des 20. Jahrhunderts eine Bedeutung, die sich in wesentlichen Punkten von den Zielen der Pegida, AfD und anderen unterscheidet. Die plötzliche Renaissance ging mit einer ganzen Reihe Umdeutungen einher und es war nur dem kurzen Gedächtnis der politischen Kultur geschuldet, dass dies kaum öffentlich thematisiert wurde. Der von Pegida-Spaziergängern bis zur Neuen Rechten häufig beklagte »Traditionsabriss« in Deutschland, so lässt sich anmerken, hat hier auch die eigenen Reihen nicht verschont. Das zeigt, wie willkürlich eine so klar scheinende Kategorie mit Bedeutung aufgeladen werden kann, um sie als bewährtes Feldzeichen ins Gefecht zu führen. All das widerspricht jedoch der Verwendung des Schlachtrufs »Abendland« nicht, sondern verweist vielmehr auf die wechselhafte Bedeutung des Begriffes im Laufe der Zeit.

DAS SCHISMA UND DIE FOLGEN

»Abendland« ist ein traditioneller Schlüsselbegriff konservativer Europadebatten. Er ist nur bedingt gleichbedeutend mit dem *Occidents* der Antike. Durch die Mittelmeerlage sowohl Griechenlands als auch Roms standen die Begriffe »Orient« und »Okzident« ohnehin weniger antagonistisch zueinander, als sie heute wahrgenommen werden. Ebenso wenig ist »Abendland« einfach mit »Christentum« gleichzusetzen. Jerusalem, der Ursprung des Christentums, zählte geographisch zum Orient, das Gleiche galt in der Spätantike durch das Byzantinische Reich für einen bedeutenden Teil der Christenheit. Vielmehr trachtete das Christentum idealerweise danach, die Ost-West-Spaltung zu überwinden, und legte den Keim für weitere Grenzquerungen: Die Ökumene beinhaltete den Gedanken einer »Durchdringung von Orient und Okzident«, der sich im »christlichen Universalismus des Abendlandes und im säkularen Kosmopolitismus der Europäer« fortsetzte, wie Heinz Gollwitzer in seiner klassischen Studie zu *Europabild und Europagedanke* anmerkte.[7] Erst durch das Schisma, die Spaltung der christlichen Kirche und anschließende Entfremdung des römischen Westens vom byzantinischen Osten, wurde ein »abendländisches« Sonderbewusstsein manifest. »Abendland« hieß sodann in erster Linie »römisch-katholisch« und das »Bewußtsein abendländischer Gemeinsamkeit [war] an den Gegensatz zwischen lateinischem Occident und Byzanz gebunden«.[8] Selbst die Kreuzzüge waren keine Auseinandersetzung mit dem Islam allein, sondern trafen auch das byzantinische Kaiserreich schwer.

Das Kaisertum Karls des Großen »besiegelt den Bruch zwischen Abendland und Orient«, wie Gollwitzer ausführt. Der Frankenherrscher bescherte dem »Westen ein neues römisches Reich«.[9] Dessen Abgrenzung richtete sich wiederum keinesfalls nur gegen den Islam, sondern wesentlich gegen die griechische Kirche. Immerhin war es der Bischof von Rom gewesen, der durch die Krönung Karls das weströmische Kaisertum zu erneuern gedachte und damit eine Grundlage der Abendland-Erzählung schuf. Für Spengler beginnt damit eine neue Epoche, die zwischen weltlicher und geistlicher Herrschaft zu trennen vermochte: »[D]er abendländische Herrscher ist von Gottes Gnaden Monarch innerhalb der geschichtlichen Welt: sein Volk ist ihm untertan, weil Gott es ihm verliehen hat. In Sachen des Glaubens aber ist er selbst Untertan, nämlich entweder des irdischen Stellvertreters Gottes oder der seines Gewissens. [...] Der Kaiser in Byzanz war nach magischem Weltgefühl sein Herr auch im Geistigen; der im Frankenland war in religiösen Dingen sein Diener, in weltlichen – vielleicht – sein Arm. Das Papsttum konnte als Idee nur durch die Trennung vom Kalifat entstehen, denn im Kalifen ist der Papst enthalten.«[10] Ost und West werden demnach von einem unterschiedlichen Geist getragen, zu dem verschiedene Formen gehören. Das ist das Trennende, nicht der konkrete Glaube. Das griechische Christentum ist noch für Spengler fraglos dem Osten zugehörig. Insgesamt war die abendländische Demarkationslinie also nicht einfach gegen den Islam orientiert, wie Gollwitzer weiß: »Großfränkisch-lateinischer Antigräzismus und byzantinischer Antilatinismus – das ist eine der wichtigsten Antithesen des Hochmittelalters.«[11]

Der Kultur- und Religionswissenschaftler Richard Faber zeichnet nach, wie »Abendland« zwei Traditionen in sich vereinte: einerseits die römisch-imperiale Tradition, für die auch die Rezeption Vergils als »Vater des Abendlandes« steht, und andererseits die christlich-mittelalterliche Reichstheologie, deren spezifische Staatsidee dem Heiligen Römischen Reich Gestalt gab.[12] Der Zusatz »Deutscher Nation« kam erst rückblickend in der Renaissance hinzu und eröffnete ein neues Narrativ. Mit den ottonischen Erben des Titels war die nächste Schwerpunktverlagerung des *Sacrum Imperium Romanum* erfolgt. Dieses »römisch-deutsche« Reich sollte mit seinen Konflikten zwischen Papst, Kaiserkrone und Reichsständen über Jahrhunderte die politische Struktur Europas prägen. Sein Interregnum nach dem Tode des letzten Stauferkaisers Friedrich II. 1250 ist zum Inbegriff des Staatsverfalls und der inneren Schwäche geworden, auch angesichts der Bedrohung Europas durch die »Mongolen« aus dem Osten.

Byzanz hingegen schrumpfte im Zuge der vielfältigen Anfeindungen durch Muslime *und* römische Christen immer mehr zur Regionalmacht. Sein Niedergang, der die islamische Expansion begünstigte, wurde durch den lateinischen Westen eingeleitet. Von seiner Aufteilung nach dem Vierten Kreuzzug durch lateinische Heere hat sich das Imperium der griechischen Christen nicht mehr erholt. Als der osmanische Sultan Mehmet II. schließlich 1453 Konstantinopel eroberte, gebot der byzantinische Kaiser nur noch über ein Rumpfreich. Die vielbeschworene Einigkeit der Christenheit, das lehrt der Blick auf den fatalen Konflikt zwischen Griechen und Lateinern, war ebenso eine Phantasmagorie wie heute die Einheit der islamischen Umma. Die Fluchtbewegungen nach dem Fall Ostroms beflügelten im Westen zwar die Renaissance, doch blieb die römische Dominanz in der Christenheit nicht lange unangefochten. Schon durch die Reformation wurde der uneingeschränkte Einfluss der römisch-katholischen Tradition in Mitteleuropa wieder infrage gestellt. Formal existierte das Heilige Römische Reich jedoch durch die Jahrhunderte weiter.

Als Ideal einer abendländischen Ordnung blieb die Reichsidee unter einem starken Kaiser nach seiner Auflösung 1806 bestehen. Da die Niederlage gegen das revolutionäre Frankreich zur Auflösung des Reiches geführt hatte, eignet sich der Reichsgedanke bis in die Gegenwart gut als restaurativer Gegenmythos. Die noch heute wirkende Abendland-Vorstellung ist ein Produkt der verklärenden Blicke des 19. Jahrhunderts. Das »Abendland« wurde zum Sehnsuchtsort, dem ein neues Reich eine konkrete Form geben sollte. In den deutschen Ländern waren es Autoren der Romantik, die dieses

»Abendland« als Gegenentwurf zur Trennung von Kirche und Staat nach 1789 prägten. Friedrich von Hardenberg (»Novalis«) erhoffte sich in seinem 1799 geschriebenen Essay *Die Christenheit oder Europa* eine Wiederversöhnung des kriegsgeplagten Kontinents unter Obhut der römischen Kurie. Ähnlich argumentierten Adam Müller und Friedrich Schlegel. Wie so oft in der Romantik richtete sich die Sehnsucht rückwärts in der Zeit: »Von Europa zum Abendland.« Als Reaktion auf die Säkularisierung war diese Wiederbelebung des Abendland-Gedankens »allen Gefahren einer theologisierenden Politik ausgesetzt«, merkt Gollwitzer kritisch an.[13]

Für Friedrich Schlegel war das Abendland die gelungene römisch-germanische Synthese unter christlicher Anleitung. Es blühte, wo »der deutsche Stammescharakter und die germanische Natur- und Heldenkraft, mit dem römischen Weltverstande durch die christliche Liebe und religiöse Gesinnung ganz in Harmonie gesetzt, und in eins verschmolzen war«. Bedrohlich war einzig der Verlust der christlichen Identität, denn sobald »diese religiöse Macht der christlichen Gesinnung nachließ, und ihre Kraft verlor, oder getrübt und verdunkelt ward, zerfielen die beiden Elemente [das römische und das germanische], die hier in der Menschheit zur Vereinigung gebracht werden sollten, wieder auseinander«.[14]

Mit Blick auf das Heilige Römische Reich Deutscher Nation ließen sich religiöse Restauration und nationale Konstitution vereinen, denn die Romantiker erhofften sich die »Auferstehung des Abendlandes in einem ›christlich-germanischen‹ Europa«.[15] Hier ist schon in den Anfängen der stete Einfluss des Gegenwärtigen auf die Abendland-Idee zu erkennen, denn »das Abendland der Romantiker« war, wie Gollwitzer schreibt, »von diesen nicht nur gefunden, sondern auch erfunden«. Und in dem Konstrukt war bereits die Nation als

Kern angelegt. Ersehnt wurde eine »europäische Palingenese, ausgehend vom romantischen Deutschland«.[16]

Was bei den Romantikern allerdings noch eine ästhetische Haltung war, sollte der Nationalismus bald politisch ausmünzen. Seine Anhänger strebten bis weit ins 20. Jahrhundert hinein nach der Rekonstruktion dieses »alten Reichs« etwa zur Zeit Albrecht Dürers, selbstredend zeitgemäß industrialisiert. Jedoch begrenzte die konfessionelle Spaltung Deutschlands die Möglichkeiten eines dauerhaften Bezugs auf das Abendland. Preußen konnte sich als protestantische Macht im Osten beim besten Willen nicht auf die lateinische Tradition berufen. Diese Frage barg auch ein Problem für den nationalen Einigungsprozess. Als legitimer Reichsmonarch kam eigentlich nur ein Spross der katholischen Habsburger infrage, kein protestantischer Hohenzoller. Im Streit zwischen den Freunden und Feinden der preußisch-kleindeutschen »Häresie« wurde nun oft genug die Theologie in Anschlag gebracht. Den Gegnern galt es als gotteslästerliche Anmaßung, sich nach 1871 »Reich« zu nennen, unter protestantischer Führung, ohne einen vom Papst gekrönten Kaiser und ohne dessen historische Insignien. Der Schatz der Kaiser und Könige des Heiligen Römischen Reiches lag mitsamt der Krone in Wien, nicht in Berlin. Doch heißt, wirft Faber zu Recht ein, solche »Fragen theologisch zu stellen, [...] von vornherein auf Antworten zu verzichten. Die ganze ›reichstheologische‹ Spekulation ist bodenlos in sich, doch besitzt sie unbeachtet dessen ihre politische Option, wenn sie sich stets auch historisch kostümiert.«[17] Durch den Sieg Preußens 1866 gegen den Deutschen Bund und die daraus resultierende »kleindeutsche« Lösung war jeder Abendland-Bezug obsolet geworden. Deutlicher konnte sich der Unterschied zwischen Abendland-Mythos und realer Politik kaum abzeichnen: »Preußen als Widersacher Österreichs, ja als Anwärter auf eine neue deutsche Kaiserkrone: den politischen Romantikern mußte ein solcher Gedanke als Sakrileg erscheinen«, urteilt Heinrich August Winkler.[18]

Die Reichseinigung 1871 unter Schaffung eines preußischen Kaisertums folgte denn auch einem nationalen, keinem abendländischen Imperativ. Kulturell war »Rom« für das nordöstlich dominierte Reich keine zentrale Bezugsgröße mehr. Im Gegenteil, Reichskanzler Otto von Bismarck befand sich mit dem katholischen Klerus in einem ständigen Konflikt um Autoritätsfragen. Der Gedanke, dass ihre Loyalität Rom gegenüber größer als Berlin gegenüber sein könnte, stellte die Katholiken im wilhelminischen Reich fast pauschal unter den Verdacht des Landesverrats. Nicht umsonst befand sich auf dem Höhepunkt des Kulturkampfes nach der Reichsgründung ein großer Teil der katholischen Bischöfe entweder in Haft oder im Exil.

»ABENDLAND« IM 20. JAHRHUNDERT

Unter den Bedingungen des 20. Jahrhunderts diente der Terminus »Abendland« völlig anderen Zwecken. Im deutschen Kaiserreich waren die letzten Reste seiner traditionellen Legitimation gekappt worden. »Borussische« Autoren rezipierten die Geschichte des mittelalterlichen Deutschen Ritterordens als Gründer des »Staates« eher in der Tradition Spartas als Roms.[19] Dennoch war auch hier der Bezug auf das Abendland nicht ausgeschlossen. Eine echte Konjunktur erfuhr das »Abendland« allerdings erst wieder durch die deutsche Kriegsniederlage 1918, freilich unter anderen Vorzeichen. Einerseits ließ sich seit der russischen Oktoberrevolution

1917 das gesamte Arsenal abendländischer Traditionsbestände gegen die Sowjetunion mobilisieren, andererseits brachte Oswald Spenglers *Untergang des Abendlandes* die krisenhafte bürgerliche Identität auf eine griffige Formel.

Im deutschen Reichsnationalismus der Weimarer Republik bemühte man zur Beschreibung der Gegenwart ein Motiv vom Ende der Stauferzeit: das Interregnum. Spengler beschrieb damit einen weltgeschichtlichen Wandlungszustand, der sich »als furchtbare Krise« Bahn brach, »in welcher das Lehnswesen im Zerfall begriffen, der heraufkommende Staat aber noch nicht vollendet, die Nation noch nicht in Form war«.[20] Die Flucht des Hohenzollern-Kaisers 1918 rief den Deutschen diese »nationale Schreckensvision« eines drohenden Staatszerfalls durch Autoritätsverlust zurück ins Bewusstsein.[21] »Interregnum« wurde nun zum Synonym für die Weimarer Republik als eine dem Reich nicht angemessene, seine Substanz gefährdende Form. Zudem rief der Begriff die historische Bedrohung des Reichs durch die »Mongolen« aus dem Osten in Erinnerung, ein deutlicher Verweis auf die Sowjetunion. Für die auf autoritäre Gefüge fixierten Autoren des völkischen Nationalismus war (und ist) das Reich jedoch die einzige Möglichkeit einer staatlichen Existenz auf deutschem Boden. Dabei schwingt auch immer die machtpolitische Bedeutung mit, die Carl Schmitt dem Reichsbegriff verliehen hat: »[J]edes Reich [hat] einen Großraum, in den seine politische Idee ausstrahlt und der fremden Interventionen nicht ausgesetzt sein darf. Der Zusammenhang von Reich, Großraum und Nichtinterventionsprinzip ist grundlegend.«[22] Die Schwächephase eines Interregnums wird daher als existentielle Bedrohung aufgefasst.

In Teilen der Rechten wird »Interregnum« bis heute verwendet, um die formale Illegitimität der Bundesrepublik – als

Nicht-Reich – und ihrer Regierung zu brandmarken. Nicht zuletzt deswegen nannte Armin Mohler seine Kolumne in der *Jungen Freiheit* »Notizen aus dem Interregnum«. Karlheinz Weißmann schrieb im Hinblick auf die Erosion der Nachkriegsordnung von einem »neuen Mittelalter« und sieht weltweit mit dem amerikanischen Politologen John Rapley ein neuerliches »Interregnum, eine chaotische Phase der Geschichte« heraufziehen.[23] Solche Visionen beschränken sich nicht auf den deutschen Diskurs. Auch der Franzose Guillaume Faye beschwört das »Interregnum« der Gegenwart als »das verhängnisvollste und das entschiedenste Zeitalter überhaupt seit dem Zusammenschluss der griechischen Städte gegen die Perser und den punischen Kriegen«. Er sieht das Abendland an einem schicksalhaften Punkt angekommen und prophezeit: »Das Interregnum wird das vierte Zeitalter Europas gebären – oder seinen Tod.«[24]

Den Gedanken einer Wiedergeburt des Reiches führten vor allem jene Autoren im Wappen, die am Anfang der Ahnenreihe der Neuen Rechten stehen. Faber schreibt, dass die »Kontinuität der konservativen Revolution vom ersten Weltkrieg an und über den zweiten hinaus ganz wesentlich eine abendländische ist. Die ex- oder zumindest implizierte Reichsform der Abendland-Ideologie ist das außenpolitische Pendant ihres Ständestaatsgedankens.«[25] Damit verbunden stand das »Abendland« also wieder auf der politischen Tagesordnung. Das »alte Reich« wurde gegen die Republik in Anschlag gebracht und damit einhergehend seine ständisch-hierarchische Gliederung als erstrebenswerte Idealordnung glorifiziert. Ebenfalls en vogue, und hier bot sich die Verbindung mit dem preußischen Urmythos vom Deutschen Ritterorden an, war der Gedanke eines Ordensstaates, der sich von Spengler und Moeller van den Bruck bis in den Nationalsozialismus hinein formuliert findet. Moeller van den Bruck fand 1916 in *Der Preußische Stil* eine Formel, um den Widerspruch zwischen vor- und nachreformatorischer Tradition zu einer Synthese zu bringen: »Preußen ist die größte kolonisatorische Tat des Deutschtums, wie Deutschland die größte politische Tat des Preußentums sein wird.«[26] Die in der Tagespolitik des Deutschen Reiches durchaus relevante konfessionelle Spaltung spielte, wenn es opportun war, für die großen Erinnerungslinien offensichtlich keine herausragende Rolle.[27]

Führend in den Abendland-Debatten in der Zwischenkriegszeit war beispielsweise die Kölner Kulturzeitschrift *Abendland*. Sie stand dem katholisch geprägten Teil des Jungkonservatismus um den »Europäischen Kulturbund« nahe und bot unter anderen Carl Schmitt ein Forum. Auch in ihrem Fall wird seitens der Forschung auf Spengler als Impulsgeber für die Debatten über kulturellen Aufstieg und Niedergang in der Weltgeschichte hingewiesen.[28] Zudem verfolgte die Zeitschrift bereits ein kulturkämpferisch-metapolitisches Konzept, denn Ziel dieses Kreises war es, »im politisch-intellektuellen Raum einen prinzipiellen Basiskonsens aller deutscher Katholiken zu den wichtigsten Zeitfragen herbeizuführen«.[29] Dabei geriet man durchaus in Konflikt mit dem preußisch-protestantischen Teil der »Konservativen Revolutionäre«. Carl Schmitt eröffnet seinen Essay *Römischer Katholizismus und politische Form* mit der sprichwörtlich gewordenen, dieser konfessionellen Spaltung geschuldeten Feststellung: »Es gibt einen anti-römischen Affekt.« Dieser habe »einige Jahrhunderte europäischer Geschichte bewegt mit einem riesenhaften Aufgebot von religiösen und politischen Energien«.[30]

Der »abendländische« Antibolschewismus bot nun die große Chance zur Überwindung dieser Spaltung. In ihm konnte sich das alte »römische« Ressentiment gegen den »byzantinischen« Osten mit dem modernen Antikommunismus und der rassistischen Beschwörung eines »Mongolensturms« vereinen. Für Carl Schmitt war die Gegnerschaft von Sowjetunion und Abendland jedenfalls nur konsequent, wie er ausführte: »Seit dem neunzehnten Jahrhundert gibt es in Europa zwei große Massen, die der westeuropäischen Tradition und ihrer Bildung fremd entgegentreten, zwei große Ströme, die an ihre Dämme stoßen: das klassenkämpferische Proletariat der großen Städte und das von Europa sich abwendende Russentum. Von der überlieferten westeuropäischen Bildung aus gesehen, sind beide Barbaren, und wo sie eine selbstbewußte Kraft haben, nennen sie sich auch selbst mit Stolz Barbaren. Daß sie auf russischem Boden, in der russischen Räterepublik, zusammentrafen, hat eine tiefe ideengeschichtliche Richtigkeit.«[31]

DAS »ABENDLAND« DES FASCHISMUS

Richard Faber konstatierte im Hinblick auf die antibolschewistische Synthese der Abendland-Konzeptionen in der Zwischenkriegszeit, »das Reich« des »abendländischen Europa« sei »die gegenrevolutionäre Internationale«.[32] Sie organisiere sich gegen Liberalismus und Marxismus sowie einen »Orient«, der allerdings noch metaphorisch für das Judentum steht. In diesem Geiste überwand eine gemeinsame antikommunistische Front der faschistischen Staaten Italien, Spanien und des nationalsozialistischen Deutschen Reiches sogar die konfessionelle Spaltung. Schon das Bündnis aus katholischer Kirche und dem romanischen Faschismus führte seinen Kampf gegen den modernen Materialismus, den man vor allem in der Gestalt des Kommunismus zu erblicken meinte, als eine Art neue Reconquista.

Die Analogie war schon deshalb einleuchtend, weil der erste große Schauplatz dieses Kampfes der Spanische Bürgerkrieg war, in dem katholische Erzkonservative und Faschisten gemeinsam die Republik vernichteten. Mit Blick auf die antiislamisch motivierte Wiederkehr des Abendland-Begriffs ist die Beteiligung muslimischer Verbände der spanischen Kolonialarmee, die den republikfeindlichen Generälen unterstellt waren, bemerkenswert. Auch die Deutschen nahmen es nicht so genau mit dem römisch-abendländischen Mythos. An der schnellen Auflösung des Konfliktes zwischen »abendländischer Reichsidee« und Nationalstaat nach 1938 im »Dritten Reich« als »österreichisch-preußischem Reichsstaat« zeigte sich, wie Faber bemerkt, dass diese Optionen äußerst flexibel gehandhabt werden konnten.[33]

Einen neuen Höhepunkt erreicht die Abendland-Rhetorik mit dem Eintritt der USA in den Zweiten Weltkrieg. In seiner diesem Anlass geschuldeten, bereits erwähnten Reichstagsrede vom 11. Dezember 1941 bot Hitler nahezu das gesamte abendländische Mythenreservoir auf. Die Direktübertragung der Ansprache bis an die Kriegsfronten per Rundfunk verdeutlichte ihre Bedeutung. Die Beschwörung des Abendlandes war notwendig geworden, da mit der sich abzeichnenden Globalisierung des Konflikts die nationale Propaganda allein nicht mehr ausreichte. Schon aufgrund der zunehmenden Ressourcenknappheit war es notwendig geworden, europaweit mehr Verbündete zu mobilisieren und auf die gemeinsame Abwehr eines neuen »Mongolensturms« zu verpflichten. An den Fronten des Krieges, so schwor Hitler seine Zuhörer ein, werde fortan ein Kampf geführt, der »für die nächsten 500 oder 1000 Jahre nicht nur unsere deutsche Geschichte, sondern die Geschichte Europas, ja, der ganzen Welt entscheidend gestalten wird«.[34]

Hitlers Kanzleichef Philipp Bouhler, der auch für die Pflege des nationalsozialistischen Schriftguts zuständig war, kommentierte später in den gesammelten Reden des »Führers« die Situation: »Fast ganz Europa war gegen den Bolschewismus mit den Waffen angetreten.« In diesem Zusammenhang ließ er es sich nicht nehmen, die antisemitische Gestalt dieses großgermanischen Europas hervorzuheben. Er wies auf die kurz zuvor in Kraft getretene »Sternverordnung« für das Reichsgebiet hin, den Zwang für Juden, in der Öffentlichkeit sichtbar den gelben Stern zu tragen, und pries die Maßnahme als »endgültige Trennung von den Feinden der Menschheit«.[35] Im nationalsozialistischen Denken gehörte dies zur Verteidigung Europas, wie auch Hitler ausführte. Denn, so fragte er, »was ist Europa? Es gibt keine geographische Definition unseres Kontinents, sondern nur eine volkliche und kulturelle. Nicht der Ural ist die Grenze dieses Kontinents, sondern immer jene Linie, die das Lebensbild des Westens von dem des Ostens trennt.«[36]

Diese Bestimmung war bemerkenswert. Der Großteil der deutschen Rechten zählte sich spätestens seit dem Ersten Weltkrieg nur ungern zum Westen, der für sie die französischen Ideen von 1789, den Säkularismus und die Republik verkörperte. Jetzt, im Kampf gegen die Sowjetunion, schien die Zuordnung Deutschlands zum Westen jedoch legitim, wie auch der abendländische Gedanke im Kampf gegen die USA plötzlich an Bedeutung gewann. Hitler ließ die europäische Geschichte aus germanozentrischer Perspektive Revue passieren und sprach von den »nordische[n] Stämme[n]« die nach Griechenland gekommen waren, die europäische Kultur zu gründen und anschließend gegen die Perser zu verteidigen, um schließlich die griechisch-römische Synthese zu preisen, aus der die »Staatskunst« hervorgegangen sei und die ein »Weltreich« geschaffen habe.[37] Dessen Bedrohung erwuchs im Osten, wie Hitler in deutlicher Analogie zur zeitgenössischen Situation ausführte: »Ein furchtbarer Strom kulturloser Horden ergoß sich aus dem Inneren Asiens bis tief in das Herz des heutigen europäischen Kontinents, brennend, sengend und mordend als wahre Geißel des Herrn.«[38]

Im weiteren Verlauf sei es Hitler zufolge wieder den Germanen oblegen, das Erbaute zu schützen. Sie hätten durch ihre Besiedlung des Mittelmeerraums nicht nur den Grundstein für die antike Kultur gelegt, sondern wiederum deren Erbe in Gestalt des Abendlandes von den Römern übernommen: »Aus Hellas und Rom entstand das Abendland und seine Verteidigung war nunmehr für viele Jahrhunderte nicht nur die Aufgabe der Römer, sondern vor allem auch die Aufgabe der Germanen. In ebendem Maße aber, in dem das Abendland beleuchtet von griechischer Kultur, erfüllt vom Eindruck der gewaltigen Überlieferungen des Römischen Reiches durch die germanische Kolonisation seine Räume erweiterte, dehnte sich räumlich jener Begriff, den wir Europa nennen.«[39]

Die Führungsrolle des Deutschen Reiches, schloss Hitler seine Analogie, sei keinesfalls egoistischen Nationalinteressen geschuldet, sondern führe allein den Verteidigungsauftrag der menschlichen Kultur gegen alle barbarischen Einflüsse fort. Das Deutsche Reich übernehme nun die Aufgabe, der die kulturschöpferischen Germanen auch in der Vergangenheit nachgekommen seien. Die Brisanz der aktuellen Lage, der jetzt eingetretene kontinentale Ernstfall, müsse Europas Völker an die Seite des Reiches führen. Das Bündnis sei in ihrem eigenen Interesse, »[d]enn so wie einst die Griechen gegenüber den Persern nicht Griechenland und die

Römer gegenüber den Karthagern nicht Rom, Römer und Germanen gegenüber Hunnen nicht das Abendland, deutsche Kaiser gegenüber Mongolen nicht Deutschland, spanische Helden gegenüber Afrika nicht Spanien, sondern alle Europa verteidigt haben, so kämpft Deutschland auch heute nicht für sich selbst, sondern für unseren gesamten Kontinent.«[40] Die angelsächsische Welt allerdings sei in diesem Kampf stets außen vor geblieben. Für Hitler eine Degenerationserscheinung der liberalen Nationen, die sich von ihren Wurzeln völlig entfernt hätten. Amerika, mit dem man sich nun auf den kommenden Schlachtfeldern werde messen müssen, biete daher in allem, was es nicht direkt aus Europa habe, nur »das Erbe jüdischen oder vernegerten Bluteinschlags«.[41]

Hitlers Ausführungen waren dabei nicht einmal typisch nationalsozialistisch, sondern schöpften aus der verbreiteten bildungsbürgerlichen Geschichtsbetrachtung. Schon Gollwitzer wies auf die geltende Lehre hin, eine Neuordnung Europas nach dem Zusammenbruch Roms habe nur von den Germanen geleistet werden können.[42] Hitlers Beschwörungen entsprachen zunächst dem Bildungskanon, was ihre Wirkung verstärkt haben dürfte. Darauf aufbauend folgten sie dem Hang des Nationalsozialismus zur »Umdeutung der Antike« anhand »rassistische[r] Kategorien«. Dies diente einer parteikonformen Interpretation der alteuropäischen Geschichte, wie der Althistoriker Stefan Rebenich mit Blick auf diese Beschwörung der Antike urteilt: »Sparta wurde damals in die ›Nordische Weltgeschichte‹ integriert, und mit Hilfe einer pseudo-wissenschaftlichen Rassenkunde entdeckte man eine enge rassische Verwandtschaft zwischen Deutschen und Hellenen.«[43]

Für die Innenpolitik des nationalsozialistischen Deutschlands war die Evokation des abendländischen Erbes ein wichtiges Moment zur Einbindung der katholischen Kirche, gegenüber der man bislang mitunter ausgesprochen feindlich agiert hatte. Doch im Kampf gegen die atheistische Sowjetunion, das wusste man bereits aus der Haltung der katholischen Kirche im Spanischen Bürgerkrieg, war auf Rom Verlass. Der Historiker Axel Schildt weist auf die verbindenden Elemente hin, die im Krieg gegen Russland durch eine »abendländische Sinngebung« mobilisiert werden konnten: »Trotz aller Verschiedenheit speziell katholisch-abendländischer und nationalsozialistischer Ideologie, die sich im Kampf des Regimes gegen die Kirche ausdrückte, gab es ein Weiterleben abendländischer Gedankenwelt auch in der offiziösen Propaganda, im Schulunterreicht usw., so daß Thomas Mann von einer ›faschistischen Epoche des Abendlandes‹ sprach. Gerade im Rußlandbild konvergierten und mischten sich antibolschewistische Elemente unterschiedlicher Provenienz. Hier gab es ein gemeinsames Feindbild, das den Überfall auf die Sowjetunion 1941 als ›Abwehr der bolschewistischen Bedrohung von unserem Volk und Land‹ und als Befreiung Rußlands von der ›Pest des Bolschewismus‹ (Bischof Clemens August Graf von Galen in seinem Hirtenbrief vom 14. September 1941) begrüßen ließ.«[44] Auch die Protestanten sahen im Ostfeldzug einen »entscheidenden Waffengang gegen den Todfeind aller Ordnung und aller abendländischer Kultur«, wie Schildt ein offizielles »Treuetelegramm« der Kirche an Hitler zitiert. Die Semantiken waren vertraut und auf ihrer Basis ließ sich eine breite Front gegen die Sowjetunion herstellen: »[D]ie abendländisch inspirierten Stellungnahmen der Kirchen wiederum drückten aus, was im Bürgertum als Legitimationsmuster weithin verbreitet war und in der Presse artikuliert wurde.«[45]

Angesichts der Eskalation des Weltkrieges legte die deutsche Führung nicht nur Wert auf innenpolitische Beruhigung, sondern brauchte Angebote für den katholisch-romanisch geprägten Faschismus in den verbündeten Ländern. Diesen war der Bezug auf Antike und Abendland noch näher. Das faschistische Italien legitimierte sich beispielsweise aus Vergils Europa und dem augusteischen Kaisertum. Gegenüber Frankreich war Karl der Große als »Vater Europas« von Bedeutung, auf dessen Reich sich Deutschland und Frankreich gleichsam beziehen konnten. Allerdings waren die Nationalsozialisten hinsichtlich des karolingischen Erbes durchaus zwiespältig. Einerseits kollidierten die Sachsenmission und Anbindung Karls des Großen an Rom mit ihrer eigenen »germanischen« Traditionsbildung, andererseits galten sein Reich und seine Herrschaft als Vorbilder für die eigenen Ambitionen vor allem in Westeuropa. Bei der Suche nach Möglichkeiten zur ideologischen Durchdringung der westlichen Nachbarn bot sich die Berufung auf das karolingische Europa als geeignete Werbestrategie an. Zu diesem Zweck nahmen sie nach dem Sieg über Frankreich in enger Zusammenarbeit mit den wissenschaftlichen Abteilungen der SS einen Umbau der Universität Straßburg zur »Reichsuniversität« in Angriff, um sie zur »nationalsozialistischen Modelluniversität« zu machen, wie es eine Studie zusammenfasst: »Straßburg sollte das Zentrum der deutschen Westforschung werden, die dort geleistete Arbeit sollte wissenschaftlich und ideologisch-politisch nach Westeuropa ausstrahlen.« Werner Best, ein ehemaliger Jungkonservativer, der sich der SS angeschlossen hatte, gab als Ziel vor, die westlichen Nachbarn »an die neue europäische Ordnung zu binden und für die unter deutscher Führung entstehende Völkergemeinschaft zu gewinnen«.[46] Gelang es ihnen, so Best, der 1941 vom Reichssicherheitshauptamt zur Militärverwaltung des besetzten Frankreichs gestoßen war, die Tradition des karolingischen Großraums zu germanisieren, so konnten sie die kulturelle Führung im Westen beanspruchen und mit deren Legitimation den »Lebensraum« im Osten. Einem solch weltanschaulichen Werben entsprang zudem der »europäische« Geist der Waffen-SS, der auch Armin Mohler gelockt hatte und sich nach dem Zweiten Weltkrieg in den von ihm beeinflussten Organen der wiederbelebten deutsch-französischen Rechten fand.

»ABENDLAND« ALS KAMPFBEGRIFF IM KALTEN KRIEG

Nach 1945 entfaltete das Abendland-Motiv, wie Axel Schildt beschreibt, trotz der widersprüchlichen Traditionen und Deutungsvarianten zunächst eine große integrative Kraft. Die gleichzeitige Inanspruchnahme durch die Nationalsozialisten und den Widerstand kam ihm dabei sogar zugute. In Westdeutschland stand »auf dem Höhepunkt des Kalten Krieges eindeutig das ›Abendland‹ als Kampfbegriff gegen den ›Bolschewismus‹. Auf den abendländischen Antibolschewismus konnten sich ehemalige Gegner wie Befürworter des einstigen ›Dritten Reichs‹ gleichermaßen beziehen.«[47]

Die konfessionelle Spaltung kam ebenfalls wieder zur Sprache, bot sie doch einen originellen Weg zur Entnazifizierung an. Faber berichtet von der Neigung vor allem süddeutscher und österreichischer Autoren, zwischen einem »guten« mittelalterlichen römisch-katholischen Reich und dem »bösen« protestantischen Preußen zu unterscheiden. Damit ließ sich das gerade gescheiterte »Dritte Reich« der preußischen Geschichte zuschlagen und sich selbst konnte man damit gleichsam die Absolution vor der Welt erteilen. Zudem, so ließe sich anfügen, blieb in dieser Sicht Preußen mit »Osten«

konnotiert, wo ja nun auch der neue Feind stand. Natürlich griff dieser Ansatz viel zu kurz, doch sollte er vergessen machen, dass die NSDAP ihren Aufstieg von Süddeutschland aus begann, Hitler eine österreichisch-katholische Prägung hatte und (sicher nicht nur) der Wiener Antisemitismus deutliche Spuren bei ihm hinterlassen hatte.

Die neuerliche Verwendung des Abendland-Topos beschränkte sich jedoch nicht auf katholische Debatten, nach 1945 griffen ihn auch Protestanten verstärkt auf. Anders war jetzt allerdings, dass in der Herausbildung der neuen Konfrontationslinien auch die USA dem Abendland zugeschlagen wurden. 1951 war es aus den Reihen der rechtskatholischen Zeitschrift *Neu Abendland* zur Gründung der »Abendländischen Aktion« gekommen, um der formalen Freiheit des US-geführten Westens einen christlichen Sinn zu verleihen.[48] Angesichts ihres Profils drängt sich eine Parallele zu ähnlichen Kreisen der Weimarer Zeit geradezu auf: Die von Adel und Unternehmern dominierte Abendländische Aktion war strikt antimarxistisch und antiliberal ausgerichtet und stand inhaltlich sowohl dem Austrofaschismus als auch dem Franco-Regime in Spanien nahe. Axel Schildt urteilt über sie, dass sie »in manchem an die Idee des ›Neuen Staates‹ in der Umgebung Franz von Papens Ende 1932 erinnerte«.[49] Jenem Milieu also, dem auch Carl Schmitt entstammte.

Kurzzeitig wurde der Abendland-Mythos sogar zur nationalen Mobilisierung in der Frontsituation des Kalten Krieges reaktiviert. Im Rahmen der Tausendjahr-Feier zur Lechfeld-Schlacht gegen Ungarn 955 kam es 1955 zur Anrufung des »christlichen Abendlandes« durch den Bundesaußenminister Heinrich von Brentano.[50] Dennoch erwies sich die Terminologie angesichts der neuen Rahmenbedingungen als nicht sehr tragfähig. Schildt stellt dar, wie die Renaissance des christlichen Abendland-Theorems ab Mitte der Sechziger durch einen säkularisierten Europa-Begriff abgelöst wurde. »Die Abendland-Ideologie«, schreibt er, stand zwar »in enger Beziehung zur zeitgenössischen Europa-Begeisterung«, sei aber »nicht völlig in dieser auf[gegangen]«.[51]

Aus dieser wechselhaften Geschichte und angesichts seiner Funktion als integrierender Mythos sah Richard Faber im Abendland-Begriff primär eine polarisierende Kategorie, die vor allem einen Gegner bestimmen sollte. Daher definierte er ihn als »politischen Kampfbegriff« im Sinne Carl Schmitts. Zur Veranschaulichung zitierte er aus dessen *Begriff des Politischen* die entsprechende Passage zur polemischen Funktion dieser »Kampfbegriffe«: »[S]ie haben eine konkrete Gegensätzlichkeit im Auge, sind an eine konkrete Situation gebunden, deren letzte Konsequenz eine (in Krieg oder Revolution sich äußernde) Freund-Feindgruppierung ist, und werden zu leeren und gespenstischen Abstraktionen, wenn diese Situation entfällt. Worte wie Staat, Republik, Gesellschaft, Klasse, ferner: Souveränität, Rechtsstaat, Absolutismus, Diktatur, Plan, neutraler oder totaler Staat usw. sind unverständlich, wenn man nicht weiß, wer in concreto durch ein solches Wort getroffen, bekämpft, negiert und widerlegt werden soll.«[52] Da Schmitts Werk für das Verständnis der Neuen Rechten essentiell ist, kommt dieser Definition auch im heutigen Kontext eine besondere Bedeutung zu. Das Abendland-Theorem hat seinen festen Platz im »Kampf um die Begriffe«, mit dem die *Junge Freiheit* bereits 2001 ihr »weltanschauliches Begriffsfeld« gegen den politischen Gegner durchzusetzen gedachte.[53]

In Anlehnung an Edward Saids These vom »Orientalismus« ließe sich sogar formulieren, dass sich Teile von Europa diskursiv mindestens ebenso stark in einer Abgrenzung zu Russland konstituierten wie gegen den Orient. Diese Ablehnung konnte sogar Züge eines Religionskrieges tragen, wie der britische Historiker Orlando Figes vor einigen Jahren mit Hinweis auf den Krimkrieg 1853–56 feststellte. Dieser verlustreiche Konflikt zwischen einer britisch-französisch geführten Allianz und dem russischen Zarenreich war nicht nur eine der wichtigsten Auseinandersetzungen des 19. Jahrhunderts. Er zeugte zudem davon, wie wandlungsfähig Europa in der »islamischen Frage« sein konnte. Briten und Franzosen führten ihren »Kreuzzug zur Verteidigung der Freiheit und der europäischen Kultur« eben nicht gegen das Osmanische Reich. Die Sorge galt vielmehr der »barbarische[n] und despotische[n] Bedrohung durch Russland, dessen aggressiver Expansionismus eine reale Gefahr nicht nur für den Westen, sondern auch für die gesamte Christenheit darstellte«.[54] Die russische Orthodoxie wurde von westlicher Seite nicht immer als gleichwertig christlich anerkannt, stand sie doch im Geruche des Mystizismus. Mehr noch, das westliche Bündnis bestand vorwiegend aus dem (anglikanischen) Großbritannien und dem (katholischen) Frankreich, die sich im Konflikt mit Russland an die Seite des (muslimischen) Osmanischen Reiches gestellt hatten. Das türkische Kalifat galt bei seinen Unterstützern als aufklärungswillig und modernisierungsfähig, während man dem orthodoxen Zarenreich diese Tugenden absprach. In Großbritannien, führt Figes aus, existierte Mitte des 19. Jahrhunderts eine »romantische Sympathie für den Islam als grundsätzlich wohlmeinende und fortschrittliche Kraft (wünschenswerter als die zutiefst abergläubische und nur ›halb-christliche‹ Orthodoxie der Russen)«.[55] Die russische Antwort auf diese Ressentiments waren die ersten Formen der antiwestlichen Eurasien-Idee, die heute die Aufmerksamkeit der Neuen Rechten auf sich zieht, wie noch zu sehen sein wird.

Für sich betrachtet bleibt »Abendland« also unbestimmt, bezieht man nicht den jeweiligen Antagonisten mit ein. Dass dieser im Laufe der Geschichte sogar wechseln konnte, stützt den Befund vom relationalen Kampfbegriff noch. Tatsächlich war, wie Faber nachzeichnet, die »Abendland-« ebenso wie die eng mit ihr verbundene »Reichs-Ideologie« »keine einheitliche« und konnte »es bei den historischen Unterschieden, die ihre jeweilige Gestalt im 20. Jahrhundert bestimmen, auch gar nicht sein«.[56]

Durch die Jahrhunderte konnte sich die politische Gestalt des Begriffs von einer ursprünglich christlich-römisch-imperialen Idee zu einer preußisch-deutschen Reichsidee mit schließlich neopaganen Zügen wandeln. Wer gerade Anspruch auf das abendländische Erbe erhob, erwies sich dabei je nach Kontext und Interessenlage als äußerst variabel. Doch selbst im aktuellen Bedeutungswandel hat »Abendland« die polarisierende Funktion beibehalten, die es bereits in der Vergangenheit innehatte. Ein Befund, den angesichts der konfliktträchtigen Geschichte des Christentums auch der katholische Theologe Manfred Becker-Huberti stützt: »Für etwas anderes als Abgrenzung taugt der Begriff ›christliches Abendland‹ nicht, er ist ein Kampf- und Ausgrenzungsbegriff, eine völlig unfundierte Fiktion. Er wird zu Manipulationen benutzt, jetzt auch von der Pegida-Bewegung, die ihre politischen Ziele mit Leidenschaftlichkeit vernebeln.«[57]

Insgesamt fällt auf, wie wenig zentral die Auseinandersetzung mit dem Islam in den traditionellen Bedeutungen des Begriffs »Abendland« ist. Vielmehr dominierten innenpolitische Forderungen nach einer autoritären Ausrichtung der Gesellschaft. Es ging um die Revision von Reformen, Liberalisierungen und Modernisierungen. Angesichts der wechselhaften Abendland-Rhetorik urteilt Axel Schildt, der Begriff oszilliere »diffus zwischen allgemeinem bildungsbürgerlichen Wertehintergrund und politischen Konzeptionen, in denen Abendland wiederum Unterschiedliches bedeuten konnte, von der Wiederherstellung des mittelalterlichen *sacrum imperium* bis zur Metapher für ›antibolschewistischen‹ Widerstandswillen«.[58]

Bei aller Wechselhaftigkeit des Abendland-Diskurses von der »lateinischen« Berufung auf Vergil, der katholisch geprägten Romantik bei Novalis, über die jungkonservativen Versuche einer Wiederbelebung der Reichsidee, den Antikommunismus, in dem noch das Schisma mitschwang, bis hin zur heutigen Rhetorik, die Putin zum Retter erkoren hat – sein Zugang zur Geschichte bleibt dem Mythos verhaftet. Diese Orientierung am Übergeschichtlichen ist sogar konstitutiv für den Abendland-Gedanken. Noch 1953 notierte Ernst Jünger im *Gordischen Knoten* Grundsätzliches zu Ost und West: »Marathon und die Thermopylen, Byzanz und Rhodos, die katalaunischen Felder, Wien und Wahlstatt: an solchen Punkten wendet die Geschichte sich immer wieder ihrer Hauptrichtung, dem großen Thema zu. An solchen Orten wird das Abendland gemessen mit dem umfassendsten Maße, gewogen mit dem schwersten Gewicht. Es wird auf seinen Sinn, auf seine Einheit zurückgeworfen und in ihm wiederhergestellt, wenn es dessen bedarf.«[59]

HEUTE: »ABENDLAND« IM OSTEN?

Von diesem Ausflug durch die wechselhafte Genese des »Abendlandes« nach Dresden zurückgekehrt, stellt man fest, dass sich bei Pegida die Konnotation des Wortes erneut geändert hat. Es steht nun im Kontext weitgehender Europa-Ablehnung, meist einer prorussischen Orientierung und ist von der christlichen Bedeutung vollständig gelöst, die es über Jahrhunderte bestimmte. Das hat Gründe, denn die Pegida-Hochburg Sachsen ist ausgesprochen kirchenfern. Wie die Sächsische Landeszentrale für politische Bildung schreibt, hat die DDR-Vergangenheit »[a]uch aus Sachsen, dem ›Mutterland der Reformation‹, [...] ein weitgehend atheistisches Land gemacht. [...] 2008 lag der Anteil evangelischer Christen an der Gesamtbevölkerung bei 20,7 Prozent, der Anteil der Katholiken bei 3,6 Prozent.«[60] Andere Glaubensgemeinschaften sind nicht nennenswert vertreten, damit sind drei Viertel der Sachsen konfessionslos. Pegida spiegelte diese Anteile in bemerkenswerter Weise wider, wie eine Befragung der Pegida-Teilnehmer durch das Zentrum für Verfassungs- und Demokratieforschung der TU Dresden ergab. Der Erhebung zufolge bezeichneten sich 21,2 Prozent der Teilnehmer als protestantisch und 3,8 Prozent als katholisch, während mit 71,8 Prozent das Gros konfessionslos war. Die Wissenschaftler kamen zu dem Schluss, dass »die Ergebnisse der Befragung nahezu präzise die Verteilung der Konfessionszugehörigkeit in Sachsen« abbilden.[61] Eine Überraschung vor allem hinsichtlich des Selbstverständnisses von Pegida bot allerdings die Antwort auf die Frage nach der Motivation zum Besuch der »Abendspaziergänge«: »Nur 24,2 Prozent aller befragten Personen geben dabei mögliche Bedrohungen und Ängste durch den Islam, den Islamismus oder die Islamisierung als Begründung für ihre Teilnahme an Dresdner Pegida-Veranstaltungen an. Der Bezug auf ein zentrales Mobilisierungsmotiv von Pegida konnte damit bei einer großen Mehrheit der befragten Pegida-Teilnehmer in Dresden nicht nachgewiesen werden.«[62] Mindestens ebenso wie die Sorge um das christliche Abendland trieben die Teilnehmer vielmehr

Ängste vor sozialem Abstieg, Kriminalität, »Überfremdung« und »Identitätsverlust« auf die Straße. Auch eine allgemeine Unzufriedenheit mit »den Medien« und »der Politik« wurde häufig genannt.

Diese Angaben decken sich mit einer Reportage der *Jungen Freiheit* anlässlich eines Auftritts von Geert Wilders. Als der niederländische Rechtspopulist am 12. April 2015 bei Pegida in Begleitung von Tatjana Festerling und Götz Kubitschek als Hauptredner auftrat, bediente er andere Semantiken als die deutsche Rechte. Zwar griff er wie stets den Islam an, aber er lobte auch Israel. Die *Junge Freiheit* gab Reaktionen vor Ort wieder: »Die Rede stößt bei den Pegida-Anhängern durchaus auf gespaltenes Echo. ›Was soll das ganze Gerede über den Islam‹, sagt ein älterer Herr mit Rußlandflagge und winkt ab. ›Eine tolle Rede. Das ist so ein mutiger Mann‹, lobt dagegen eine jüngere Zuhörerin. Sein Lob auf Israel stößt auf wenig Gegenliebe. ›So reden die Juden halt‹, flüstern zwei Teilnehmer in Richtung des bekennenden Atheisten. Klar ist allerdings, daß die Islamisierung nur ein Teil der vielen Themen ist, die die Menschen zu Pegida treibt. Grenzkriminalität, Asylbewerberprobleme und die Medien sind für viele wichtiger.«[63]

Der Bericht ist bemerkenswert, da die *JF* Pegida von Beginn an unterstützte. Auch er bestätigt den Eindruck, dass die Bewegung zur Rettung des Abendlandes mit dem klassischen Abendland-Diskurs nichts zu schaffen hat und eher diffus rechten Protest artikuliert. Sie ist ein Beispiel dafür, wie sich Neue Rechte und Rechtspopulisten ihre Traditionen selbst schaffen – und damit genau das tun, was sie ihren Gegnern vorwerfen: die aktive Gestaltung von Kultur.

Die Eigenschaft als Kampfbegriff gestattet dem Abendland-Motiv einen weiteren Kurswechsel, diesmal ausgerechnet nach Osten. Theoretiker des deutschen Nationalismus wie Spengler standen während der Weimarer Zeit noch vor einem doppelten Problem: Mit dem Westen wollten sie sich nicht identifizieren, er stand für die Kriegsniederlage, Versailles und den französischen Republikanismus sowie den angelsächsischen Liberalismus. Kulturell fühlten sie sich vom Osten angezogen, dort hatten jedoch die Bolschewiki das Steuer übernommen. Das gleiche Problem stellte sich nach 1945 allen Nationalisten, die der transatlantischen Bindung ablehnend gegenüberstanden. Dennoch sahen sie die Möglichkeiten einer Wiedergeburt im Osten gegeben. Daher sollte Deutschland keinesfalls zum Westen gehören. Eine Geisteshaltung, die August Wilhelm Schlegel im 19. Jahrhundert antizipierte, als er – freilich ohne die mörderischen Implikationen – meinte: »Wenn der Orient die Region ist, von welcher die Regenerationen des Menschengeschlechts ausgehen, so ist Deutschland als der Orient Europas zu betrachten.«[64] Die späteren Ost-Mystiker der »Konservativen Revolution«, allen voran Moeller van den Bruck, dachten und schrieben ebenfalls in diesem Geiste. Für ihn war Deutschland Garant und Opfer des Westens zugleich, denn »[w]ir verteidigten auf den Wällen von Wien das Abendland gegen das Morgenland und ließen am Rheine den Einbruch in unsere Westgrenze geschehen.«[65] Die Autoren des Weimarer Nationalismus begriffen Politik fast immer geographisch, »Osten« und »Westen« blieben dabei mythisch aufgeladene Kategorien, die der grundsätzlichen weltanschaulichen Orientierung dienten. »Dieses Denken in Himmelsrichtungen treffen wir immer wieder in der ›Konservativen Revolution‹, bloß sind die Wertungen (vor allem die des Ostens und des Südens) nicht überall dieselben«, merkte Armin Mohler zu diesem Phänomen an.[66]

Kurioserweise begegneten sich in dieser politischen Geographie gegenläufige Strömungen. Radikale Preußen, die das

Reich gleichsam selbst aus dem Westen ausgliedern wollten, kamen damit anderen entgegen, die nicht ohne Bosheit Deutschland bzw. das Land auf der anderen Seite des Limes bereits Asien zuschlugen. Ein Europäer wie der Konservative Rudolf Pannwitz bezeichnete nach dem Zweiten Weltkrieg den Sieg Westroms gegen den Hunnenkönig Attila auf den Katalaunischen Feldern um 451 n. Chr. als »erste Marneschlacht« und merkte an: »Damals wurde Europa geboren.«[67] Dabei ist der Vergleich mit der Marneschlacht merkwürdig deplatziert, waren doch die Deutschen während des Ersten Weltkrieges in den Augen ihrer Gegner die Hunnen.

Die Zuordnung des Feindes zu Asien war in vielen politischen Lagern beliebt. Wie schon französische und britische Intellektuelle Deutschland Asien zuschlugen, so wurde der Nationalsozialismus in den dreißiger Jahren von katholischen Gegnern mit Asien identifiziert. Ironischerweise bot das Abendland-Motiv nach 1945 sogar ehemaligen Nationalsozialisten die Möglichkeit zur Vergangenheitsbewältigung. Wie Faber darstellt, interpretierten sie den Nationalsozialismus nun einfach neu als Zwilling des Bolschewismus, schlugen ihn ebenfalls Asien zu und sahen sich selbst entlastet. Spuren davon trug noch der Historikerstreit der achtziger Jahre mit Ernst Noltes Wendung von der »asiatischen Tat«.[68] Die Frage, wer in Europa die Hunnen sind, ist eben immer eine Sache der Perspektive.

Die Hinwendung der Abendland-Rhetorik zum Antikommunismus des 20. Jahrhunderts transportierte auch Motive aus dem hochmittelalterlichen Konflikt zwischen griechisch-byzantinischer und lateinisch-römischer Christenheit weiter. Aus der Ablehnung der griechisch-russischen Orthodoxie als Mystik wurde nun die Abgrenzung vom russischen Bolschewismus, der als asiatische Bedrohung und Fortsetzung der »Mongolenstürme« interpretiert wurde. Inhaltlich war das absurd, wenn man bedenkt, wie stark Marx und auch Lenin philosophiegeschichtlich vom westlich-materialistischen Denken geprägt waren. Letztendlich war die Argumentation rassistisch grundiert und sah mehr als die Ideologie die Bevölkerung des »Ostens« als Bedrohung. In der Metaphorik, die noch bei den »Abendländern« des Kalten Krieges vorherrschte, lebten deutlich der völkische Nationalismus und die nationalsozialistische Rassentheorie fort. Davon zeugt auch die Nachkriegssorge des konservativen »Abendländers« Rudolf Pannwitz, durch die Sowjetunion »vielleicht ein mongolisches Ostdeutschland« zu bekommen.[69] Ganz im Duktus, den heute AfD und Pegida pflegen, hatte er Mitte der fünfziger Jahre gewarnt: »Die neue Völkerwanderung ist eine Tatsache. Es gibt eine ständige und jetzt außerordentlich vermehrte Einströmung des Ostens in den Westen.«[70] Asien schien nun an der Grenze zur Sowjetischen Besatzungszone zu beginnen.

Während nach 1945 zwar tatsächlich Grenzen und Menschen verschoben wurden, blieb die befürchtete »Umvolkung« der Sowjetischen Besatzungszone aus. Heute hat sich dieses Motiv in tückischer Dialektik völlig verkehrt. Ausgerechnet das angeblich von Asien okkupierte Ostdeutschland ist heute nicht nur viel weniger multikulturell, sondern auch noch zur Keimzelle der »abendländischen« Pegida geworden. Es ist eine Ironie der Geschichte, dass Götz Kubitschek heute die Situation genau umgekehrt bewertet wie die Bewahrer des Abendlandes in der Nachkriegszeit. Für ihn, so ließ er auf einer Pressekonferenz der Identitären Bewegung verlauten, bieten gerade die ethnisch homogenen Gebiete Osteuropas und »Mitteldeutschlands« als »große[r] Segen der Geschichte« die letzte große Chance für das »christlich-europäische Abendland«, die Identität zu wahren.[71]

Damit steht er in seinen Reihen nicht allein. In einem Vortrag beim IfS in Schnellroda im November 2015 erinnerte sich der AfD-Mann Björn Höcke an den Mauerfall. Er habe am Abend des 9. November 1989 vor dem Fernseher gesessen und die Nachricht von der Grenzöffnung gehört. Er und sein ebenfalls national eingestellter Vater seien sich anschließend unter Tränen in den Armen gelegen. »Als wir uns voneinander lösten und uns anschauten, sagte mein Vater einen Satz, den ich niemals vergessen werde. Er sagte: ›Das ist das Ende des deutschen Volkes.‹« Nach einer dramatischen Kunstpause erläuterte Höcke, dass sein antikommunistischer Vater mit großem Unbehagen die multikulturelle Gesellschaft im Westen beobachtete. »Die DDR war trotz dieser ideologischen Ferne zu uns für ihn ein Staat, in dem noch diese über Jahrhunderte gewachsene und belastbare Vertrauensgemeinschaft intakt war.«[72] Angesichts der Realitäten der westlichen Einwanderungsgesellschaft hat der deutsche Nationalismus also stillschweigend seine Positionen geändert. Der so lange gefürchtete und bekämpfte Osten war von der Bedrohung zum Hort der eigenen ethnischen Identität geworden.

Mit dieser letzten Verschiebung hat sich die Verteidigung des »Abendlandes« letztlich vollständig von allen historischen Spuren gelöst, die im Mythos noch enthalten gewesen sein mögen. Von seinen römisch-lateinischen Wurzeln ist mit dieser Drehung nach Osten nichts mehr übrig geblieben. Das von Dresdner und Leipziger Redebühnen verteidigte »Abendland« ist tatsächlich nichts als ein Kampfbegriff, dessen Bedeutung geradezu willkürlich geändert werden kann. Von einem ethnokulturellen Konzept getragen, dient er zur Verbrämung eines neu aufgelegten »Rassenkampfes«.

DER FEIND IN RAUM UND GESTALT – ISLAM, AMERIKA UND UNIVERSALISMUS

Es war ein merkwürdiges Zusammentreffen in Wien, das der Schweizer *Tagesanzeiger* im Juni 2014 mit einer ausführlichen Reportage würdigte. Rund um das Rathaus der österreichischen Hauptstadt fand unter reger Beteiligung der schwul-lesbischen Szene eine riesige Benefizveranstaltung für HIV-Infizierte statt. Auf der Bühne sang der Travestiekünstler Conchita Wurst, der für das Land kurz zuvor den Eurovision Song Contest gewonnen hatte. Nicht weit davon jedoch, im exklusiven Stadtpalais Liechtenstein, gaben sich ausgerechnet jene Köpfe ein Stelldichein, denen die bärtige Diva als Inbegriff der westlichen Dekadenz gilt. Auf Einladung des russischen Oligarchen Konstantin Malofejew berieten sie unter Ausschluss der Öffentlichkeit darüber, »wie sie Europa vor Liberalismus und der ›satanischen‹ Schwulenlobby retten und wie sie die alte, gottgegebene Ordnung wiederherstellen könnten.«[1]

DER RAUM DES FEINDES

Als formaler Anlass der diskreten Zusammenkunft galt der anstehende 200. Jahrestag des Wiener Kongresses von 1815, als eine preußisch-russisch-österreichische Allianz den revolutionär erschütterten Kontinent in einem Akt konservativer Erneuerung ordnen wollte. Wie der *Tagesanzeiger* berichtete, befanden sich unter den Gästen von Malofejews Stiftung Sankt Basilius der Große zentrale Vertreter der äußersten europäischen Rechten: Die wohl kürzeste Anreise hatten der FPÖ-Vorsitzende H.-C. Strache und sein Vize Johann Gudenus. Letzterer war noch kurz zuvor, im März, Beobachter des sogenannten Krim-Referendums über die Einverleibung der Halbinsel durch Russland gewesen. Aus Frankreich meldete die Zeitung die Anwesenheit von Marion Maréchal-Le Pen, einer Abgeordneten des Front National. Sie ist zudem die Nichte der Parteichefin Marine Le Pen, von der die Abspaltung der Krim von der Ukraine anerkannt wurde. Hinzu kamen spanisch-katholische Monarchisten, Schweizer Geldadel, Rechtskatholiken, ein bulgarischer Antisemit, kroatische Faschisten etc. Rahmen und Namen waren exquisit, Fotografieren war verboten, man legte Wert auf Diskretion. Unter der Auswahl befand sich auch ein Gast, der Conchita Wurst an schrillen Tönen mühelos in den Schatten stellt: Alexander Dugin. Als »Eurasier« ist der Russe lautstarker Verfechter einer geostrategischen Neuordnung der Welt durch ein euro-asiatisches Kontinentalbündnis unter russischer Führung. In diesem Kreis war man sich einig, dass aktuell »Europäer und Christen vor historischen und geopolitischen Bedingungen [stünden], die es notwendig machten, ›den Geist der Heiligen Allianz aufleben zu lassen‹«.[2]

Das Ereignis gibt erneut ein Motiv vor, anhand dessen sich das neurechte Milieu charakterisieren lässt: die Forderung nach der Wiederherstellung der alten kulturellen und räumlichen Ordnung Europas und die darin zugedachte Wächterrolle eines autoritär-konservativen Russland. Dieses Szenario, wie auch die Anwesenheit des besonderen russischen Gastes Dugin in Wien, führt die Betrachtung auf das Feld der Geopolitik. Denn das Verständnis der Neuen Rechten von

»Großräumen« ist eines ihrer besonderen Merkmale. Wie in den vorhergehenden Kapiteln über die »Provokationen von rechts« und die merkwürdige Renaissance des Abendland-Begriffs zu sehen war, stehen die Kategorien »Identität« und »Raum« im Zentrum der gegenwärtigen Auseinandersetzungen. In der Reformulierung völkisch-nationalistischer Weltanschauung nach 1945 kam ihnen zentrale Bedeutung zu. Diese beiden Schlüsselbegriffe sind zudem untrennbar miteinander verbunden, da in diesem Denken der Raum identitätsstiftend für die darin lebenden Völker fungiert, wie diese ihn wiederum umgekehrt prägen. Diese klassisch völkische Verschränkung hat sich noch bis in die modernisierten Ideologien wie den Ethnopluralismus erhalten, der die homogenen Völker in »ihren« Räumen halten will. Fremdeinflüsse wie »westliches« Denken sollen dabei mittels völliger Souveränität der Hegemonialmächte dieser Räume ferngehalten werden.

In Deutschland führte, wie zu sehen war, vor allem der abendländisch grundierte, schließlich aber preußisch-deutsch nationalisierte Reichsgedanke Raum und Identität unmittelbar zusammen. In ihm sollte sich der deutsche Volksgeist in allen seinen Besonderheiten eine Form geben. Das »Reich« war der metaphysische Auftrag der Deutschen in der Geschichte, wie schon Moeller van den Bruck 1923 in *Das Dritte Reich,* seiner Kampfschrift gegen die Weimarer Republik, ausführte: »Es gibt nur Ein Reich, wie es nur Eine Kirche gibt. Was sonst diesen Namen beansprucht, das ist Staat, oder das ist Gemeinde oder Sekte. Es gibt nur Das Reich. Der deutsche Nationalismus kämpft für das mögliche Reich.«[3] In einer weiteren geschichtstheologischen Lesart der Weimarer Zeit, die in den christlichen Kreisen der »Konservativen Revolutionäre« populär war, kam dem »Reich« gar die Rolle des

»Katechons« zu. Demnach hatte es die Aufgabe, die Ankunft des »Antichristen« auf Erden zu verzögern.[4]

Diese metaphysische Aufladung des Reichsbegriffs, die bei einem Autor wie Moeller van den Bruck in der Figur des »Dritten Reichs« schließlich sogar eschatologische Züge aufweisen konnte, war keineswegs allein den nationalistischen Fieberträumen unmittelbar nach dem Ersten Weltkrieg geschuldet. Carl Schmitt hatte den Reichsgedanken noch am Vorabend des Zweiten Weltkrieges zur geostrategischen Großraumtheorie erweitert. Die Frage trieb ihn aber auch nach Kriegsende weiter um. 1951 versuchte er, seinen Begriff vom »Reich« unter Rückgriff auf das lateinische Abendland ebenfalls metaphysisch abzusichern. In einer höchst esoterischen Ausführung erklärte er »Raum« zum Synonym von »Rom«. Er sah darin einen weiteren Hinweis auf die tiefe Bedeutung des »Reichs« und setzte die urbane Kultivierung mit der christlichen Mission in eins: »Raum ist [...] in germanischer Sprache ein uralter Ausdruck, der durch Urbarmachen einer Wildnis geschaffenen Bereich menschlichen Daseins benennen soll. Ich bin mir sicher, dass Raum und Rom dasselbe Wort ist.«[5] Als Nachweis führte er die Rahmung der Vokale durch dieselben Konsonanten »R« und »M« an und reklamierte als Herkunft der Begriffe eine angebliche germanische Ursprache. Das gab ihm einen Hinweis auf die politische wie spirituelle Durchdringung des »Reiches«. Damit wollte Schmitt sicherstellen, dass dieses »Reich« mehr als nur eine Staatsform darstelle. Seine etymologische Spekulation ging, der Argumentation Moeller van den Brucks darin nicht unähnlich, von einer ebenso territorialen (»Raum«) wie geistigen (»Rom«) Geburt des »Reiches« aus, die zudem den Platz der Deutschen in der Geschichte determiniere. Bei beiden Autoren blieb es jedoch nicht bei einer Reichsmythologie, sowohl Moeller van den Bruck als auch Schmitt strebten eine Wiedergeburt des »Reiches« als autoritären Nationalstaat und Aspiranten auf eine globale Führungsrolle an.

Dieser bis heute in der Neuen Rechten erhobene Anspruch kollidiert allerdings mit ihrer zweiten außenpolitischen Leitideologie, den national-pazifistisch klingenden Tönen des Ethnopluralismus. Denn Ethnopluralismus und reichszentriertes Großraumdenken schließen sich gegenseitig aus. In dieser Hinsicht traut die Neue Rechte ihren eigenen Postulaten nicht. Das *Staatspolitische Handbuch* verzeichnet daher einen Konflikt des »schiedlich-friedlichen Nebeneinanders verschiedener Kulturen«, wie es der Ethnopluralismus vorsieht, mit den ganz realen »Machtfragen«.[6] Das gilt besonders für die Idee des Hegemons, dem nach der gültigen Vorstellung Carl Schmitts die Sicherung und Kontrolle des strategischen »Großraums« oblägen. Wie eine solche dominante Position ohne jene imperialistischen Effekte gestaltet werden soll, die den USA unter dem Stichwort »Amerikanisierung« vorgehalten werden, bleibt fraglich. Da diese Rolle unumwunden für Deutschland beansprucht wird, ist sie für hiesige Rechte allerdings kein Thema. In den Augen ihrer französischen, britischen oder italienischen Gesinnungsgenossen ist diese Antwort sicher weniger befriedigend, wie es auch osteuropäische Nachbarn sicher nicht begrüßen würden, in einem »eurasischen Kontinentalbündnis« einmal mehr zwischen den beiden Hegemonialmächten Russland und Deutschland zerrieben zu werden.

»EURASIEN«

Ein solches Bündnis ist die derzeit von rechts am meisten diskutierte Gestalt einer neuen globalen Großraumordnung. Im Mittelpunkt der Debatten steht dabei die »eurasische« Raumtheorie des russischen Professors, Ultranationalisten und Esoterikers Alexander Dugin, dem Stargast der Zusammenkunft in Wien. Kritische Beobachter der russischen Politik wie Andreas Umland werten den einstigen Lehrstuhlinhaber an der Lomonossow-Universität in Moskau schon lange als einen der »profiliertesten Theoretiker der russischen postsowjetischen extremen Rechten«, der bereits in den frühen neunziger Jahren in die Öffentlichkeit drängte.[7] Für Claus Leggewie ist der russische Politologe heute »zweifellos der eloquenteste und am meisten gehörte Verfechter einer ›neoeurasischen‹ Weltanschauung«. Ziel dieser Strömung – und damit Ziel Dugins und seiner Verehrer – sei es, »Europa aus dem politisch-kulturellen Westen heraus[zu]brechen und von dessen Führungsmacht USA ab[zu]lösen, um es unter Führung der russischen Föderation mit deren asiatischer Landmasse, eventuell auch mit Territorien in Zentralasien zu einem Gebiet (respektive einer Zivilisation) zu vereinen«.[8] Letztlich soll sie den Einfluss der USA schwächen und die eigene Identität der Europäer stärken. Dugins Weltanschauung greift dabei auf deutsche und russische Denktraditionen aus den zwanziger Jahren zurück, weshalb er mitunter auch als »Neo-Eurasier« bezeichnet wird. All das macht ihn für die Neue Rechte nicht nur attraktiv, er hat sich deren Milieus systematisch selbst erschlossen und ist längst ihr Teil geworden.

In den letzten Jahren wurden schließlich auch größere westliche Medien auf den Autor aufmerksam, wobei Dugins enigmatische Inszenierung als moderner Rasputin deren

Sensationsbedürfnis entgegenkam. Als für die separatistischen Territorien in der Ostukraine der Begriff »Noworossija« aufkam, der aus Dugins Begriffsschatz bekannt war, stiegen die Spekulationen über seinen realen Einfluss auf den russischen Präsidenten Wladimir Putin. Allerdings weisen versierte Beobachter eine tiefere Wirkung Dugins auf Putin zurück. Der französische Journalist Michel Eltchaninoff zeigt in einer ausführlichen Analyse der geistesgeschichtlichen Traditionen, die den russischen Präsidenten geprägt haben, auf, dass Putin sich zwar bei Bedarf einiger Theoreme Dugins bediene, grundsätzlich aber als Pragmatiker und Machtpolitiker einzuschätzen sei, keinesfalls als Esoteriker. Vor allem bedürfe es des Umwegs über Dugin nicht, da Putin selbst aus dessen Quellen schöpfe: »Allgemein betrachtet hat die neue Putinsche Philosophie ihre Ursprünge nicht nur in der russischen Philosophie, sondern auch in mehreren Varianten des westlichen konservativen Denkens, insbesondere in dem, was man mitunter als die Konservative Revolution in Deutschland zwischen 1918 und 1933 bezeichnet.«[9] Die lauten Kriegstrommeln des »Eurasiers« wurden dem Kreml jedenfalls lästig, 2014 wurde nach öffentlichen Protesten in Russland Dugins Professur nicht mehr verlängert.

Ungeachtet seiner schrillen Töne findet Dugins Werk deutlichen Widerhall bei der Neuen Rechten. Michael Paulwitz von der *Jungen Freiheit* beschrieb den Politologie-Professor als »rechtsintellektuelle[n], Carl-Schmitt-gestählte[n], geopolitische[n] Denker«, dessen »geopolitische Theorien maßgeblichen Einfluß auf die Politik Wladimir Putins« hätten.[10] Zudem wies er darauf hin, dass Dugins Eurasiengedanke bereits in den neunziger Jahren von Medien der neurechten Hemisphäre – den *Staatsbriefen* von Hans-Dietrich Sander etwa – diskutiert wurde. Wenngleich Paulwitz hier wie andere westliche Beobachter auch dazu neigt, den Einfluss Dugins auf den Kreml zu überhöhen, so ist dieser doch für den deutsch-russischen Brückenschlag aufseiten der Rechten von wesentlicher Bedeutung. Hilfreich für diese Mittlerrolle ist, dass Dugin sich schon in der Schlussphase der Sowjetunion intensiv mit den Theoriebeständen der westeuropäischen Rechten befasst hat. Vor seiner Karriere als Hochschullehrer machte er sich als Publizist, Herausgeber und Aktivist einen Namen. Er wirkte bereits während der achtziger Jahre als Antikommunist und war in faschistischen Untergrundgruppen aktiv, darunter einem okkulten Zirkel, der sich auf die SS berief. Nach dem Ende der UdSSR schloss er sich der antisemitischen »Pamjat« an und wurde »1993–1998 Mitbegründer und erster Chefideologe von Eduard Limonovs ausdrücklich revolutionärer National-Bolschewistischer Partei«.[11] Als Verehrer von Ernst Niekisch und Carl Schmitt setzte er sich mit zwei zentralen Autoren von Mohlers *Konservativer Revolution* auseinander und knüpfte bereits 1989 Kontakte nach Westeuropa, darunter auch zur französischen Nouvelle Droite um Alain de Benoist. Unter seinen zahlreichen Publikationen findet sich schon 1994 ein Titel *Konservative Revolution.* Seine wichtigste Zeitschrift in Russland nannte er *Elementy*, eine deutliche Referenz an die Organe *Éléments* der französischen GRECE und *Elemente* des deutschen Thule-Seminars. Die Signale wurden verstanden, Dugin fand auch im Westen Leser. Übersetzungen seiner Bücher erscheinen bei Arktos, einem »Verlag für einschlägige Autoren wie Alain de Benoist, Guillaume Faye, Pierre Krebs [...], der auch Klassiker der Konservativen Revolution (wie Julius Evola) zugänglich macht«.[12] Ein weiteres Buch Dugins veröffentlichte ein Tochterverlag des extrem rechten Traditionshauses Munier, das sich vor allem im Bereich Geschichtsrevisionismus und

Militaria einen Namen gemacht hatte. Auch hier ist Dugin in bester Gesellschaft, zumal ihm Muniers Zeitschrift *Zuerst!* ausführlich Raum gewährt. *Zuerst!* ist aus der von Munier aufgekauften *Nation Europa* hervorgegangen und wendet sich mit seinem ausgeprägt rechten Profil an ein breiteres Publikum. Als Chefredakteur wirkt der ehemalige *JF*-Redakteur Manuel Ochsenreiter. Vor allem durch *Zuerst!* bleibt die Rezeption Dugins also nicht nur auf die Theoriezirkel der Neuen Rechten beschränkt.

Der Fall Dugin zeigt, dass das Denken der Neuen Rechten seine Entsprechung in Osteuropa hat. Auf den Trümmerfeldern des zerschlagenen Sowjetimperiums blühten einige merkwürdige politische Gewächse, die gerade der deutschen Rechten bekannt vorkommen mussten. Entsprechend angetan zeigte sich Karlheinz Weißmann und konstatierte, dass in den Neunzigern »Bewegungen, die an die konservativ-revolutionären der Zwischenkriegszeit erinnerten oder ausdrücklich an sie anknüpften, im spät- und postkommunistischen Osteuropa an Boden gewannen«. Die Entwicklung war durchaus folgerichtig. Schließlich bot die Orientierung an Denkern, »deren Ideen zum Teil frappierende Ähnlichkeit mit denen der Konservativen Revolution in den zwanziger und dreißiger Jahren aufwiesen«, die Möglichkeit, sich von der »kommunistischen Vergangenheit wie der kapitalistischen Gegenwart« zu entfernen. Weißmann lobte die einsetzende Rezeption Mohlers in Osteuropa und hob unter den russischen Vertretern dieser Entwicklung auch Alexander Dugin hervor. Dessen *Vierte politische Theorie*, schrieb Weißmann, nehme »sogar in Anspruch, die Konservative Revolution zu vollenden, und seine Bezugnahme auf deutsche Vordenker ist notorisch«.[13] Tatsächlich sind die Spuren dieser Vordenker aus den zwanziger Jahren überdeutlich. Besondere

Zustimmung dürfte Dugins Hass des Liberalismus hervorgerufen haben. Er hebt dabei jedoch nicht auf die tatsächlich katastrophalen Erfahrungen der Russen in der Phase der Privatisierung des sowjetischen Staatseigentums ab, sondern klassifiziert den Liberalismus grundsätzlich als »völlig unvereinbar mit dem Ethnos und dem Ethnozentrismus; er ist der Ausdruck eines systematischen technischen Ethnozids.«[14] Das ist nichts als eine weitere Adaption von Moeller van den Brucks Parole gegen den Liberalismus.

Die umgekehrte Aufmerksamkeit der westeuropäischen Neuen und alten Rechten für Dugin ist nur konsequent. Die Identitäre Bewegung wirbt mit einem Bild, das Dugin mit geschulterter Panzerfaust zeigt, und diskutiert seine Thesen. Nicht selten findet auch das Symbol der »Eurasier«, ein achtfach gepfeiltes Kreuz, Verwendung. Wie in Wien gibt sich Dugin mitunter im Westen auch persönlich die Ehre. 2013 nahm der Russe im Haus der Bielefelder Burschenschaft Normannia-Nibelungen an einer Diskussion über »Deutsche Geopolitik« teil, worüber die *Blaue Narzisse* sehr angetan berichtete.[15] Mit auf dem Podium saßen Gunnar Heinsohn, dessen demographiepolitische Thesen zum Standardrepertoire der Neuen Rechten gehören, der Brigadegeneral a. D. Dieter Farwick und Peter Feist aus dem publizistischen Umfeld von *Compact*. Mit ihrer prorussischen Ausrichtung und den mitunter nationalbolschewistischen Tönen ist die *Compact* sehr an Dugin interessiert. Das bestätigt, nicht ohne eifersüchtige Skepsis, auch die *Junge Freiheit*, die den Autor dort einen »gerngesehenen Gesprächspartner« nennt.[16] Dugin selbst sieht in seiner Kooperation mit der Neuen Rechten einen Beitrag zur Stärkung Europas und wirbt für eine Orientierung an Russland. Dabei folgte er lange einem kulturrevolutionären Konzept nach dem Vorbild der Nouvelle Droite.

Eine Zusammenfassung der wesentlichen Positionen dieser »eurasischen Bewegung« zeigt, wie wichtig deren geistige Einflüsse sind. Für die angestrebte Wiedergeburt, schreibt Andreas Umland, spielen neben einem außenpolitischen Kurswechsel »eine innere Reinigung Russlands von westlichen Einflüssen, fundamentale kulturelle Umwandlung der Gesellschaft und insbesondere die Entamerikanisierung eine erhebliche Rolle«.[17] Dugin wirkte also weniger als Populist, sondern wandte sich vor allem mit seiner »eurasischen Bewegung« nach der Jahrtausendwende gezielt an intellektuelle Eliten. Für die anstehende umfassende Wende sind die Köpfe an den Spitzen immer die richtigen Ansprechpartner, alles andere regelt sich in der autoritären Gesellschaft gewöhnlich von oben nach unten.

Bei diesem metapolitischen Konzept blieb es aber nie. Eine »Kulturrevolution« ist eben nur erfolgreich, wenn ihre Früchte eines Tages harten politischen Mehrwert bringen. Im Zuge der neuerlichen Ost-West-Konfrontation, spätestens mit der Eskalation der Georgien-Krise 2008, warb Dugin für ein offensiveres Vorgehen gegen den »amerikanischen« Westen. Gewissermaßen um es vor sich selbst zu schützen, müsse Russland »Europa erobern, eingliedern und anschließen. Wir würden Europa einfach zu unserem Protektorat machen«, zitiert die *Junge Freiheit* eine Videobotschaft Dugins vom April 2014 – kurz nach der russischen Besetzung der Krim.[18] Da sich Dugin für solche Ideen der raumpolitischen Kategorien Carl Schmitts bediente und man in tiefer Feindschaft gegen die USA vereint ist, konnte er auf das Verständnis seiner neurechten Partner bauen.

Die Aufmerksamkeit für Dugins »eurasisches« Projekt ist jedoch beileibe nicht mit dem Wunsch zu verwechseln, unter russischer Herrschaft zu leben. Grundsätzlich sind auch für die Neue Rechte hinsichtlich der deutschen Ostgrenzen noch einige Fragen an Russland offen. Das Land gilt zwar als mächtig, aber als mäßig stabil. »Rußland ist nicht reichsfähig«, stellte etwa Hans-Dietrich Sander, Anhänger Carl Schmitts und langjähriger Mitarbeiter in den wichtigsten neurechten Organen, im Gespräch mit der NPD-Theoriezeitschrift *Hier & Jetzt* mit Blick auf den Georgien-Konflikt 2008 fest. Doch Deutschland könne von der russischen Politik profitieren: »Bleiben die Russen standhaft, dürfte die Nachkriegsordnung samt UNO, One World und Weltgemeinschaft als ein völkerrechtlich verlogenes Simulacrum nicht mehr zu halten sein.«[19] Langfristig möchten Theoretiker wie Sander und auch Karlheinz Weißmann ein von Deutschland dominiertes Mitteleuropa aufbauen, das Russland mindestens ein ebenbürtiger Bündnispartner wäre. Bis es so weit ist, das wissen sie, müssen sie erst im russischen Windschatten aus dem amerikanischen Einfluss herauskommen. In diesem Sinne kritisierte Thorsten Hinz in der *JF* Dugins russischen Vormachtanspruch, ohne ein gemeinsames Bündnis insgesamt abzulehnen. Das Motiv der Identitätsverteidigung mit russischer Hilfe behielt auch er bei. Für ihn kann »Eurasien« jedoch nur aus »zwei getrennten Großräumen bestehen, die im Bedarfsfall ein gemeinsames Gegengewicht zu anderen Großräumen bilden würden, um sich ihrer wirtschaftlichen, politischen und militärischen Kujonierung und kulturellen Zerstörung zu erwehren«.[20] Dugins Botschaft einer russischen Schirmherrschaft zur Identitätswahrung findet also Gehör – und für dieses Projekt gilt ihm Deutschland als die entscheidende Nation, um die europäische Westbindung zu kappen. Gegenüber *Zuerst!* gab er zu Protokoll, »Eurasien« rücke »bedeutend näher, sobald sich die Deutschen aus »dem transatlantischen Albtraum verabschieden«. Auf die Frage, ob man das neue Bündnis dann in Berlin oder Moskau feiere, lockte Dugins Antwort: »Warum nicht in Königsberg?«[21]

Im Kampf um das »Eigene« wird Dugin vor allem für seinen rabiaten Antiamerikanismus geschätzt. Die *JF* zitierte ihn mit der kompromisslos heroischen Position, dass man »seinen Feind kennen und bereit sein [müsse], im Ernstfall auch zu töten und zu sterben«. Der Zusammenhang zwischen der konkreten militärischen Ausweitung der Konflikte und dem kulturkriegerischen Anspruch in der Argumentation Dugins war der Zeitung durchaus klar. Wie sie selbst schrieb, definiert Dugin den russischen Großraum »nicht nach Staatsgrenzen, weder nach alten sowjetischen noch nach neuen post-sowjetischen, sondern nach dem Grad der kulturellen Durchdringung«.[22] Das ist eine Sprache, die man in neurechten Redaktionsstuben versteht. Nach diesem Muster wird auch Russlands Präsident Putin als autoritärer Politiker bewundert, der seine roten Linien innen- und außenpolitisch wesentlich kompromissloser zieht als der Westen. Insgesamt gibt es mittlerweile milieuübergreifend – von der Neuen Rechten bis hin zu heutigen »Abendländern« – eine äußerst positive Haltung gegenüber Russland und Osteuropa. Kulturkämpfern wie Großraumstrategen gelten sie als Lokomotiven einer »Konservativen Revolution«.

Eine Annäherung, die auf Gegenseitigkeit beruht. Im staatsfinanzierten russischen Auslandssender *RT* finden die Parolen von Pegida und AfD ihren zuverlässigen Widerhall. Die Attraktivität des Ostens für national gesinnte Kreise resultiert daraus, dass dieser kulturell als noch relativ unberührt vom »amerikanischen Liberalismus« gilt. Die autoritäre Wende in den osteuropäischen Gesellschaften durch Politiker wie Viktor Orbán und die russisch-imperiale Renaissance unter Wladimir Putin zählen als Vorbilder für die angestrebte

Souveränität von den USA und der EU. Hinzu kommt die Möglichkeit zur Bereinigung der eigenen Nationalgeschichte durch einen neuen völkisch-nationalen Imperativ. Ungarn unter Orbán wird von der *JF* gegen jede Kritik verteidigt und gilt der ganzen Neuen Rechten als vorbildlich. Schließlich wird dort aktiv gegen die EU Politik gemacht, eine umfassende Revision der 1920 im Vertrag von Trianon festgelegten Grenzen gefordert und unter Beschwörung einer »turanischen Identität« ein völkischer Mythos zur Rückbesinnung auf Asien gepflegt.[23]

In diesem Denken ist »der Osten« insgesamt ein Rettungsanker für die dem Identitätsverlust anheimgefallenen Europäer. Entsprechend urteilt auch die *JF* über den wiedererstarkten geopolitischen Riesen Russland: »Seine Souveränität bietet Europa eine der wenigen Chancen, die amerikanische Übermacht auszubalancieren. Wenn hingegen Rußland erst einmal in den Westen inkorporiert sein würde – und die Damen von Pussy Riot mit staatlicher Billigung auf allen Kirchenaltären tanzen –, gehen auch auf dem Kulturkontinent Europa endgültig die Lichter aus.«[24] Für Dugin wiederum sind diese Stimmen eine willkommene Bestärkung, er bezeichnet seine westlichen Anhänger als »europäische Intellektuelle, die die europäische Identität stärken wollen«.[25] Angesichts solcher Töne kommt die identitäre Neue Rechte gar nicht umhin, sich in Dugin wiederzuerkennen. Zumal, wie Micha Brumlik ausführt, man weitgehend dieselben Lektüren pflegt, denn Dugin hat die zentralen Gedanken seiner »kulturalistischen Theorie des Raumes«, die Zusammengehörigkeit von Sein und Raum, aus den Schriften Heideggers extrahiert.[26] Auf dieser Grundlage treffen und ergänzen sich die Bedürfnisse identitärer Politik in Ost- und Westeuropa.

Alles in allem soll ein von Russland geschützter Osten den von sich selbst entfremdeten Europäern als doppelter Rückzugsraum vor den USA dienen. Erstens als Reservoir zur Regeneration der weißen »Rasse«, die dem »Umvolkungsdruck« des westlichen Multikulturalismus nicht mehr lange standhalten könne. Und zweitens als kulturelle Bastion gegen die Einflüsse der westlichen Dekadenz. Daraus resultiert die konkrete politische Unterstützung für Russland, von der Rechtfertigung des russischen Vorgehens auf der Krim und in Syrien bis hin zur Ablehnung von Sanktionen. Die Sanktionsdrohungen der EU, so heißt es in der *Sezession*, seien nichts als ein Dienst für die USA, die »Rußland als Störer ausgemacht haben, da Putins Nation die westlich implementierte Hegemonialordnung nicht mehr widerspruchslos hinnimmt und – im Sinne Carl Schmitts – eine multipolare Weltordnung respektive ein ›Pluriversum‹ anstrebt«.[27] Getragen wird diese Weltsicht von einer ethnokulturellen Raumordnung, die das umkehrt, was in der antikommunistischen Ost-West-Konfrontation des 20. Jahrhunderts gewöhnlich als Bedrohungsszenario skizziert worden war. Der Feind für die ethnische und kulturelle Substanz der Nationen Europas wird nun nicht mehr im Osten, sondern im Westen ausgemacht. Angesichts dieser Wende ist es nicht verwunderlich, dass selbst die Geschichte des Kalten Krieges mittlerweile völlig anders gedeutet wird: als Kampf um das »eurasische Herzland«, der sich bis in die Gegenwart fortsetzt.

»HERZLAND«

Hinter dem Traum vom »eurasischen« Kontinentalbündnis Moskau–Berlin(–Paris) steht die Wiederbelebung einer geostrategischen Theorie aus der ersten Hälfte des 20. Jahrhunderts. Denn Pate für diese Konzeption stand der britische Geostratege Halford Mackinder, der den »Herzland«-Gedanken 1904 formuliert hatte. Nicht zuletzt durch ihren Einfluss auf Großraumtheoretiker der Weimarer Rechten wie Carl Schmitt und Karl Haushofer gilt diese Theorie in den Kreisen der *Jungen Freiheit* als richtungsweisend und befördert so die Akzeptanz eines Autors wie Dugin, der sich ebenfalls in Mackinders geistigen Bahnen bewegt. »Herzland« ist eine Lehre der globalen Dominanz, die von einer Beherrschung der europäisch-asiatischen Landmasse abhängt. Gleichzeitig bietet sie einen Schlüssel zur vollständigen Umdeutung der Weltgeschichte als Kampf um dieses »Herzland«. Demnach ergibt sich eine schon gesetzmäßige Konfliktlinie zwischen den Seemächten Großbritannien und USA und der jeweils stärksten Kontinentalmacht. Nach Dugin birgt diese Konfliktlinie zudem mythische Spuren, denn die USA seien auf die Seemacht Atlantis zurückzuführen, Russland auf die Landmacht Hyperborea. Die dergestalt betriebene »Sakralisierung der Geographie« schlägt Rom übrigens den »militärisch-autoritären« Zivilisationen zu, denen auch Russland entsprungen sei.[28] Damit führt Dugin die Spekulationen Carl Schmitts fort und formuliert den wohl originellsten, weil ganz und gar nicht mehr westlichen Erbanspruch auf das römisch-lateinische Imperium.

Karlheinz Weißmann fasst die Überlegungen Mackinders knapp als einen Zugriff auf die »›Weltinsel‹, bestehend aus Europa, Asien und Afrika«, zusammen, deren Kontrolle nur durch eine Hegemonie des »Herzlandes« in Osteuropa und Nordasien möglich sei. Für geopolitische Konflikte sei daraus zu schlussfolgern, dass es »den konkurrierenden Hauptmächten, jenseits aller Glaubensüberzeugungen, Weltanschauungen, Verfassungsordnungen, immer um die Frage der Beherrschung des ›Herzlandes‹ [ging]. Wer Osteuropa unter seiner Kontrolle habe, der sei diesem Ziel am nächsten. Wem es aber gelinge, das ›Herzland‹ zu gewinnen, der werde über die ›Weltinsel‹ herrschen.«[29] In dieser Lesart wurzelte für die *JF* auch der Kalte Krieg primär in einem geopolitischen Konflikt und es erstaune nicht, »daß die USA nach dem Zusammenbruch des Kommunismus ihre antirussische Eindämmungspolitik ungerührt fortsetzten«.[30] Als Kronzeuge dient zudem der US-amerikanische außenpolitische Berater Zbigniew Brzeziński, dessen geostrategische Konzeptionen von Mackinder inspiriert wurden. Allerdings wird dabei unterschlagen, dass Brzeziński mittlerweile eine Wandlung vollzogen hat und sich für eine Integration Russlands ausspricht.[31]

Carl Schmitts Überlegungen zu den geopolitischen Großräumen wie auch dem Gegensatz von *Land und Meer* waren ebenfalls von Mackinders Theorien beeinflusst. Heute spielen sie eine Schlüsselrolle in der Ausrichtung neurechter Politik nach Osten hin. Schon Schmitts Abgrenzung des völkerrechtlichen Großraums mit klar definierten Interventionssphären ist in deutlicher Ablehnung des demokratischen Universalismus formuliert. Hierbei geht es um mehr als historische Zufallskonstellationen. Für Schmitt treffen vielmehr feindliche Grundprinzipien aufeinander, da der westliche Universalismus die autoritäre Raumordnung nicht zu akzeptieren vermag. In Schmitts Ausführungen zum *Reichsbegriff im Völkerrecht* kommen vor diesem Hintergrund Volkstumswesen und Großraumtheorie zusammen.

Jedes Reich hat nach Schmitt »einen Großraum, in den seine politische Idee ausstrahlt und der fremden Interventionen nicht ausgesetzt sein darf«. Dieser Raum müsse folgerichtig gegen alle Einflüsse raumfremder Mächte abgeschirmt werden. Im Sinne der allgemeinen Stabilität sollte diese Unantastbarkeit der Souveränität auch in der Interessensphäre einer Hegemonialmacht völkerrechtlich anerkannt sein. Gerade für den deutschen Staat, zum Zeitpunkt der Niederschrift war dies das nationalsozialistische Deutsche Reich, sei diese Abschottung gegen kulturelle und politische Einflüsse von außen überlebenswichtig. Unmissverständlich wiederholte Schmitt daher: »Der Zusammenhang von Reich, Großraum und Nichtinterventionsprinzip ist grundlegend.« Nur bei einer globalen Akzeptanz dieser Regel könne Frieden einkehren: »Sobald aber völkerrechtliche Großräume mit Interventionsverbot für raumfremde Mächte anerkannt sind und die Sonne des Reichsbegriffs aufgeht, wird ein abgrenzbares Nebeneinander auf einer sinnvoll eingeteilten Erde denkbar und kann der Grundsatz der Nichtintervention seine ordnende Wirkung in einem neuen Völkerrecht entfalten.«[32] Immerhin, räumt Schmitt mit einem ausdrücklichen Hinweis auf Adolf Hitler ein, sei auf dem Weg zu diesem völkerrechtlichen Ziel schon viel erreicht worden: »Heute aber ist ein machtvolles Deutsches Reich entstanden. Aus einer schwachen und ohnmächtigen ist eine starke und unangreifbare Mitte Europas geworden, die imstande ist, ihrer großen politischen Idee, der Achtung jedes Volkes als einer durch Art und Ursprung, Blut und Boden bestimmten Lebenswirklichkeit, eine Ausstrahlung in den mittel- und osteuropäischen Raum hinein zu verschaffen und Einmischungen raumfremder und unvölkischer Mächte zurückzuweisen. Die Tat des Führers hat dem Gedanken unseres Reiches politische Wirklichkeit, geschichtliche Wahrheit und eine große völkerrechtliche Zukunft verliehen.«[33]

Aus diesen Zeilen wird erneut klar, wie komplex der Reichsbegriff im völkisch-nationalen Diskurs bestimmt war. Das »Reich« war Machtstaat, übergeschichtlicher Auftrag, Überlebensgarantie und wesenhafter Ausdruck des deutschen Volkes in einem, kurz: sein Schicksal. Mit der Realität hatte das zwar wenig zu tun, die tatsächliche Reichseinigung war ein Prozess, der viel mit ökonomischen und administrativen Maßnahmen zur Vereinheitlichung eines wirtschaftlichen und politischen Binnenraumes nach 1871 und nichts mit einem durch die Jahrtausende nach seiner Bestimmung suchenden deutschen Volksgeist zu tun hatte. Doch vor allem während des Ersten Weltkrieges und nach der Niederlage spielte dieser Reichsmythos eine bedeutende Rolle in der Weltanschauung des deutschen Nationalismus. Er wurde herangezogen, um sich gegen die westlich-liberalen Herausforderungen zur Wehr zu setzen, da diese die notwendige territoriale, kulturelle und völkische Einheit bedrohten. Die Feindschaft gegen die Ordnung der Weimarer Republik war zu einem wesentlichen Teil diesem Denken entsprungen, das im demokratischen Staat die Negation des Reiches sah. Eine funktionierende Großraumordnung müsse sich dagegen erfolgreich gegen den Universalismus der westlichen Gesellschaften imprägnieren, der ihrem Wesen völlig entgegengesetzt sei. »Großraum« und »Universalismus«, schrieb Schmitt 1939, stünden für den »Gegensatz einer klaren, auf dem Grundsatz der Nichtintervention raumfremder Mächte beruhenden Raumordnung gegen eine universalistische Ideologie, die die ganze Erde in das Schlachtfeld ihrer Interventionen verwandelt und sich jedem natürlichen Wachstum lebendiger Völker in den Weg stellt«.[34] Diese Formel gibt treffend die Haltung der deutschen (und europäischen) Rechten gegenüber Putins Russland wieder und erklärt, warum dessen Politik und nicht nur die an Schmitt geschulten Schriften Dugins in ihren Reihen auf derartige Zustimmung stoßen.

DER KAMPF DER »EIGENSTÄNDIGEN VÖLKER« GEGEN INTERNATIONALES RECHT

Die hier skizzierten Vorstellungen von Raumpolitik und Einflusssphären schlagen sich deutlich in den Positionen der gesamten europäischen Rechten nieder. Schon vor der Europawahl 2014 machten sich Andreas Speit und Martin Langebach, beides ausgewiesene Autoren zum Thema »extreme Rechte«, auf eine Rundreise durch elf europäische Länder. Nach ihrem Befund wird die radikale Rechte neben dem Dauerthema »Fremde« von einem weiteren Feind geeint: »die europäische Union mit einer multikulturellen Gesellschaft. In Straßburg bekämpfen die Kandidaten der Dansk Folkeparti aus Dänemark, der Freiheitlichen Partei Österreichs (FPÖ) oder der italienischen Lega Nord die EU. Für sie ist die Staatengemeinschaft ein internationaler Moloch, der mit Beschlüssen und Entscheidungen die einzelnen Nationen fremdbestimme und diese auflösen wolle.«[35]

Das zeigt, dass es in der heutigen Situation nicht bei einer Exegese abstrakter und mitunter esoterischer Modelle aus den Federn Mackinders, Schmitts oder Dugins bleibt. Durch die politischen Eskalationen der jüngsten Zeit hat die Wiederbelebung dieser geistesgeschichtlichen Traditionen Auswirkungen bis in die Realpolitik hinein. Beispielhaft hierfür ist die Positionierung der AfD gegenüber der russischen Politik in der Ukraine. Der stellvertretende Parteisprecher Alexander Gauland räumte in einer Rede anlässlich der russischen Annexion der Krim im März 2014 ein, dass dieses Vorgehen zweifellos ein »völkerrechtswidriger Akt« sei, schob aber umgehend die Beurteilung hinterher, »die Legitimität eines Handelns« könne »anders beurteilt werden als seine Legalität«.[36] Für einen dezidiert Konservativen eine bemerkenswerte Relativierung. Hier scheint zweifellos der Souveränitätsbegriff von Carl Schmitt hindurch, wonach sich echte Herrschaft daran zeige, dass sie sich auch über den rechtlichen Rahmen erheben könne. Gauland kritisierte anschließend, dass die geplante Ausdehnung der Nato bis an die russische Grenze Putin kaum eine andere Wahl gelassen habe. Da, wie er durchaus zutreffend konstatierte, der Westen die Situation nach dem Zusammenbruch der Sowjetunion schamlos zur Expansion ausgenutzt habe, seien für Russland nicht mehr viele Optionen zur Wahrung seiner nationalen Interessen geblieben. Allerdings schlägt Gaulands bis zu diesem Punkt rationale Argumentation dann eine mythische Richtung ein. Putin, so meint er, habe sich »auf eine alte russische, zaristische Tradition besonnen: das Einsammeln russischer Erde«. Dies sei der wesentliche Charakterzug russischer Politik »seit dem Ende des Mongolensturms« und habe nichts mit »Stalin, dem Sowjet-Imperium oder dem Kalten Krieg zu tun«. Das russische Vorgehen müsse im Kontext der gesamten russischen Geschichte gesehen werden, »Kiew« als »Kernzelle des russischen Reiches« könne Russland ebenso wenig gleichgültig sein wie Sewastopol. »Es mag ja sein, dass wir das in unserer postheroischen Welt nicht mehr verstehen, für Russland ist [es] noch immer gelebte Realität.«[37] Das Fatale daran ist der Drang des erfahrenen Politikers Gauland, seine Argumentation mit der Terminologie Carl Schmitts und heroischen Mythen anzureichern. Gauland sprach sich in der Konsequenz gegen Wirtschaftssanktionen aus und seine Partei ließ Taten folgen: Der EU-Parlamentarier Marcus Pretzell und der Außenpolitiker Markus Frohnmaier waren wie auch der FPÖ-Wirtschaftspolitiker Axel Kassegger am 15. April Gäste des Internationalen Jalta-Wirtschaftsforums auf der Krim, auf dem Geschäftskontakte mit Russland koordiniert wurden.

Die Ablehnung einer völkerrechtlichen Regelung von Wirtschaftssanktionen als Maßnahme gegen Rechtsverletzungen hat Carl Schmitt bereits mit Blick auf den Völkerbund ausformuliert. Dieser hatte als internationale Organisation nach dem Ersten Weltkrieg versucht, die Rechte von Minderheiten im nationalstaatlichen Rahmen zu garantieren. Die deutsche Seite, die mit Blick auf das »Auslandsdeutschtum« ihre Gebietsverluste revidieren wollte, formulierte als Gegenmodell das »Volksgruppenrecht«. Sein Grundgedanke war der Vorrang der »Artgleichheit« gegenüber dem Staatsrecht, Staatsgrenzen sollten also hinter ethnische Interessen zurücktreten. Schon Schmitt hatte geklagt, die »Völkerrechtswissenschaft der westlichen Demokratien, insbesondere auch der Genfer Völkerbundsjurisprudenz« hätten »die Entthronung des Staatsbegriffs auf dem Wege eines Vorstoßes gegen den Souveränitätsbegriff in Angriff genommen«.[38] Dieses Lamento über den Verlust der Souveränität könnte genauso aus der Feder eines heutigen EU-Gegners stammen. Das Primat einer unbedingten Wahrung der nationalen Souveränität vor allem autoritärer Staaten gegenüber den Forderungen der Demokratien grundierte auch Schmitts Ablehnung internationaler Sanktionen. In ihnen sah er einen deutlichen Ausdruck doktrinärer Menschenrechtspolitik und damit einen wesentlichen Bestandteil des – hier zitierte Schmitt Mussolini – »Krieg[es] der Demokratien gegen die totalitären Staaten«.[39] Sanktionen galten ihm im Rahmen dieser Auseinandersetzungen als

»indirekte Gewalt«, die im Gegensatz zum offenen Krieg eine diskriminierende Maßnahme darstellte und »auf Grund einer übervölkischen, moralischen oder rechtlichen Autorität« anmaßende Entscheidungen über fremde Politik treffe. Dadurch, so Schmitt, verwandle sich der »nichtdiskriminierende Staatenkrieg [...] in einen internationalen Bürgerkrieg und erreicht damit eine Art Totalität, die furchtbarer und vernichtender ist als alles, was eine oberflächliche Propaganda der völkischen Totalität vorzuwerfen hat«.[40] Mit dieser kategorischen Ablehnung von internationalen Sanktionen im Kampf gegen autoritäre Staaten hat Schmitt dic Marschrichtung für alle Verfechter der autoritären Herrschaft vorgegeben. Einmischungen des Auslands, zumal seitens westlicher Demokratien, sind unbedingt zu verhindern. Der universelle Anspruch auf Wahrung der Menschenrechte ist eine Gefahr für die Souveränität von »Volk« und »Raum«. Mit diesen Stichworten geben die völkerrechtlichen Schriften Schmitts aus der Hochphase des Nationalsozialismus heute nicht nur der Neuen Rechten ihre Orientierung, sie eignen sich auch hervorragend zur Verteidigung Nordkoreas, des Iran, Russlands oder der arabischen Staaten. In den Worten Dugins, die er 2014 einem Journalisten des *Spiegel* diktierte, warum er eine vollständige Trennung der Sphären gutheiße, liest sich das dann folgendermaßen: »Unterschiedliche Gesellschaften haben unterschiedliche Werte. Es gibt keine universellen Werte. Die, die dafür gehalten werden, sind eine Projektion westlicher Werte. Die westliche Zivilisation ist eine rassistische, ethnozentrische Zivilisation. Jeder Westler ist ein Rassist – kein biologischer, wie Hitler, aber kulturell. Deswegen denkt er, es gebe nur eine Zivilisation – oder Barbarei.«[41]

Dugins Postulat klingt radikal, es entspricht aber der Weltsicht, wie sie ungebrochen in der Neuen Rechten verfochten wird. Die Thule-Seminar-Zeitschrift *Elemente* schrieb in diesem Geiste schon 1990 davon, dass die »Menschenrechte gegen die Rechte der Völker« stünden.[42] Diese heutige Berufung auf das partikulare Volksgruppenrecht im Kampf gegen das universalistische Völkerrecht zeigt, dass die neurechte Schmitt-Schule noch immer den alten Kampf aus der Weimarer Zeit führt. Nach wie vor geht es ihr um die Abkehr vom Westen und dem Universalismus der Aufklärung und noch immer gilt die »Volkstumsfrage« als zentraler Hebel zur Zerstörung des Völkerrechts. Die Irredenta, also die angestrebte Abspaltung eines von einer ethnischen Minderheit besiedelten Territoriums von einem Staat, um sich einem anderen der »eigenen« Ethnie anzuschließen, war nach dem Ersten Weltkrieg eines der Hauptprobleme im Völkerrecht. Der Drang, aus der Erbmasse der zerfallenen Großreiche ethnisch homogene Staaten zu bilden, führte zu zahlreichen neuen Konflikten. Ähnliche Krisen kamen nach dem Zerfall der Sowjetunion auf, der Krieg in der Ukraine beispielsweise wäre für die zwanziger Jahre typisch gewesen. Der Rückgriff Dugins auf die entsprechenden Theoretiker dieser Zeit ist auch aus diesem Grunde durchaus plausibel. Das gilt ebenso für die Gesamtstruktur seiner Geopolitik. Schon Max Hildebert Boehm, ein »Volkstumsforscher« aus dem Kreise Moeller van den Brucks, schätzte die Irredenta als eine wesentliche Triebkraft für notwendige Neuordnungen. In Deutschland und Russland sah er die beiden kontinentaleuropäischen »Gravitationszentren« der Zukunft, die nur von den westlichen Mächten künstlich niedergehalten würden.[43] Boehms Hauptwerk *Das eigenständige Volk* formulierte bereits 1932 grundlegende Elemente des heutigen ethnopluralistischen Souveränitätsdiskurses.

Auf dieser Basis kann sich auch die Brücke nach Osten als

tragfähig erweisen. Die erste eurasische Strömung forderte bereits in den zwanziger Jahren eine radikale Abkehr vom »westlichen Denken« und wirkt darin mitunter wie ein Spiegelbild zum westlichen Abendland-Mythos. Eltchaninoff zitiert den frühen Eurasier Nikolai Trubetzkoy mit den Worten, man müsse sich »an die Idee gewöhnen, dass die romano-germanische Welt mit all ihrer Kultur unser schlimmster Feind ist. Wir müssen die Götzen der vom Abendland erborgten Vorurteile und sozialen Ideen, die immer noch die Ideen unserer Intellektuellen lenken, erbarmungslos stürzen und mit Füßen treten.«[44] Angesichts solcher Positionierungen ist es nicht verwunderlich, dass ausgerechnet die eurasische Tradition den Islam zumeist positiv zu integrieren verstand. Insgesamt wird von der Neuen Rechten auf außenpolitischem Feld mit dieser Abkehr von der europäischen Westbindung das Erbe des ehemals linken Antiimperialismus beansprucht. Dieser müsse heute, wie in der *Sezession* zu lesen ist, »zwangsläufig ins Rechte übergehen«.[45] In diesen Bündnisoptionen findet sich am Ende die Welt der »Abendländer« anscheinend völlig auf den Kopf gestellt. Oder aber sie hat einen ganz anderen Feind als gemeinhin vermutet.

DIE GESTALT DES FEINDES

Die Bestimmung des Feindes ist im »Kulturkampf« der Neuen Rechten weniger offensichtlich, als es den Anschein hat. Die in jüngster Zeit seitens der gesamten europäischen Rechten besonders aggressiv vorgetragenen Ressentiments gegen Muslime verleiten leicht zu dem Schluss, dass die größte Feindschaft identitärer Politik dem Islam gilt. Bei einer genauen Analyse stellt sich jedoch schnell heraus, dass die

Abneigung meist weniger dem Islam, sondern in erster Linie der »ethnischen Bedrohung« durch Einwanderung gilt, die mit den Begriffen »Austausch« und »Umvolkung« gefasst werden soll. Vor allem aber stellt die Abwehr der »Islamisierung« nicht die einzige Frontlinie dar, der sich die Neue Rechte widmet. Denn in ihren Augen wird das »Eigene« der Deutschen und Europäer von zwei Seiten bedroht, die als »islamische Expansion« einerseits und als »westliches Denken« und »Amerikanisierung« andererseits identifiziert werden. Aus dieser Situation ergeben sich zwangsläufig Debatten darüber, welcher Gegner die größere Bedrohung darstellt.

Zur richtigen Einordnung der Feindschaften der Neuen Rechten und damit zur Bestimmung ihres eigenen Charakters ist es sinnvoll, erneut auf ihr eigenes analytisches Instrumentarium zurückzugreifen. Carl Schmitt hat sich in seiner grundlegenden Lehre zur politischen Feindschaft auch der Situation einer solch doppelten Feindschaft ausführlich angenommen. Gegenüber einer Neuen Rechten, die sich selbst im Widerstand wähnt, ist es nur angemessen, Schmitts *Theorie des Partisanen* als Referenz heranzuziehen. »Jeder Zwei-Frontenkrieg wirft die Frage auf, wer denn nun der wirkliche Feind ist«, heißt es dort. Mittels einer Anleihe bei Theodor Däubler fährt Schmitt fort: »Ist es nicht ein Zeichen innerer Gespaltenheit, mehr als einen einzigen wirklichen Feind zu haben? Der Feind ist unsere eigene Frage als Gestalt. Wenn die eigene Gestalt eindeutig bestimmt ist, woher kommt dann die Doppelheit des Feindes?«[46]

Die Bestimmung der »eigenen Gestalt« ist das große Identitätsprojekt, an dem neurechte Autoren arbeiten. Möglicherweise deutet die doppelte Feindschaft auf eine Mehrschichtigkeit der eigenen Position hin. Insofern ist ihnen die Existenz des Feindes sogar hilfreich, sie schärft die eigenen

Konturen. Eine Analyse der doppelten Feindschaft hilft daher, Illusionen über den Charakter der Neuen Rechten zu vermeiden. Das gilt sowohl für kritische Beobachter wie für die Akteure selbst. Denn haben sie mit dem Feind die »eigene Gestalt« bestimmt und ihre Setzungen des »Eigenen« einmal durchgefochten, so wird der Rest – die flankierenden politischen Maßnahmen zur Sicherung dieser Setzungen – leichter fallen.

Hinsichtlich der Feindschaften der Neuen Rechten lassen sich nun zwei Rückschlüsse ziehen: Es gibt erstens den sichtbaren Gegner »Islam«. Er gleicht dieser eigenen Gestalt, soll aber dennoch in seine Grenzen verwiesen werden. Außerdem gibt es zweitens den wesentlich schwerer zu identifizierenden Gegner »Amerikanismus«, der als Freund auftritt, sich aber anders als der Islam vom »Eigenen« grundlegend unterscheidet. Zum Verständnis der unterschiedlichen Gewichtung ist es notwendig, Schmitts Unterscheidung von »wirklicher« und »absoluter« Feindschaft zu beachten: Der »wirkliche Feind« ist sichtbar, seine Beschwörung entwickelt eine immense Zugkraft. Die Agitation der Redner auf den Bühnen von Pegida und den Wahlveranstaltungen der AfD, die Forumsbeiträge und Hassreden auf der Straße lassen keine Zweifel aufkommen. Dieser »wirkliche Feind« ist für sie der Fremde, die Gestalt des muslimischen Flüchtlings und Einwanderers – wie sie ihn wahrnehmen. Er ist kenntlich nicht zuletzt durch demonstrativ getragene eigene Identitätsmerkmale und er wird als Bedrohung des »eigenen« Raums, Besitzes und der Gruppe gewertet. Allerdings sind paradoxerweise gerade diejenigen Einwanderer, die sich der Akkulturation verweigern, ihrem identitären Gegner am nächsten. Wie sie selbst, so will auch er alles bewahren, was er für das »Eigene« hält: seine Sprache, seine Religion, seine

Kultur, seine Familien- und Sexualordnung. Das eingewanderte Spiegelbild wird zwiespältig gesehen: Gleichwohl es sich Tausende Kilometer bewegt hat, aber weiter unverrückbar am Formenzwang der eigenen ethnisch bestimmten Kultur festzuhalten scheint, verfügt es noch über alles, was man selbst als Verlust beklagt. Ob das Bild nun stimmt oder nicht, in diesen Registern wird der Fremde wahrgenommen und markiert.

Doch ist er auch der »absolute Feind«? Die »wirkliche Feindschaft« ist für Schmitt bei aller notwendigen Härte noch eine rationale und unsentimentale Entscheidung. Sie kann erklärt und beendet werden, da sie an Interessen orientiert ist, vor allem an der Verteidigung des Raumes. Die »wirkliche Feindschaft« kann traditionell aufgeladen sein, wie der Konflikt des »Morgenlandes« mit dem »Abendland«. Sie kann uralt sein und je nach Lage lange dauern. Sie kann aber auch enden, sobald ihr Anlass wegfällt. So gibt es kaum Stimmen in der Neuen Rechten, die eine grundsätzliche Feindschaft zum Islam proklamieren. Der Anlass der Abneigung ist lediglich die Präsenz des Islam im europäischen Großraum. Anders als im universalistischen Denken spielen die realen Verhältnisse in Teheran, Riad, Istanbul oder Kabul keine Rolle.

Der »absolute Feind« dagegen ist eine Erscheinung der Moderne, da es zur »absoluten Feindschaft« auch der Mittel der absoluten Negation bedarf. In der Zeit der Niederschrift von Schmitts *Partisanen* waren dies die neuen Nuklearwaffen, deren Existenz einer besonderen moralischen Rechtfertigung bedurfte, da ihr Zweck weniger die Beendigung des Krieges, sondern die totale Vernichtung des Gegners ist. Diese Möglichkeit dränge dazu, »die Gegenseite als Ganzes für verbrecherisch und unmenschlich« zu erklären, für »einen totalen Unwert«.[47] Im Gegensatz zur sicht- und führbaren »wirklichen Feindschaft« habe die Dynamik der »absolute[n]

Feindschaft« die Tendenz zur Unkontrollierbarkeit. Für diese Erkenntnis berief sich Schmitt auf die Erfahrungen mit ideologisch geleiteter Kriegsführung, denn die totale Negation des Feindes im Kampf werde auf der geistigen Ebene vorbereitet. Bezeichnenderweise dachte der begeisterte Parteigänger Hitlers jedoch nicht an den Weltanschauungskrieg der Deutschen in Osteuropa, sondern an die russischen Revolutionäre und an die Sieger von 1945. Die exterminatorische Praxis der deutschen Seite ignorierte er. Ihm ging es um die Strafverfolgung deutscher Kriegsverbrechen. Anklagend gegen die anderen, nicht gegen sich selbst, notierte Schmitt »die Verneinung der absoluten Feindschaft« könne nur durch den »Verzicht auf die Kriminalisierung des Kriegsgegners« bewirkt werden.[48] Schmitt stand daher der »absoluten Feindschaft« ablehnend gegenüber, da sie für ihn ein Merkmal vor allem der Sieger von 1945 war. Die Kriegsverbrecherprozesse waren in seinen Augen deshalb nur der letzte Zug zur endgültigen moralischen Vernichtung der Deutschen. Dabei unterschlug er schlichtweg, dass die deutsche Seite lange vor Nürnberg selbst alle Formen der »absoluten Feindschaft« praktiziert hatte. Die Propaganda gegen Juden, die Sowjetunion und alle anderen als »Feinde« markierten inneren und äußeren Kräfte war selbst vom Drang zur vollständigen Dehumanisierung und Vernichtung bestimmt, der in den anschließenden Notstands-, Kriegs- und Vernichtungshandlungen ganz konkret Gestalt annahm. Schmitts eigener Antisemitismus, der sogar noch den »jüdischen Geist« im deutschen Rechtswesen bekämpfen wollte, trug ebenfalls alle Züge »absoluter Feindschaft«. Doch dafür war er blind, »absolute Feindschaft« war für ihn in der *Theorie des Partisanen* nur ein Wesensmerkmal der Gegner Deutschlands. In den Augen seiner Epigonen – von Karlheinz Weißmann bis Alexander

Dugin – gehört sie auf die Seite jener, in deren Denken die realen Verhältnisse in Teheran, Riad, Istanbul oder Kabul durchaus eine Rolle spielen. Verfechter universeller Menschenrechte gelten ihnen deshalb als unversöhnliche Aggressoren.

»SIND DIE USA UNSER FEIND?«

Angewandt auf die doppelte Frontlage, in der sich die gesamte deutsche Rechte wähnt, bedeutet das: Die moralische Vernichtung der »eigenen« Kultur haben die Deutschen nicht durch islamische Einwanderer erlitten. Diese sind vielmehr nur eine Folge der Niederlage, die der »Amerikanismus« 1945 dem Reich des »Eigenen« bereitete und mit dem Kulturwandel von 1968 ff. besiegelte. Dieses Denken war in der bundesrepublikanischen Rechten schon vor der Einwanderung aus dem Orient verbreitet. Wie tief es verankert ist, zeigt sich daran, dass exakt dasselbe Muster bereits von Armin Mohler mit Blick auf die Sowjetunion verwendet wurde.

Ende 1977 veröffentlichte Armin Mohler in *Criticón* einige Spitzen gegen die Fixierung der deutschen Rechten auf den Feind Sowjetunion. Er halte den verbreiteten »Antikommunismus« in seiner »ermüdende[n] Ausschließlichkeit« für viel zu kurz gedacht, denn die »Zange, in der Deutschland seit dem Ende des Kalten Krieges steckt, hat zwei Backen: eine rote und eine amerikanische«. Nach Leserprotesten sah Mohler sich zu einer Erklärung genötigt. Unter dem Titel »Sind die USA unser Feind?« führte er seine Position aus. Er wisse um den Glauben der Leserschaft an die USA als Schutz vor der Sowjetunion, argumentierte Mohler. Gleichwohl sei er davon überzeugt, dass »der Kommunismus [...] uns erst schlucken [wird], wenn uns der Liberalismus ganz kaputt gemacht hat«.[49] Nun war Mohler schon eingedenk seiner Biographie ebenso weit davon entfernt, ein Freund des Bolschewismus zu werden, wie heute sein Schüler Weißmann Freund des Islam. Dennoch wich seine Sicht von den gängigen Auffassungen im Kalten Krieg ab. Die Sowjetunion mag bedrohlich gewesen sein, ihre Kräfte aber schienen berechenbar, klar zu identifizieren und notfalls zu bekämpfen. Anders dagegen der Liberalismus in seiner engen Verwandtschaft mit dem »Amerikanismus«. Diese zersetzten die Kultur und Gesellschaft in weit gefährlicherem Maße von innen, als der Ostblock es von außen vermochte. Während also die Sowjetunion lediglich eine äußere und machtpolitisch einhegbare Bedrohung darstelle, so schloss Mohler, müsse man sich den »Amerikanismus [...] schon selber von den Knochen, den eigenen Knochen waschen«.[50]

Mohlers Adepten vom Thule-Seminar führten diesen Gedanken zur Zeit der Wiedervereinigung nahtlos fort. In ihrer Zeitschrift *Elemente* versprach sich Pierre Krebs eine europäische Erneuerung aus dem vom »Amerikanismus« unberührten Osten. Man hatte Hoffnungen, gleich nach dem sowjetischen Marxismus auch den amerikanischen Liberalismus zu überwinden, »weil wir in diesem entscheidenden Kampf auf das riesige Kapital der Osteuropäer an Energie, Seelenkraft und Kulturbewußtsein werden zurückgreifen können«. Nach dem historischen Umbruch würden nun die geopolitischen Karten neu gemischt, nach dem Symptom müsse man sich nun dem Verursacher zuwenden, heißt es weiter: »Die universalistische Gleichheitsideologie hat die marxistische Schlacht verloren. Jetzt muß sie auch den liberalen Krieg verlieren!«[51] Die Hierarchie ist deutlich, der Marxismus war nur ein temporärer Gegner, verglichen mit dem Hauptfeind im Westen. Die Überwindung der Sowjetunion war daher nur der erste Schritt. Aus dieser Sicht sind sowohl Marxismus als auch Liberalismus nur Kinder des Universalismus. Eine Diagnose, wie sie schon in den zwanziger Jahren bei »Konservativen Revolutionären« verbreitet war. Armin Mohler hatte im gleichen Tenor vom »›weiße[n] Kommunismus‹ der Amerikanisierung« geschrieben.[52] Krebs spann den Faden fort und beschrieb in *Elemente* »Amerika« als die »eigentliche Wahlheimat von Karl Marx« und klagte allen Ernstes über die »unwiderstehliche Zuneigung Amerikas zu allem Kommunistischen«.[53] Im konkreten Fall scheint so ein Urteil wenig realitätsbezogen, es ist aber ein logisches Produkt der antiuniversalistischen Weltsicht.

Wendet man dieses Ordnungsschema auf die Frage der doppelten Feindschaft gegenüber dem raumnehmenden Islam einerseits und dem liberalen Westen andererseits an, lautet das Ergebnis: Während Einwanderer identifizierbar sind und sich im Fall des Falles zurückdrängen ließen, ist dieser innere Gegner viel schwerer zu erkennen. Ihn sich von »den Knochen zu waschen«, wie Mohler es nannte, bedeutet erheblich mehr Aufwand als die populistische Parole von der »Minuseinwanderung«. Im Vergleich wird deutlich, dass der Figur des westlichen Universalismus (mit seinen Erscheinungsbildern Liberalismus und früher Marxismus) die Rolle des »absoluten Feindes« zukommt. Seine Kräfte haben sogar schon die eigenen durchsetzt. Ihn gilt es als Prinzip zu bekämpfen, nicht nur als Erscheinung.

In den einschlägigen Kreisen und Debatten finden diese Fragen durchaus ihren Niederschlag. Ellen Kositza gab schon 1995 im neurechten Generationsporträt *Wir 89er* zu Protokoll, sie befürchte »die Amerikanisierung Europas« und hoffe auf »befreite Zonen«.[54] Damit spielte sie auf das Konzept der »national befreiten Zone« an, das damals in Neonazi-Kreisen diskutiert wurde. Heute findet sich Pegida dort wieder, wenn Kositzas Gatte Kubitschek in Dresden die Frage des »Widerstandes« territorial stellt und als Antwort bietet: »Der Osten hält stand!«[55] Auch Alain de Benoist waren die USA stets der größere Dorn im Auge, weshalb er schließlich gegenüber dem Islam zu einer gewissen Zurückhaltung mahnte. Wie er schon 2010 im Gespräch mit *Hier & Jetzt* betonte, fühle er sich in seiner Identität durch den Westen mehr bedroht als durch den Mittleren Osten. Es seien »keine türkischen oder arabischen, sondern englische Worte, die sich in unsere Sprache einschleichen«, betonte der Franzose. Dasselbe gelte für Filme, Schlager, das Fernsehen und das Kino. Schließlich brachte er seine Sorgen gegenüber dem NPD-Magazin auf den Punkt: »Unsere Städte erinnern immer stärker an Los Angeles oder New York, nicht an Istanbul oder Tunis. Die größte Bedrohung unserer Identität ist keine andere Identität, sondern der politische Universalismus in allen seinen Formen, der die Volkskulturen und unterschiedlichen Lebensstile bedroht, und der sich anschickt, die Erde in einen homogenen Raum zu verwandeln.«[56] Präziser lässt sich das Verhältnis von fremder Gegen-Identität und universalistischer Nicht-Identität kaum fassen. Im gleichen Sinne nahm der Carl-Schmitt-Editor Günter Maschke sogar Armin Mohlers Zangen-Metaphorik unverändert auf, als er sich 2009 ebenfalls gegenüber *Hier & Jetzt* über die »schädliche Rolle« der USA äußerte, deren Engagement seit Ende des 19. Jahrhunderts »fatal« und »vergiftend« sei: »Wir sprechen unentwegt von der islamischen Gefahr und vergessen dabei, daß die andere Backe der Zange, in der Europa steckt, die Vereinigten Staaten sind.«[57]

Einige intellektuelle Etagen darunter plauderte Jürgen Elsässer auf einer Veranstaltung von *Compact* aus dem Nähkästchen, dass es am Anfang von Pegida die Diskussion gab, die Proteste »Pegada« zu nennen: »Patriotische Europäer gegen die Amerikanisierung des Abendlandes«.[58] Die Entscheidung sei dann aber für den Begriff »Islamisierung« gefallen, da dies das drängendere und greifbarere Problem sei, mit dem das Volk besser zu mobilisieren gewesen sei. Über die Gefahr des Amerikanismus mache er sich keinerlei Illusionen. Für eine direkte Kampagne sei diese jedoch zu abstrakt, zumal man in Deutschland heute die amerikanische Kultur im Gegensatz zur islamischen verinnerlicht habe. Daher, so Elsässer im Konsens mit den identitären Gästen, müsse man eben erst den konkreten Gegner Islam in Europa schlagen, bevor es den subtiler wirkenden Einflüssen Amerikas an den Kragen gehen könne. Seine Unterscheidung zwischen dem angreifbaren Feind auf dem eigenen Territorium und dem verborgenen, einstweilen unerreichbaren Hauptschuldigen USA trägt deutliche Züge der schmittschen Unterscheidung zwischen »wirklicher« und »absoluter« Feindschaft.

Gleich mehrere solche Angriffe auf den Westen formulierte Martin Lichtmesz. Nach dem Massaker in der Redaktion des französischen Satiremagazins *Charlie Hebdo* am 7. Januar 2015 verdeutlichte er unmissverständlich in der *Sezession* mit einem vierteiligen Essay: *Ich bin nicht Charlie.* Er leitete mit einem Rückblick auf den 11. September 2001 ein, nach dem plötzlich alle Amerikaner sein wollten. Er hingegen habe gehofft, »der nahezu allmächtige globalistische Krake« USA werde endlich wanken wie die Twin Towers als »Tempel der Hochfinanz und des imperialkapitalistischen Babylons«.[59] Zu *Charlie Hebdo* schrieb Lichtmesz, dem sonst wenig Zuneigung zu Muslimen in Europa zu unterstellen ist, es sei zu viel von ihnen verlangt, »die Schändung des ihnen Heiligen« zu dulden. Er selbst »habe generell keine Sympathie für Blasphemie um der Blasphemie willen, schon gar nicht, wenn sie so minusbeseelt und billig betrieben wird wie von *Charlie Hebdo* […]. All das ist nichts anderes als das Äquivalent von ›Pussy Riot‹ oder den Tittendummies von Femen, die von ihren Hintermännern wie Nutten auf den Proteststrich geschickt und von amerikanischen Geschäftsmännern gesponsert werden.«[60] Illustriert war der Text unter anderem mit einem Cartoon, in dem eine züchtig mit Hidschab verhüllte muslimische Frau von einer westlichen »Schlampe« mit Minirock und Zigarette feministisch über ihre »Würde« belehrt wird.

DIE HASSLIEBE ZUM ISLAM

Lichtmesz' Position war nicht sehr überraschend, wie viele Neue Rechte verbindet ihn mit den Islamisten eine Art Hassliebe auf der Basis gemeinsamer grundlegender Werte. Dies ging schon aus einem Angriff mehr als zwei Jahre zuvor auf Michael Stürzenberger hervor. Damals hatte Lichtmesz in der *Sezession* seine Kritik an Stürzenbergers Vortrag auf dem »zwischentag« 2012 präzisiert. Für ihn waren die Invektiven des Münchner Rechtspopulisten gegen den Islam in erster Linie ein Produkt des amerikanischen Einflusses nach 1945. Um das zu unterstreichen, griff Lichtmesz den Begriff des »Nasenrings« auf, Mohlers Sprachbild, um die kritische Aufarbeitung der NS-Vergangenheit zu denunzieren. Auf Stürzenbergers Faschismus-Vergleich angewandt hieß es bei Lichtmesz: »Hier spricht der Prototyp des naiven, affektiven Umerziehungsdeutschen, der zeigen will, daß er der Klassenbesteste ist: wie er in der Schule gelernt hat, entstammt ja auch er einem Barbarenvolk, das erst durch die humanistische Intervention der Angloamerikaner ins Freiheitsparadies von

Demokratie und Grundgesetz gebombt werden mußte. Nun ist der deutsche Neger ewig dankbar und stolz darauf, einen Zylinder und einen goldenen Nasenring tragen zu dürfen.« Die auf dem »zwischentag« verwendete Krankheitsmetapher Moeller van den Brucks – »An Liberalismus gehen die Völker zugrunde!« – setzte Lichtmesz bei der *Sezession* fort und schrieb über Stürzenbergers »liberalen« Antiislamismus: »Genauso gut könnte Stürzenberger sagen: ich bin gegen Viren, aber für AIDS, laßt uns kämpfen für unser schönes AIDS!«[61] Die eigentliche »Krankheit« ist für Lichtmesz 1945 mit dem Sieg der Alliierten tief in den europäischen Kontinent eingedrungen. In einer langen Aufzählung der Symptome des deutschen Identitätsverlusts – Lichtmesz nennt Geburtenrückgang, Geschichtsverlust, Finanzmärkte, Verschwinden von Familienwerten und gewachsenen Strukturen etc. — macht er deutlich: »Die Moslems sind nicht schuld!« Schuld sind in seinen Augen vielmehr jene, »die heute die Regierungen der Welt kontrollieren und vor sich hertreiben«. Den Selbst-bewusstlosen Deutschen sei das nicht klar, sie seien »durch ein anderes Gift gelähmt und umnebelt«. Teil dieser Intoxikation ist für Lichtmesz die von »Stürzenberger und anderer *pi*-Illuminaten« geübte Islamfeindschaft, die nur zu »Surrogat-Identitäten wie die liberalen Allgemeinheiten oder blindes USA- und Israel-Partisanentum« führten.[62]

Diese antiuniversalistische Ideologie mitsamt ihren Unterformen Antimarxismus, Antiliberalismus und Antisemitismus ist historisch tief verankert und wirkt bis in die Gegenwart fort. Ernst Nolte, einer der Hausgötter dieses Milieus, legte in seinem Buch über den *Islamismus als dritte Widerstandsbewegung* eine sehr ähnliche Argumentationsfigur von Infektion und Vergiftung vor. Er bemüht einen Reisebericht aus den dreißiger Jahren, dessen Autor beschrieb, wie »er in einem Café neben weißbärtigen alten Arabern gesessen habe, die in großer Ruhe ihre Wasserpfeifen rauchten, und dass plötzlich eine Gruppe junger zionistischer Siedler vorbeigegangen sei: junge Männer und Frauen in leichter Bekleidung, plaudernd und lachend, ihr Arbeitsgerät auf den Schultern. Die arabischen Greise hätten sich höchst befremdet, ja fassungslos gezeigt.« Nolte fasst die Szene zusammen: »Für sie stellten diese jungen Zionisten ein Musterbild alles dessen dar, was befremdend und hassenswert an der Moderne war.«[63] Die verständnisvolle Beobachtung stammte von keinem Geringeren als dem NS-Propagandisten Giselher Wirsing, einem der »Konservativen Revolutionäre« Armin Mohlers. Für Nolte versinnbildlicht sie den Einbruch der westlichen Moderne in den Orient durch ihre jüdischen Träger. Auch er greift für seine Verteidigung der arabischen Judenfeindschaft auf das Muster von »wirklichen« und »absoluten« Feinden zurück. In seiner Interpretation verband die arabische Politik damit den sichtbaren Feind des Zionismus mit einem allgemeinen: der »Okzidentose«. Diese bedrohe »den ganzen Islam von innen« und habe Nolte zufolge »viel mit dem Wirken der Juden innerhalb der angeblich christlichen Kultur zu tun.«[64] Mit seiner drastischen Metapher von der »Okzidentose« hat Noltes Apologetik die enge Verbindung von Antiuniversalismus, Islamismus und Antisemitismus bestätigt. Noltes Buch wäre durchaus zu skandalisieren gewesen, ein nennenswertes Echo fand der ehemals einflussreiche Historiker allerdings nur in der *Jungen Freiheit* und bei *Hier & Jetzt*. Die dortige positive Rezeption wird auch durch eine Wiedererkennung eigener Standpunkte befördert worden sein. Denn was Nolte hinsichtlich der Ähnlichkeiten des fundamentalistischen Islam mit den eigenen historischen Vorbildern begrüßte, war bereits 1998 bei den Nationalrevolutionären von *wir selbst* zu lesen. Ihr Urteil lautete: »Der heutige islamische Fundamentalismus wie auch die Konservative Revolution im Deutschland der Zwischenkriegszeit sind beide Ausdruck des Widerstands gegen die Moderne auf dem Boden der Moderne selbst.«[65] Das war eine exakte Bestimmung, allerdings war sie nicht als Kritik, sondern als Kompliment gedacht.

Diese Annäherungen zeitigen mitunter Konsequenzen, die auf den ersten Blick verwirren, aber eine tiefe Logik haben. Der bereits erwähnte langjährige *JF*-Autor Manuel Ochsenreiter, einstmals Beiträger im Band *Wir 89er,* später Chef der *Deutschen Militärzeitschrift* und heute bei *Zuerst!,* pflegt seit vielen Jahren hervorragende Beziehungen in den Iran. Er ließ sich in Deutschland wohlwollend von Islamisten interviewen, besuchte 2008 die Hisbollah, posierte auf einem zerstörten israelischen Panzer und beschwor die islamischen Freiwilligen in der Waffen-SS.[66] 2014 besuchte er eine Konferenz von Holocaust-Leugnern in Teheran, im Mai 2016, so vermeldeten iranische Exil-Kreise, hat ein iranischer Staatsverlag sein Buch über *Die Macht der zionistischen Lobby in Deutschland* auf Farsi verlegt.[67] Diese Details stützen den Befund, dass dem Islam wesentlich weniger grundsätzliche Feindschaft gilt, als es aus der Rhetorik der Neuen Rechten zu vermuten wäre.

Samuel Salzborn kam in einer Analyse des Religionsverständnisses der *Sezession* zu einem ähnlichen Ergebnis. Nach einer Auswertung zahlreicher Artikel der Zeitschrift zu den monotheistischen Religionen fasste er zusammen, dass aus Sicht der Zeitschrift das Christentum das »Eigene« und der Islam das »Fremde« darstellt, das Judentum jedoch als das »Andere« von einer möglichen Wesensgleichheit ausgeschlossen ist. Während die *Sezession* für den Islam eine »furchtvolle Faszination« entwickelt habe, stellen Juden »alles in Frage, wofür die *Sezession* streitet, und werden demgemäß in der antisemitischen Vorstellung dann auch ident mit der Moderne, der Aufklärung und allen universalistischen Weltbildern« gesetzt.[68] In diesem Geiste positioniert sich auch die *Blaue Narzisse,* wenn sie schreibt, »jüdische Organisationen« verträten meist »linksradikale Positionen« und agitierten »massiv für Multikulti und gegen Patrioten«.[69]

Erinnert sei auch nochmals an Alain de Benoists Äußerung über den identitätszerstörenden Universalismus, im Gegensatz zum Islam, der lediglich eine andere Identität habe. Diese Grundstruktur findet sich in der gesamten Argumentation von »wirklicher« und »absoluter« Feindschaft wieder. Sie entspricht einer Logik, die der Antisemitismusforscher Klaus Holz als die Figur des »Dritten« benannt hat.[70] Mit diesem Instrument lässt sich der Unterschied zwischen der antisemitischen Weltanschauung und anderen ablehnenden Fremdbildern kategorial fassen. Juden sind demnach im Antisemitismus nicht »fremd«, sondern grundlegend »anders«. Sie bieten nicht einfach einen Gegenentwurf zur eigenen Identität mittels einer differenten Identität, sondern die völlige Negation von Identität. Da im Denken der Neuen Rechten dem Universalismus dieselbe Rolle zukommt, ist es nur folgerichtig, dass Vergangenheitsbewältigung und jüdische Wortmeldungen als dessen Ausdruck gesehen werden. »Der mächtigste Dämon der Gegenwart ist die Zivilreligion, in der Auschwitz an die Stelle Gottes tritt«, war in einem Leitartikel von Thorsten Hinz in der *Jungen Freiheit* zu lesen.[71] Der gleiche Autor führte in einem anderen Text das wachsende Selbstbewusstsein muslimischer Funktionäre auf den deutschen »Schuldkult« zurück, der nun von den Islamverbänden ausgebeutet werde. Ähnlich wie Lichtmesz sieht auch Hinz im Ausblenden des angeblichen Zusammenhangs zwischen deutscher Vergangenheitsbewältigung und islamischer Expansion den »blinden Fleck der Islamkritik«: »Das bedeutet, daß die zivilreligiöse Praxis den Boden für das Vordringen des Islam in Europa in moralischer, psychologischer und politischer Hinsicht mitbestellt hat.«[72]

Vergangenheitsbewältigung wird in allen Medien der Neuen Rechten als fremdinduziertes Mittel zur Unterdrückung der deutschen Identität gesehen. Von einem Abschied vom Antisemitismus kann vor diesem Hintergrund keine Rede sein. Selbst bei denjenigen Rechtspopulisten, die Israel als Bollwerk gegen eine islamische Bedrohung akzeptieren, endet das Verständnis, sobald es um historische Belange geht. Aus diesem Grunde ist es auch unangemessen, die Feindschaft gegen den Islam mit dem Antisemitismus gleichzusetzen. Die beliebte Parallele mit den dreißiger Jahren geht schon historisch nicht auf. Um das zu erkennen, reicht eine kurze Reflexion, wie sie der im Januar 2015 von Islamisten ermordete *Charlie Hebdo*-Chefredakteur Stéphane Charbonnier (»Charb«) noch zu Papier brachte. »Charb« benannte am Ende einer klugen Polemik wesentliche Differenzen: »[G]ab es 1931 einen internationalen Terrorismus, der sich auf das orthodoxe Judentum stützte? Drohten jüdische Dschihadisten damit, in Libyen, Tunesien, Syrien und im Irak das Pendant zur Scharia einzuführen? Schickte ein Rabbiner namens Bin Laden einen Doppeldecker, um frontal auf das Empire State Building zu prallen?«[73] Nein, die Rahmenbedingungen des Islam heute unterscheiden sich fundamental von der Situation der Juden am Vorabend des Nationalsozialismus. Die Neue Rechte hat daher keineswegs den »›Hauptwiderspruch‹ vom Judentum auf den Islam übertragen«, wie Claus Leggewie behauptet.[74] Das festzustellen bedeutet nicht, ihre Feindschaft kleinzureden. Ohne Zweifel formuliert auch die Neue Rechte zuhauf rassistische Angriffe gegen Muslime, die mit einer pauschalen Verdammung ihrer Religion einhergehen. Es mag sogar Punkte geben, an denen antisemitische und antiislamische Agitatoren gleiche Motive bedienen, wie den Vorwurf der nationalen Illoyalität oder eine generelle Sündenbockfunktion. Der Antisemitismus bietet jedoch ein viel dichteres Weltbild zu einer Abwehr der Aufklärung. Niemand käme auf die Idee, dem Islam die Schuld an Fortschritt, Säkularisierung, Frauenemanzipation, Kulturindustrie, Marxismus und Liberalismus zu geben, also allen von der Rechten als schädlich reklamierten Begleiterscheinungen der universalistisch ausgerichteten Moderne. Mit den Negativmerkmalen des »ortlos« und »destruktiv« zirkulierenden Kapitals werden ausschließlich Juden von Antisemiten gleichgesetzt. Der Aufstieg des Islam zur Bedrohung gilt als Folgeerscheinung des Universalismus, während im Judentum vom Antisemiten seine unmittelbare Gestalt gesehen wird. Im ersten Fall hat der Gegner eine »wirkliche« fremde Identität, die die eigene herausfordern mag, die aber auch zu schlagen ist. Im zweiten Fall wird die Auflösung des »Eigenen« ins absolute Nichts gefürchtet. Diese Unterscheidung muss in der Kritik der Ressentiments beachtet werden. Der Kampf gegen die rassistische Diskriminierung ist notwendig. Die verbreitete Behauptung, die Muslime seien »die Juden von heute«, führt jedoch in die Irre und ist daher nicht hilfreich.

DIE EIGENE GESTALT: DER WEG DER MÄNNER

»Der Feind ist unsere eigene Frage als Gestalt.« Mit der amerikanischen Hemisphäre und dem Nahen und Mittleren Osten wurde der »Raum« des Feindes definiert. Im westlich-revolutionären Universalisten und dem Muslim hat dagegen die

»Gestalt« des Feindes in ihrer »absoluten« und »wirklichen« Form Konturen bekommen. Extrahiert man nun aus diesen beiden Bestimmungen die »Frage«, die sich nach Carl Schmitt ergibt, so ist es die Frage nach der Identität. Der Islam als »wirklicher Feind« ist die greifbare Entsprechung des »Eigenen«, darauf weisen bemerkenswerte Überschneidungen im Wertegebäude hin. Der Universalismus als absoluter Feind dagegen gibt ex negativo Aufschluss über das »Eigene«.

Wie kaum ein anderes Beispiel stehen für die Überschneidung in der autoritären Weltanschauung, sei es in der politischen Rechten, sei es im religiösen Konservatismus, die rigiden Vorstellungen von Geschlechteridentität. Sie alle führen als Identitäre in ihrer Angst vor dem Nicht-Identischen einen wahren Feldzug gegen jede Form der Verunsicherung eines festen Geschlechterschicksals. Darin wurzelt die Todfeindschaft gegen alles, was diese Kategorien infrage stellt, sei es der lebensplanerische Ausbruch aus den festgelegten Rollen, Trans- und Homosexualität oder eben die Hinterfragung ihrer Geschlechterwirklichkeit durch die Gender-Theorie. Im Fall der Neuen Rechten ist der Wunsch nach ungebrochener Klarheit ebenso deutlich wie verräterisch. Die Kampagnen gegen »Gender-Wahn«, die Gleichstellung von Frauen und Homosexuellen haben in den letzten Jahren eine enorme Zugkraft entwickelt und bilden dabei Brücken in andere rechte Lager, wie beispielsweise den christlichen Fundamentalismus. Im Zentrum steht dabei ein Begriff von traditioneller Männlichkeit, der sich von anderen Identitätskonzepten positiv abheben soll. Herausstechendes Beispiel dafür ist das Buch *Der Weg der Männer* des US-amerikanischen Autors Jack Donovan, das Martin Lichtmesz für Antaios übersetzt hat. Der Titel wurde vom Verlag stark in den Vordergrund gestellt und nach dem Erscheinen 2016 zum Kultbuch der Identitären Bewegung stilisiert. Antaios pries es als »Reconquista maskuliner Ideale« und »Re-Polarisierung der Geschlechter«.[75] Angesichts dessen, dass dieses Buch alles auf den Kopf stellt, was die konservative Selbstbeschreibung »abendländischer Kultur« gemeinhin für sich in Anspruch nimmt, ist die Aufnahme ins Verlagsprogramm zunächst bemerkenswert.

Donovan ist Vertreter eines hypermaskulinen Neotribalismus und erklärten neuen Barbarentums. Als Mitglied der »Wolves of Vinland«, einer dem Spektrum weißer »Hate Groups« in den USA zugehörigen »Stammesgemeinschaft«, fühlt sich Jack Donovan einem »germanischen Heidentum« verpflichtet. Demonstrativ pflegt er den Stil des Neowilden – mitsamt Blog und Videoclips.[76] Das dazugehörende Erscheinungsbild ist dem »onepercenter« des kriminellen Rockertums angeglichen, stolz präsentiert er einen bis zur Unproportionalität im Muskelstudio aufgepumpten und mit Tätowierungen übersäten Körper. Auf der ärmellosen Jacke imitieren zahlreiche Aufnäher militärische Rangabzeichen, es wird mit Waffen posiert, Kampfsport getrieben und das ländliche Leben gelobt. Die äußeren Anleihen bei der Inszenierung von Straßenbanden und paramilitärischen Milizen sind programmatisch, denn Donovan predigt, dass »die Bande der Kern der männlichen Identität sind«.[77] Als Referenz dient Donovan die Schimpansenhorde, Gruppenhierarchien und Zugänge zu Ressourcen regeln in seiner »realistischen« Welt das Faustrecht. Raub, Mord und Vergewaltigung sind dabei als lästige Begleiterscheinungen zu betrachten. Kathrin Glösel schrieb daher treffend, der Titel des Buches sei unvollständig und hätte »im Grunde einen Zusatz verdient: ›Der Weg der Männer, Täter zu werden‹«.[78]

Donovan singt das bekannte Lied vom ewigen Ausnahmezustand. Das ständig wiederholte Grundmotiv ist, dass bei einem umfassenden Zusammenbruch der Zivilisation nur Gruppenstrukturen überlebensfähig seien, in denen sich die »natürlichen« Anlagen des Menschen unverfälscht widerspiegelten. Dieser Kollaps ist für Donovan eine reale Gefahr, die durch eine Zombie-Apokalypse, eine Alien-Invasion, einen Atomkrieg oder ein Killer-Virus versursacht werden kann – hinsichtlich der Risikoanalyse erweist sich der Autor als eifriger Adept der Kulturindustrie. In der schließlich auf »Jagen und Kämpfen« zurückgeworfenen Gesellschaft seien vor allem »männliche« Tugenden gefragt. Da die Frauen schon durch ihre Fruchtbarkeit in den Überlebensfertigkeiten eingeschränkt seien, würden sich zwischen ihnen und den Männern ganz natürlich Hierarchien und Rollenbilder ergeben. Letztlich stellten die Frauen Ballast dar, den man aus Gründen der Reproduktion dulden müsse.

Die sicherste Art zu überleben böte eine loyale Kampfgemeinschaft in Form einer »Gang«. In der noch bestehenden Zivilisation gelte es nun, deren Strukturen bereits zu schaffen, um auf das Unvermeidliche vorbereitet zu sein. Am besten sei es, in diesen autonomen Kleinstordnungen schon jetzt die noch herrschenden zivilisatorischen Normen außer Kraft zu setzen, sie hätten im Ernstfall ohnehin keinen Bestand. Das betrifft vor allem die Gleichberechtigung der Geschlechter, in der Donovan ohnehin nur Angriffe auf männliche Grundrechte sieht: »die Natur ist eben ungerecht.«[79]

In der Gegenwart drohe dem Mann jedoch die doppelte Entfremdung: zunächst durch die Zivilisation von seinen natürlichen Eigenschaften als Rudelmitglied und anschließend durch die zivilisationsgestärkte Frau von seinen natürlichen Eigenschaften als Mann. Die durch die Zivilisation »verweiblichten« Männer seien in Wahrheit unterwürfige Männer und damit keine wehrhaften Männer, also schlichtweg keine Männer. In der Argumentation deutet sich schon der nächste Schritt Donovans an: die Ablehnung von Homosexualität. In ihr sieht er ein Produkt zivilisatorischer Domestizierung und meint, diese »Art von Unterwürfigkeit korreliert mit männlicher Homosexualität.«[80] Homosexualität ist dabei für Donovan weniger eine sexuelle Praxis, sondern wird als übernommene »weibliche« Verhaltensweise gewertet. Für ihn ist der homosexuelle Mann der durch die Zivilisation verweiblichte Mann. Es gehört zu den Paradoxien Donovans, dass sein als Kreuzzug gegen die Gender-Theorie angelegter Lobgesang auf den männlichen Mann das Geschlecht selbst immer wieder über soziale Praktiken definiert. Dass er den Gender-Begriff damit bestätigt, statt ihn zu widerlegen, fällt seinen Anhängern nicht auf. Seine Referenz ist die eigene Erfahrung. Lichtmesz zufolge lebte Donovan lange als »offen homosexuelle[r] Autor«, bis er sich »von der Identitätspolitik und Ästhetik der Schwulensubkultur verabschiedete«, da er deren »linksgerichtete, effeminierende und feminismusfreundliche Agenda« ablehnte.[81]

Dieser apokalyptische Frauenfeind mit dem Hang zum Neandertaler wurde im Verlag Antaios und von den Identitären freudig als Teil der eigenen Familie begrüßt. Martin Lichtmesz schreibt begeistert, es sei angesichts dieser Grundüberzeugung »nur konsequent, daß sich Donovans Positionen seither immer weiter nach rechts bewegten«.[82] Die Reduktion der Gesellschaft auf das Instinktverhalten der Tierwelt wurde korrekterweise als Entsprechung des eigenen Denkens identifiziert. Die Rückbesinnung auf Natur ist dabei eine klassische Regressionsform des ehemals kulturfixierten Konservatismus in seiner Radikalisierung. Eines der ersten Argumente, mit denen die Identitäre Bewegung den Nachweis erbringen wollte, nicht rassistisch zu sein, lautete: »Eine

Kohlmeise, die ihr Revier verteidigt, ist auch nicht kohlmeisenfeindlich!«[83]

Eigentlich bedarf diese neuerliche Schwundstufe konservativen Denkens in den reinen Primitivismus keines weiteren Kommentars mehr. Zur Kenntnis genommen werden sollte jedoch noch das – neben den Anmerkungen von Lichtmesz – zweite Nachwort in Donovans Buch, das mit dem Pseudonym »Raskolnikow« unterzeichnet ist. Langjährigen Lesern des *Sezession*-Blogs ist dieser nach einem Charakter Dostojewskijs benannte Autor schon durch seine zahlreichen Kommentare ein Begriff. In dem bekenntnisreichen Gesprächsband *Tristesse Droite* wird er – weiterhin unter Pseudonym – den Lesern als eine Art idealer *Sezession*-Abonnent vorgestellt. Dem Porträt zufolge handelt es sich bei ihm um einen kampferfahrenen Kommandosoldaten der Bundeswehr, der heute zwischen seinen Wohnorten in Ostdeutschland und Russland pendelt. Eine Aufzählung soll ihn charakterisieren: »Zwölf Militärjahre. Kommando Spezialkräfte, Ingenieursstudium in Berlin, Afghanistan, Pakistan, Irak, Syrien und Ukraine.«[84] Seine Anmerkungen zu Donovan garniert er mit Frontberichten von der Seite prorussischer Donbass-Einheiten. Das Ethos, das ihm für das Donovan-Nachwort aus der Feder fließt, ist offensichtlich an Oswald Spengler und Ernst Jünger geschult und stimmt nachdenklich über die mentale Disposition einsatzerfahrener deutscher Elite-Soldaten: »Für uns ist das Opfer die ultimative Tat. Die vollkommene Hingabe, die nicht nur gut ist, sondern absolut männlich. Das Numinosum des Schwurs, der Treue bindet alle unerbittlich. Bruder tötet Bruder, weil der Eid ihn verpflichtet. Die Nibelungen sind das Ideal der totalen Männlichkeit, die jedem schlauen Menschen als wahnwitzig erscheinen muß. Dieser Heroismus erweckt bei den Gebildeten entweder Schrecken oder Hohn. Beides ficht uns nicht an.«[85] »Raskolnikow« reichert Donovans Barbarentum mit den klassischen Mythologemen der Rechten an und dient dem Buch als Zeuge für die Anwendbarkeit des *Weg der Männer* auch auf dem alten Kontinent. Er empfiehlt das Buch als Geschenk für »diejenigen, die wir in unserer Bande haben wollen«.[86]

Der Übersetzer und *Sezession*-Autor Lichtmesz hat eine ausgesprochene Schwäche für solch einen antizivilisatorischen Hypermaskulinismus. Schon in der von ihm hofierten Casa Pound gehörte die Pose des Täters ebenso zum guten Ton wie bei ihren avantgardistischen Vorbildern. Die Romanfigur *Mafarka* (1909) des italienischen Futuristen Marinetti zieht mordend und vergewaltigend durch Afrika – und konnte bei Bedarf ihr Geschlechtsteil als Mast ihres Segelschiffes nutzen.

Glösel weist zudem auf die Nähe der Konzeption Donovans zum klassischen Männerbund Hans Blühers hin, dessen Schriften zum Kanon der »Konservativen Revolution« zählen.[87] Noch für Weißmann, der selbst ein Buch mit dem Titel *Männerbund* verfasst hat, ist diese Welt nicht unbekannt. Als Schüler Mohlers ist er selbstverständlich mit den Werken Blühers zum »mann-männlichen Eros« vertraut. Auch er sieht einen natürlichen Drang der Männer zur Hordenbildung, beklagt die Dominanz angeblich »weiblicher« Werte und fordert mehr Akzeptanz für Gewalt als natürliche männliche Eigenschaft. Die von Donovan im Internet präsentierten Clips lassen sich den von Weißmann beschriebenen »Ekstasen und Waffentänzen« zuordnen. Donovans »Gang« ist ein wenn auch stark reduzierter und privatisierter »Kampfbund«. Insgesamt folgt Weißmanns Bekenntnis zur »Notwendigkeit des Kriegertums« und dem damit verbundenen »kriegerischen Ethos« als Garantie für den »Fortbestand der größeren Gemeinschaft« durchaus einer ähnlichen Logik wie Donovan.[88] Doch bei Weißmann mündet der archaische Männerbund in die höheren Organisationsformen von Staat, Politik und Armee, während Donovan den umgekehrten Weg über blankes Barbarentum und Gangsterpose zurück an den Ursprung des Stammes sucht. Eine klassische Regression in der Hochzivilisation – die im Hause Antaios ihre Bewunderer findet, wo man offensichtlich ebenfalls »den Sturz des globalistischen Babelturms« ersehnt.[89] Angesichts der »Verteidigung des Abendlandes« im Bündnis mit Hooligans ist das allerdings auch nicht mehr verwunderlich. Die Neigung von Verlagschef Kubitschek zu Prosa und Posen dieser Art, die sich sowohl bei seinen Pegida-Reden als auch im Verlagsprogramm niederschlägt, kommentierte Weißmann nach seinem Scheiden aus dem Institut für Staatspolitik mit deutlichen Worten: »Kubitschek ist eigentlich kein politischer Kopf. Das können Sie schon an den immer wieder bemühten Schlüsselbegriffen ›Provokation‹, ›Existentialismus‹, ›Stil‹ sehen. Da verwechselt jemand Literatur mit Staatslehre und Ästhetik mit Politik. Was selbstverständlich fatale Konsequenzen nach sich zieht, wenn der betreffende trotzdem Politikberatung treibt.«[90]

WÄCHTER DES »EIGENEN«

Der Reiz Donovans für ein Milieu, das sich selbst immer wieder als »konservativ« bezeichnet, liegt vor allem in der anthropologischen Argumentation. Zu ihr neigen auch bürgerliche Konservative, wenn sie »die Natur des Menschen« beschwören. Diese Überzeugung unterscheidet sich von den liberalen Appellen an die Einsichtsfähigkeit durch die klare autoritäre

Ausrichtung. In den Kreisen Kubitscheks heißt es: »[W]ir gehen davon aus, daß der Mensch sowieso gesagt bekommen muß, was er tun soll.«[91]

Gewöhnlich dient der Hinweis auf die anthropologische Konstante als Rechtfertigung der Einhegung dieser Triebe durch die Autorität der Institution. Selten entlarven sich ihre Verfechter selbst dermaßen als die eigentlichen Barbaren wie Donovan. Doch das Gerede von Territorien, Ressourcen und Gruppen hat vor dem Hintergrund der Flüchtlingskrise seinen Reiz, da diese in genau diesen Registern wahrgenommen wird: als »Invasion Fremder«. Hier ist Donovans Lehre vom ewigen Ausnahmezustand, der das Testosteron männlicher »Wächter« brauche, willkommen. Die in seinem Buch beschriebenen Dinge entsprechen der rechten Lesart der Flüchtlingskrise als Bedrohung der eigenen Reviervorrechte: »Wenn man ein bestimmtes Territorium für sich beansprucht und dessen Grenzen absteckt, dann trennt man mit diesem Akt die eigene Gruppe vom Rest der Welt. Die Menschen innerhalb des Reviers werden zum Wir, während alle bekannten und unbekannten Wesen außerhalb des Reviers die anderen sind. […] Männer wissen, was Männer brauchen und wollen. Wenn unsere Männer etwas besitzen, das andere Männer brauchen oder wollen, dann müssen wir uns vor diesen anderen Männern hüten. Die Dinge, die für Männer wertvoll sind – Werkzeuge, Nahrung, Wasser, Frauen, Vieh, Obdach, Jagdgründe oder Ackerboden – müssen vor anderen Männern geschützt werden, die möglicherweise verzweifelt genug sind, uns Schaden zuzufügen, um in den Besitz dieser Dinge zu gelangen.«[92] In dieser tribalistischen Logik ist die Sicht jener identitären Kreise auf die Flüchtlingskrise zusammengefasst, die sich am Programm des Antaios Verlags orientieren. Zudem ermöglichen sie Rückschlüsse auf die von der *Sezession* und »Ein

Prozent« erwünschten »Widerstandsschritte«. Unter ihrem Beifall entwickelt Donovan die Logik eines zum Überlebenskampf von Stämmen sich zuspitzenden Konflikts, des ultimativen Ernstfalls, auf dessen Vorbereitung die gesamte Existenz auszurichten ist. Die unmittelbaren Konsequenzen einer solchen Weltsicht vom Mann als »Wächter« werden von »Raskolnikow« ausformuliert: »Hört auf, wie Demokraten zu reden! Donovans Buch kommt zur richtigen Zeit, denn der Gesellschaftsvertrag, der dem wehrlosen Bürger umfassende Sicherheit garantiert, verliert Schritt für Schritt seine Gültigkeit.«[93]

Diese Kapitulation von Kultur vor der angeblichen Natur sucht das, was Konservative gewöhnlich ihren Gegnern vorhalten, selbst als Ideal. Neiderfüllt schreibt Lichtmesz daher vom »Alphamacho Islam«, dem sich die westliche Linke durch die Dekonstruktion der Geschlechter masochistisch ausliefere.[94] Letztlich bestätigen die unbekümmerte Reduktion der menschlichen Existenz auf Sex und Gewalt durch Donovan und seine Bewunderer ebenso wie der Zuspruch, den er aus der identitären neurechten Szene dafür erfährt, einen alten Befund: Die Fixierung auf Verbrechen von Migranten in diesen Bereichen entspringt der Trauer, selbst nicht mehr »so« sein zu dürfen, und dem Wunsch, es den fremden Tätern mit gleicher Münze heimzuzahlen. Um jedes Missverständnis in dieser Hinsicht auszuschließen, schreibt Donovan schließlich selbst über die Attentäter vom 11. September 2001 voller Anerkennung, sie hätten »Eier aus Stahl« gehabt.[95]

Es ist zu befürchten, dass die Islamisten für solch ein zweifelhaftes Kompliment durchaus zugänglich gewesen wären. Aus kulturgeschichtlicher Perspektive ist zwar noch der grausamste Islamist in seinem Anspruch, die Ordnung Allahs auf Erden umzusetzen, im Vergleich zu Donovans Idealisierung des Gewalttriebs weiter entwickelt. Beide jedoch teilen sich das heroisch-maskuline Weltbild, gepaart mit Frauenverachtung und Homophobie. Diese Männlichkeitskulte bilden eine stabile Brücke zwischen allen autoritären Strömungen. Der Terrorismus vom 11. September, der Maskulinismus Donovans und der Casa Pound treffen sich in der heroischen Geste des Kriegers, der die Zivilisation verachtet. Eine Passage aus dem futuristischen Manifest, das Filippo Marinetti »unter den Lampen der Moscheen« auf das Papier geworfen haben will, lautet: »Wir wollen den Krieg preisen, – diese einzige Hygiene der Welt – den Militarismus, den Patriotismus, die zerstörende Geste der Anarchisten, die schönen Gedanken, die töten, und die Verachtung des Weibes.«[96] Noch als ästhetisches Konzept wird die Transformation der »dekadenten« Zivilisation in die totale Barbarei angestrebt.

Claus Leggewie sieht im Männlichkeitskult und der Homophobie einen gemeinsamen Nenner von Islamisten und identitären Rechten. Wer nach der Art Breiviks und Dugins in Europa nur ein verweichlichtes »Gayropa« sieht, befindet sich auch in dieser Frage in einer Wertegemeinschaft mit den islamischen Eiferern. Auch Michel Eltchaninoff weist auf diesen Sachverhalt als Brücke zwischen westlichen Anti-Europäern und russischem Neokonservatismus hin. Als Wladimir Putin 2012 den innenpolitischen Druck verschärft und von einer »›unerbittlichen Konkurrenz‹ der ›Wertekodizes‹« mit dem Westen gesprochen habe, sei das vor dem Hintergrund geplanter Eherechtsreformen in Westeuropa geschehen, mit denen im Familienstandsrecht Homosexualität der Heterosexualität gleichgestellt werden sollte. Durch seine scharfe Polemik gegen den Westen habe Putin »ein Schlachtross bestiegen, das es ihm erlaubt, das gesamte konservative Europa hinter sich zu vereinen: der Kampf gegen die ›homosexuelle Kultur‹«.[97] Von der Bedeutung der Homophobie in allen rechten Bewegungen zeugen die Aktivitäten der Kreise um Beatrix von Storch mit der »Demo für alle« und deren französisches Vorbild der »Manif pour tous« gegen die Homo-Ehe. Eine deutliche Brücke schlug auch der sachsen-anhaltinische AfD-Abgeordnete Andreas Gehlmann, als er im Juni 2016 während einer Landtagssitzung Sympathie für die Kriminalisierung von Homosexualität in Nordafrika zu Protokoll gab.[98] Die Begründung der Fraktion, der Abgeordnete habe keineswegs Gefängnisstrafen für Homosexuelle fordern, sondern nur seiner Ablehnung eines allgemeinen »Sittenverfalls« Ausdruck geben wollen, überzeugte als Dementi nicht.[99] Hinsichtlich dieser Sitten ist sich Gehlmanns Parteikollegin Frauke Petry mit dem türkischen Präsidenten Erdogan immerhin darin einig, dass die ideale Familie drei Kinder haben müsse.[100] Ob bei russischen Antiwestlern, religiösen Frömmlern oder hiesigen Rechtspopulisten, letztlich geht die homophobe Haltung zwangsläufig mit klassischen Rollenbildern einher. Sie alle teilen sich einen biopolitischen Kern, der sich um den Erhalt der eigenen Gruppe dreht und mit Donovans Denken deckungsgleich ist. Wie Leggewie schreibt, »unterminieren nämlich gleichgeschlechtliche Beziehungen die bio-soziale Reproduktion der je eigenen Zivilisation und Religion, denn aus solchen Beziehungen gehen keine Kinder hervor, die im Ernstfall als Soldaten in die Schlacht geschickt werden können«.[101]

Der Kult bei Antaios und den Identitären um Donovan belegt einmal mehr die vollständige Ablösung des Milieus von allen für sich sonst in Anspruch genommenen konservativen Resten. Dass Lichtmesz Donovans Bekenntnis zum Barbarentum als »realistischen Zugriff« auf das Thema »Männlichkeit« preist, ist eine zivilisatorische Kapitulationserklärung, die keinem Konservativen je in den Sinn gekommen wäre.

Der klassische Konservatismus schafft Institutionen, um das kulturell einzuhegen, was Donovan (unter Lichtmesz' Beifall) lustvoll durchbrechen sehen will: Triebe, Instinkte, Gewalt, kurzum die bloße Natur. Doch bei genauerer Betrachtung ist die Entscheidung konsequent, denn Donovan ist Teil der neurechten Familie. Er ist eng mit dem Milieu der Alternative Right verbunden, einer rassistischen Strömung jenseits der christlichen Hauptlinie der US-Rechten. Sie hat durch ihre Unterstützung von Donald Trump nach der Wahl vom 9. November 2016 auch in Deutschland einige Aufmerksamkeit auf sich gezogen. Einer kundigen Einschätzung zufolge kann sie »als das US-amerikanische Pendant zur europäischen Neuen Rechten verstanden werden, mit der sie das Primat des Kulturellen über das Politische teilt und von der sie Begriffe, Theorien und ihr intellektuelles Rüstzeug bezieht«.[102] Konkret greift sie auf die üblichen Autoren der »Konservativen Revolution« und Nouvelle Droite zurück. Ähnlich wie die Neue Rechte in Deutschland über das IfS verfügt sie mit dem »National Policy Institute« (NPI) über ein eigenes intellektuelles Zentrum und widmet sich dort vor allem Fragen der weißen Identität. 2013 trat Donovan dort auf einer Konferenz zur »Zukunft der Identität« gemeinsam mit Alain de Benoist auf, 2015 waren er und Guillaume Faye geladen. Aus diesem Anlass stellte die *Sezession* bereits Ende 2015 die Verästelungen und Akteure der amerikanischen Alternative Right mitsamt ihren »Sezessionsbestrebungen« zur Gründung eines »weißen Ethnostaates« vor. Der Artikel zog selbst den Vergleich mit den eigenen Strukturen und kündigte die Übernahme des Donovan-Titels ins Programm von Antaios an.[103] Die Übernahme Donovans als Autor bei Antaios unterstreicht die enge Verwandtschaft der deutschen mit der amerikanischen Strömung. Ein erneutes Beispiel, wie nahe diese

Neue Rechte wiederum an der alten operiert, gab die Jahreskonferenz des NPI in Washington D.C. nach der Wahl Donald Trumps am 19. November 2016. Unter »Sieg Heil«- und »Heil Trump«-Rufen beschwor einer der zentralen Protagonisten der Alternative Right, Richard Spencer, in einer Rede die Überlegenheit der weißen Rasse und verwendete mit Blick auf die Kritik der Medien das deutsche Wort »Lügenpresse«.[104] Die Trennung der rechten Sphären, die in Deutschland unter dem Druck von Vergangenheit und Gesetzgebung oftmals künstlich aufrechterhalten wird, wahrt die Rechte in den USA nicht einmal zum Schein. Akteure wie das NPI führen Mohlers »Konservative Revolution«, die europäische Neue Rechte und unverhohlenen Nationalsozialismus einfach wieder zusammen.

Die Publikation Donovans bei Antaios steht daher exemplarisch für die Verfallsstufen des ins Völkische radikalisierten Konservatismus, der nur Natur sehen kann, wo einst Kultur war. Die jeweiligen Regressionsgrade gehen dabei mit dem Sinken der Autorenqualität einher: Oswald Spengler, Carl Schmitt und Ernst Jünger können noch intellektuell anregende Lektüren bieten. Armin Mohler und Karlheinz Weißmann sind zumindest zeitgeschichtlich interessante Autoren. Doch schon die Texte von Götz Kubitschek, Ellen Kositza und Martin Lichtmesz stellen lästige Pflichtübungen der Forschung dar. Donovan jedoch ist eine Zumutung, die das Milieu des Antaios Verlags als von primitivsten Begehrlichkeiten getrieben entlarvt. Nach den massenhaften Übergriffen auf Frauen durch größtenteils arabischstämmige Männer während der Silvesternacht 2015/16 in deutschen Städten sah sich auch die Neue Rechte in ihren Ressentiments bestätigt. Wer jedoch einem Autor wie Donovan huldigt, hat selbst kein anderes Menschenbild als die Täter.

VOM »WAHRHEITSKERN« NEURECHTER POLITIK – AUTORITÄRER POPULISMUS

Der Wandel in der deutschen politischen Landschaft, der sich mit dem Erfolg von Thilo Sarrazins *Deutschland schafft sich ab* ankündigte, verlangt nach einer Erklärung. Der Aufstieg einer neuen Partei mit rechtspopulistischen und völkisch-nationalen Zügen wirft die Frage nach ihren Gegnern auf. Angesichts einer Währungs- und Wirtschaftskrise, die zur Legitimationskrise etablierter europäischer Strukturen wurde, einer steigenden sozialen Unsicherheit, der Wiederkehr nationalistischer Ressentiments, des Vordringens fundamentalistischer Religiosität, angesichts des weltweiten Terrorismus, der Angriffe auf sexuelle Selbstbestimmung und Minderheiten müsste es eigentlich die Stunde einer Bewegung sein, die sich gegen diese autoritären Zumutungen positioniert: sozial, international und säkular, für Selbstbestimmung unabhängig von Geschlecht, Herkunft, sexueller Orientierung etc. Doch Linke machen derzeit kaum eine gute Figur dabei, gegen den scharfen Wind zu segeln, der neuerdings von rechts weht, dasselbe gilt für Linksliberale und Liberale. Auch Konservative, die sich gegen die völkische Okkupation ihres Lagers stellen, wirken im Lichte der neuen Dynamik am rechten Rand farblos. Die alte Regel scheint sich zu bewahrheiten, nach der die Stärke der Rechten auch immer aus der Schwäche ihrer Gegner resultiert.

In einer ähnlichen Situation hat der britische Soziologe Stuart Hall sich 1979 in einem legendären Aufsatz für *Mar-*

xism Today, das führende Theorieorgan der britischen Linken, dafür ausgesprochen, die Inhalte der wiedererstarkenden Rechten auf ihre Plausibilität hin zu analysieren. Anstatt die etablierten, aber historisch überholten Krisenszenarien der revolutionären Linken nachzubeten, suchte Hall nach einer tragfähigen Erklärung für das Phänomen des »autoritären Populismus« in Großbritannien, das er als Kombination von starkem Staat und freiem Markt mit dem Begriff »Thatcherism« fasste. Dieses Phänomen trug bereits deutliche Züge des heutigen Rechtspopulismus. Im Unterschied zum historischen Faschismus, auf den sich die Linke als analytisches Modell versteift hatte, ließ der »Thatcherism« jedoch die Institutionen der bürgerlichen Demokratie intakt und suchte für autoritäre Maßnahmen das Bündnis mit den »einfachen Leuten«. In seinem stark wirtschaftsliberalen Charakter setzte er seine Normen eher durch Entstaatlichung als durch eine allgegenwärtige staatliche Kontrolle durch. Repression wurde nicht flächendeckend, sondern punktuell organisiert, was sie effizienter machte. Gerade der populistische Charakter des eigentlich elitenbasierten »Thatcherism« drohte in den Augen Stuart Halls die traditionelle Differenz zwischen Volk und Regierung einzuebnen, von der bisher gewöhnlich die Linke profitiert hatte. Er betonte dabei, dass diese Volksnähe keineswegs ein einfacher Herrschaftstrick sei, sondern auf einem rationalen und materiellen Kern beruhe. Mit Verweis auf Gramsci plädierte er dafür, eine Krise in ihrer ganzen – auch kulturellen – Tiefe zu erkennen und sie mit diesem Wissen zu entkräften.[1]

Richard Gebhardt hat in Anlehnung an die von Hall damals initiierte Debatte vorgeschlagen, sich heute aus dieser Perspektive den »Wahrheitskern« der AfD anzusehen. Er folgt dabei jedoch gerade nicht den verbreiteten Versuchen, die Rechte in ihrem Populismus zu kopieren, um ihnen »nicht das Feld zu überlassen«. Vielmehr will er sie offensiv auf ihren Feldern angreifen. Das wäre eine sinnvolle Alternative zum »hilflosen Antipopulismus«, den Gebhardt als Vermeidung politischer Reizthemen in »linksliberalen Medien« durch »relativierende De-Thematisierung« beklagt, statt diese aus einer anderen Perspektive anzugehen.[2] Angesichts der autoritären Revolte von AfD, Pegida und ihren neurechten Akteuren bedeutet dieser Ansatz, die Argumente von Anhängern wie Gegnern gleichsam auf ihre Plausibilität zu prüfen. Aus diesem Grunde wurden hier Widersprüche im Gebrauch der Abendland-Terminologie und der »Islamkritik« der Neuen Rechten untersucht und die Inkonsistenz ihrer angebotenen Analysen festgestellt. Doch ist es an der Zeit, dasselbe Verfahren auch auf ihre Gegner anzuwenden.

DAS SCHWEIGEN IN DER KOMFORTZONE

Bei der Suche nach dem »Wahrheitskern« geht es nicht darum, nach dem Vorbild Frauke Petrys mit der Wahl Trumps das Ende der angeblich allmächtigen Political Correctness auszurufen.[3] Die Relevanz von »PC« wird nicht nur in den rechtspopulistischen Debatten systematisch überhöht. In den USA mussten keine Stahlwerke und Autofabriken schließen, weil sie zum Einbau von Transgendertoiletten gezwungen waren. Doch zu den Punkten, die neurechte Argumente, das Schimpfen auf die Political Correctness und die »Lügenpresse«, für die Öffentlichkeit »wahr« machen, gehört eine tatsächliche Sprachlosigkeit gerade kritischer Milieus gegenüber dem fundamentalistischen Islam. Prominentes Beispiel für dieses Versagen waren die Reaktionen auf den algerischen

Intellektuellen Kamel Daoud, dem man nach dem blutigen Bürgerkrieg der neunziger Jahre in seiner Heimat einige Kompetenzen hinsichtlich islamischer Fundamentalisten zutrauen kann. Daoud hatte sich in einem von der *FAZ* auch auf Deutsch publizierten Text nach der Silvesternacht 2015/16 einerseits mit den rassistischen Projektionen europäischer Rechtspopulisten auseinandergesetzt, andererseits einen klaren Zusammenhang der Verbrechen mit dem »sexuelle[n] Elend der arabischen Welt« hergestellt. Dem Westen warf er »Naivität« hinsichtlich des Frauenbilds islamisch geprägter Männer vor, das er einer schonungslosen Kritik unterzog.[4] Umgehend wurde der in Algerien unter hohem Risiko arbeitende Daoud in einer Erklärung französischer Intellektueller »orientalistischer« und »islamophober« Klischees geziehen.[5] Entnervt gab daraufhin der Autor, der jahrelangen Drohungen und selbst der Fatwa eines islamistischen Predigers standgehalten hatte, bekannt, sich aus dem Journalismus zurückzuziehen. Anstatt sich, wie es statthaft gewesen wäre, mit dem mutigen Intellektuellen zu solidarisieren, hatten die Angestellten der ehemaligen Kolonialherren im sicheren Paris den unbotmäßigen Rebellen von der anderen Seite des Mittelmeers erfolgreich zum Schweigen gebracht.

Im Kleinen wiederholte sich das Drama im gleichen Jahr in einem Gespräch mit der *Süddeutschen Zeitung*. Daoud betonte darin klarsichtig den »kulturrevolutionären« Charakter des politischen Islam, der die langfristige Wirkung metapolitischer Strategien erkannt habe. »Der Kampf um die Kultur«, analysierte er, sei für die Islamisten daher »die zentrale Schlacht«. Das zeige die Praxis des IS ebenso wie der islamische Terror in Nordafrika, der die säkulare Intelligenz getroffen habe: »Als die Islamisten in den Neunzigerjahren in Algerien nach der Macht griffen, haben sie als Erstes die Schriftsteller und Journalisten ermordet«, denn, wie seine Quintessenz lautet, sie »brauchen die Wüste, um ihr Regime aufziehen zu können«. Aus diesen Gründen betonte er die Notwendigkeit, dass der Westen seine Freiheiten und besonders die Freiheit der Frauen auch gegenüber Migranten verteidigen müsse. Dem Gesprächspartner der *SZ* fiel nur die Replik ein, Daoud klinge jetzt »wie unsere Neue Rechte«.[6]

Dieser Kommentar zeigt, wie wenig die deutsche Öffentlichkeit das Denken der Neuen Rechten durchdrungen hat, denn Daouds Gedanken formulierten das Gegenteil ihrer Programmatik. Mit seiner Aufforderung, offensiv den Wertekonflikt zu wagen, sieht er Kultur eben nicht als ethnisch bedingtes Schicksal, sondern als Prozess im stetigen Wandel. Sein Ansinnen, die Flüchtlinge müssten das Mittelmeer auch geistig überqueren, zielt ebenso wie der Hinweis, dass dies kein einfacher Weg sei, auf eine gemeinsame Zukunft aller. Er betonte die Unmöglichkeit in einer zivilisierten Welt, Menschen einfach im Meer ertrinken zu lassen, und las dem Rassismus der Europäer unmissverständlich die Leviten. Er wies lediglich darauf hin, dass es Migranten gebe, die ihre gesellschaftlichen Prägungen in einem zutiefst unfreien Umfeld erhalten hätten und diese Prägungen ablegen müssten, soll es nicht zu Konflikten kommen. Aus den Erfahrungen in seiner Heimat heraus mahnte er zur Aufmerksamkeit und Anstrengung. Eine klassische Forderung nach Akkulturation von Einwanderern.

Der Neuen Rechten geht es (wie der alten) dagegen nicht um Akkulturation, sondern vielmehr um Separation. Für sie ist Kultur untrennbar mit den »angestammten Eigenarten«, dem »Blut« und »Territorium« eines Volkes verbunden. Eine Möglichkeit des Ausbruchs gibt es nur zum Preis von Dekadenz, »Entartung« und Untergang. Daher kennt sie nur Trennung der Völker und Kulturen.[7] Zu den viel thematisierten sexuellen Übergriffen in Deutschland, die den Anlass zur Kritik des Frauenbildes in Nordafrika gaben, kann mit Blick auf Donovans Buch festgestellt werden, dass sich die Rechte weniger an den Belästigungen stört als an den »fremden« Tätern. Daoud dagegen kritisierte die Übergriffe *und* die Stigmatisierung des »Fremden«. Die Abwehrreflexe gegenüber diesen Hinweisen auf den desolaten Zustand der algerischen Gesellschaft waren symptomatisch für die Konfliktvermeidungsstrategie liberaler westlicher Eliten. Die Etablierung übergriffiger Praktiken gegenüber Frauen in der Öffentlichkeit wurde nicht als Ausdruck eines grundsätzlichen Problems religiös-konservativer Gesellschaften wahrgenommen, sondern zur westlichen Projektion erklärt. Statt eine Änderung der gesellschaftlichen Entwicklung durch einen Akt der Aufklärung zu fordern, der in der politischen Arbeit gewöhnlich immer geleistet werden sollte, schien aus Daouds Kritikern plötzlich das Mantra Maggie Thatchers zu sprechen: »There is no such thing as society!« Die Gesellschaft wird als Ort der Verhaltensprägung plötzlich ausgeblendet. Dabei ist die Erwartung, dass sich Einwanderer in ihrem neuen Umfeld nicht ändern, in etwa so borniert, wie zu erwarten, dass sich die Gesellschaft nicht ändere, in die diese eingewandert sind. Aus der ständigen Betonung des Respekts vor den angeblichen Traditionen und Identitäten sowie der Warnung, diese aufgrund eines postkolonialen Gefälles zu kritisieren, spricht ein tief konservatives Menschenbild.

Ausgerechnet der nietzscheanische Phallokrat Michel Houellebecq, Enfant terrible der französischen Literatur, hat ein zu diesen irritierenden Frontverläufen passendes Szenario entworfen. In seinem Roman *Unterwerfung* entwickelt er den Plot einer Machtübernahme durch den politischen Islam in Frankreich. In diesem Rahmen trifft der Protagonist, ein völlig rückgratloser Geisteswissenschaftler, auf den »Spin Doctor« der Islamisten. Houellebecq legt diesem, einem französischen Islamkonvertiten, einige Worte in den Mund, die den gemeinsamen Gehalt von Islamismus und identitärer Ideologie auf den Punkt bringen. Der Vortrag des Islamisten beginnt mit einer wohlbekannten Formel: »Die ganze intellektuelle Debatte des 20. Jahrhunderts hatte sich auf einen Widerstreit zwischen dem Kommunismus – sagen wir der *Hardcore*-Variante des Humanismus – und der liberalen Demokratie – seiner weichen Variante – beschränkt.«[8] Zur Überraschung seines Zuhörers berichtet der Islamist, wie er sich als Student aus Protest gegen diese Eindimensionalität und aus katholischer Überzeugung zunächst der Identitären Bewegung angeschlossen hatte. Doch war, wie er bald merkte, im atheistischen Westen bereits jeder Halt verloren, »die europäischen Nationen« ohne das Christentum »ein Körper ohne Seele – Zombies«.[9] Eine Renaissance der europäischen Identität schien ausgeschlossen, der Befund des Identitären war schonungslos: »Europa, das der Gipfel der menschlichen Zivilisation war, ist innerhalb von wenigen Jahrzehnten an sich selbst zugrunde gegangen.«[10] Umgehend konvertierte er zum Islam. Die französische Linke erweist sich in Houellebecqs Erzählung als unfähig, diese Verwandtschaft von Rechten und Islamisten zu erkennen, und tritt praktisch widerstandslos ab. Die Professoren, unter ihnen die Hauptfigur, kollaborieren umgehend mit der neuen saudischen Universitätsleitung. Die Entlassung einer lesbischen Kollegin bleibt im einstmals so politisch korrekten Hochschulmilieu ohne Protest. Die Linke hatte in ihrem Kulturrelativismus die eigenen Werte vergessen.

Nicht nur in Houellebecqs Fiktion sperren sich progressive Kreise aus Respekt vor dem »Anderen« gegen dessen Veränderungen und wollen dieses in seiner authentischen Exotik gewahrt wissen. Unhinterfragt bleibt dabei meist, ob diese nicht nur eine Projektion oder identitäre Inszenierung ist, mit der beispielsweise plötzlich Menschen zu Muslimen gemacht werden, die sich selbst möglicherweise ganz anders definiert hätten. Diese Akzeptanz der Unumstößlichkeit von Identität lässt sich als die liberale Fassung des Kampfes gegen die sogenannte Grauzone lesen, der im Moment von Islamisten wie auch Ethnopluralisten geführt wird, um die unverfälschten Gruppenidentitäten gegen die zersetzende »westliche Moderne« zu erhalten.

Die Sprachlosigkeit und Fehleinschätzungen des westlichen Liberalismus angesichts der autoritären Realitäten im konservativen Islam sind kaum nachvollziehbar, denn die Instrumente für eine umfassende Kritik sind aus Debatten über die europäische Vergangenheit alle vorhanden. Das betrifft gerade den Bereich der Sexualnormen als Indikator für Freiheit. Michel Foucault veröffentlichte 1976 unter dem Titel *Der Wille zum Wissen – Sexualität und Wahrheit* seine Studie darüber, wie »in den abendländischen Gesellschaften« sexuelle Verhaltensweisen »zu Wissensobjekten geworden« sind.[11] Er beschreibt darin auch, dass die wesentlichen »Sperrmechanismen« zur Disziplinierung und Monopolisierung der Sexualität im 17. Jahrhundert errichtet wurden.[12] Damit sind sie, wie er betont, jüngeren Datums. Am Ende dieser Zähmung wurde Sex von der kirchlichen zur staatlichen Angelegenheit, der man sich nicht nur von der seelsorgerischen, sondern nun auch von der medizinischen, pädagogischen und demographischen Seite her annäherte. Sexualität, so lehrt die Lektüre, ist Teil eines gesellschaftlichen und historischen Diskurses, der sich selbst und seine Teilnehmer wandelt. Die Flankierung der gesellschaftlich verankerten Tabus durch staatliche Rechtsprechung im Zuge der »Islamisierung« der Gesellschaften des Nahen und Mittleren Ostens vollzieht sich ähnlich diesem aus Europa bekannten Prozess. Sie unterscheidet sich – mittlerweile – aber durch die weitgehende Abwesenheit einer Sphäre, in der auch Korrektive zur herrschenden Meinung entwickelt werden konnten: ein unabhängiges Bürgertum und eine politisch und kulturell fortschrittliche Opposition. Und während die europäischen Gesellschaften den Sex mit Hilfe der Wissenschaften auf den Organismus reduzierten und mit Hilfe des Staates zu administrieren versuchten, kontrolliert hier die Gesamtgesellschaft auf allen Ebenen und in weit stärkerem Maße als im Westen die Frau.

Kamel Daoud hat diese Körperpolitik mit Blick auf die retraditionalisierten islamischen Gesellschaften Nordafrikas ausformuliert, in der die Frau für alles einsteht, außer für sich selbst: »Wem gehört der Körper einer Frau? Ihrer Nation, ihrer Familie, ihrem Mann, ihrem älteren Bruder, ihrem Viertel, den Kindern ihres Viertels, ihrem Vater und dem Staat, der Straße, den Ahnen, ihrer nationalen Kultur, ihren Verboten. Sie gehört allen und jedem außer ihr selbst. Der Körper der Frau ist der Ort, an dem sie ihren Besitz und ihre Identität verliert. In ihrem Körper ist die Frau nur Gast, dem Gesetz unterworfen, das sie besitzt und enteignet. Sie steht für die Ehre aller ein, nur nicht für die eigene, die nicht ihr gehört.« Damit sind die Frau, ihr Körper und ihre Sexualität ein zentrales Symbol der Gesellschaft; Daoud nennt sie einen »gordischen Knoten in der Welt Allahs«[13]. Dieses Symbol wird von allen Seiten – mit Ausnahme von ihr selbst – mit Bedeutung aufgeladen und alle streben nach seiner Kontrolle. Wer den Zugriff auf dieses Symbol hat, kann zugleich alle gesellschaftlichen Sphären kontrollieren. Der Umkehrschluss, das gelte in den westlichen Gesellschaften ebenso, da hier die Autonomie der Frau ein hohes symbolisches Gut sei, trifft nur zu, wenn man zwischen weitgehender Selbst- und Fremdbestimmung nicht mehr unterscheidet. Das gilt ebenso für den häufig formulierten Vorwurf, die Kritiker des traditionellen Islam machten den Frauenkörper zum symbolischen Schlachtfeld. Es sind eben nicht die Kritiker, sondern die Religiösen selbst, die diesen Schritt vollzogen haben. Die Verhüllung des Frauenkörpers ist nicht der Fetisch ihrer Kritiker, sondern ihrer Befürworter.

Tatsächlich geht es um politische Herrschaft im Gewand der Religion. Die nach konservativer Koran-Interpretation regulierten Gesellschaften haben – wie alle religiös fundierten Herrschaftssysteme – ganz modern erkannt, dass die Sexualität als Schlüssel zur Privatsphäre die vollständige Herrschaft über die Gesamtgesellschaft ermöglicht, und widmen ihr daher ihre volle Aufmerksamkeit. Überall ist das Vordringen des fundamentalistischen Islam von der zunehmenden Verhüllung des weiblichen Körpers im öffentlichen Raum als »Gefäß« der Sexualität begleitet. Der unmittelbare Zugriff auf diese Sphäre – Foucaults »Zähmung« des Sex – durch strikte Disziplinierung der Frau ermöglicht einen totalen Zugriff auf alle Lebensbereiche. Die Verbreitung der fundamentalistischen Lehren in den unteren Klassen beschleunigt diesen Effekt noch. Sie markiert einen wesentlichen Unterschied zur europäischen Entwicklung. Denn im Hinblick auf die Geschichte der sexuellen Repression in den westlichen Gesellschaften stellt Foucault fest, dass diese stark ständeabhängig war. In Europa waren es gerade die unteren Schichten, die

»dem Dispositiv der ›Sexualität‹ lange Zeit entgangen« sind. Noch bis Ende des 19. Jahrhunderts hält Foucault es für unwahrscheinlich, dass »die christliche Technologie des Fleisches für sie jemals von großer Bedeutung war«.[14] Zumindest nicht in vergleichbarem Maße wie für die oberen Schichten, die sich diese Künste als Tugenden regelrecht selbst auferlegten. In Anbetracht der Tatsache, dass fundamentalislamische Organisationen von der Türkei über den Iran bis nach Nordafrika besonders in den unteren Schichten Rückhalt gefunden haben, kann dort von einer schnelleren »Moralisierung der armen Klassen« ausgegangen werden. Flankiert wird dieser Prozess von einem neuen Selbstbewusstsein in den gebildeten islamischen Schichten, die ihre Religiosität auch in den europäischen Gesellschaften demonstrativ als Distinktionsstrategie verwenden. Damit gerät allerdings die Etablierung eines Gegendiskurses zu dieser rigiden Moral in Bedrängnis, wie er früher beispielsweise in den Reihen der Frauen- und Arbeiterbewegung möglich war. Durch den zunächst oppositionellen Charakter islamischer Bewegungen in Abgrenzung zum kemalistischen oder auch baathistischen Säkularismus und vor allem dem »sittenlosen« Westen wird dieser Prozess sogar noch mit revolutionärer Dynamik angereichert, von der die radikalsten Strömungen gekennzeichnet sind. Daoud bezeichnet als das fatale Ergebnis dieser Revolte einen »pornographischen Islamismus«, dessen Paradies »eher einem Bordell ähnelt als einem Lohn für die Frommen«. Seine Prediger verbreiten »Phantasien über Jungfrauen für Selbstmordattentäter«, die Konsequenzen sind »Jagd auf Körper im öffentlichen Raum, Puritanismus der Diktaturen, Schleier und Burka«.[15] Damit benennt Daoud die kulturellen Begleiterscheinungen des umfassenden Kollapses vor allem der arabisch-islamischen Hemisphäre in den letzten Jahren.

Es drängt sich der Gedanke auf, dass die Islamisierung der nah- und mittelöstlichen Gesellschaften, deren besonderer Ausweis die Regulierung des Umgangs zwischen den Geschlechtern ist, genauso wie im europäischen Bürgertum dazu dient, sich einen – spezifisch islamisch definierten – »Körper« und eine ebensolche »Sexualität zu geben und sich der Stärke des Fortbestandes und der Fortpflanzung dieses Körpers durch die Organisation eines Sexualdispositivs auf Jahrhunderte hinaus zu versichern«. An die Stelle der dummen Rede vom »Sex-Dschihad«, der in den rechtspopulistischen Medien und Foren so verbreitet ist, sollte die Erkenntnis treten, dass diese Regulierung von denselben Motiven geleitet wird wie die des europäischen Bürgertums zuvor: »Differenz« und »Hegemonie zur Geltung« zu bringen.[16] Der fundamentalistische Islam hat sich einen spezifischen Körperdiskurs geschaffen, der dem historischen des westlichen Bürgertums in Nichts nachsteht. Dieses hatte »sein Leben und seinen Tod an den Sex gehängt«, schreibt Foucault über die Selbstdomestizierung der führenden Schichten in Europa. Zweck dessen war die Kreation eines »Klassenkörpers«, der Vitalität und Fortbestehen des Ganzen sichern sollte.[17] Es ist schwer zu übersehen, dass bereits ein konservativ praktizierter Islam die gleichen Begehrlichkeiten entwickelt.

Wer eine Kritik des historischen Prozesses nicht scheut, kann zum gegenwärtigen kaum schweigen, zumal die Phänomene via Migration längst Teil der hiesigen Welt geworden sind. Beispielsweise fällt es schwer, bei der Verstümmelung weiblicher Genitalien nicht an die Besetzung der Frau durch das »Sexualitätsdispositv« und die damit einhergehende »Hysterisierung der Frau« seit Ende des 18. Jahrhunderts zu denken.[18] Diese Praxis kommt nicht ausschließlich, aber doch besonders häufig in islamischen Gesellschaften vor, der zugrunde liegende Gedanke ist unabhängig von der Religion immer derselbe: »Die größte Motivation hinter der Genitalverstümmelung ist die Kontrolle über die weibliche Sexualität.«[19] Ein Satz, dem viele kritische Geister zustimmten, ginge es etwa um eine Anwendung der Praxis im viktorianischen England des 19. Jahrhunderts. Er stammt aber aus der Feder der ägyptisch-amerikanischen Frauenrechtsaktivistin Mona Eltahawy, bezog sich auf die Gegenwart und fand daher weniger Echo. Eltahawy beschreibt in revolutionärem Zorn das »Dreigespann Sexualität, Tod und Religion« als den »Kern der Frauenfeindlichkeit im Nahen Osten« und hätte alle Anerkennung einer westlichen Linken verdient.[20] Die blieb jedoch aus, weshalb sie in aller Schärfe mit »jenen westlichen Liberalen« abrechnet, die den Kampf gegen die Misogynie unterbinden, weil sie darin »Imperialismus« sehen. In den Augen der Autorin sind jedoch sie die eigentlichen Imperialisten, weil sie aus einer privilegierten Position Veränderungen bei den Unterprivilegierten unterbinden wollen: »Sie benehmen sich, als wollten sie meine Kultur und meinen Glauben für mich retten, vergessen aber, dass sie immun sind gegen die Verletzungen, von denen ich spreche. Blind gegenüber dem eigenen Privileg und Paternalismus nehmen sie sich das Recht, zu bestimmen, was ›authentisch‹ für meine Kultur und Religion sei.«[21]

Eine ganze Generation Geisteswissenschaftler ist an den Erkenntnissen Foucaults über die Genese des repressiven Sexualitätsdiskurses in Europa geschult worden. Längst müssten auf dieser Seite alle Alarmglocken läuten angesichts einer Bewegung, die ihre massiven Repressionstechniken besonders auf den Bereich der Sexualität konzentriert und sich anschickt, nicht nur die Selbstbestimmung der Frau, sondern die Frauen selbst hinter ihrem Schamdiskurs verschwinden zu lassen. Anders als etwa bei der katholischen Kirche oder der bürgerlichen Sexualmoral des 19. Jahrhunderts kommt in diesem Fall das Wissen nicht zur Anwendung, dabei sind die Parallelen augenfällig. Kaum einmal wird die Wiederkehr längst bekannter Repressionstechniken in einer Sexualmoral identifiziert, deren Verfechter auch in Deutschland mit Bildern »ausgepackter« und von Fliegen umschwirrter Lollis für den Hidschab werben.

Die Zwischenrufe konservativer Politiker, man müsse Einwanderern schnell vermitteln, dass es Umgangsregeln gebe, sind vor diesem Hintergrund absurd. Gewöhnlich kommen die Gescholtenen aus Gesellschaften, die in allen sozialen Bereichen geradezu überreguliert sind, sei es der Umgang zwischen den Generationen, den Religionen, Klassen oder eben den Geschlechtern. Die sich in einem anders geregelten Umfeld ergebenden Konflikte zeigen vielmehr die Schattenseiten der Tradition, deren konservatives Ordnungsmodell ohne strafende Autoritäten nicht viel Bestand zu haben scheint. Im Widerstreit von schwindender Norm und eigenem Begehren entsteht dann eine Asymmetrie, deren Muster Kamel Daoud beschrieben hat: »Ich will eine Frau kennenlernen, aber ich will nicht, dass meine Schwester die Liebe mit einem Mann kennenlernt.«[22] Als Folge haben traditionelle islamische Gesellschaften durch den Kult um die weibliche Jungfräulichkeit und eine zunehmende Propaganda für immer intensivere Verhüllungen von Frauen und Mädchen in der Öffentlichkeit der Frau praktisch die gesamte Verantwortung für die Sexualität überantwortet. Aus der Perspektive dieser Asymmetrie hat die Belästigung von Frauen in einigen arabischen Ländern durch Männergruppen, wie sie in der letzten Zeit unter dem Stichwort »Taharrusch dschama'i« diskutiert wurde, eine politische Konnotation: Da der Mann nicht für seine Sexualität verantwortlich ist, bleibt der Frau nur, die Öffentlichkeit ganz zu meiden, um nicht Opfer zu werden. Ganz wie bei Jack Donovan erzwingt das Verhalten des Mannes letztlich den »Schutz« der Frauen, der sie zugleich drastisch einschränkt. Es ist eben international die Bestandsgarantie des Patriarchats, den Täter und Wächter in einem zu schaffen. Was bei Donovan notwendig benannt werden muss, kann bei einer ultrakonservativen Religionsauslegung nicht verschwiegen werden, sonst wird Lichtmesz' Klage über die linke Unterwerfung unter den »Alphamacho Islam« plausibel.

Die Gründe für dieses Schweigen erschließen sich nicht ganz. Es mag die Scheu vor dem Vorwurf sein, in der Kritik koloniale Schemata zu reproduzieren, obwohl heute der islamische Fundamentalismus selbst zu den größten Produzenten »orientalistischer Phantasien« zählt. Eine Rolle spielt zudem sicher die Sehnsucht nach dem »Eigenen«, das bei sich selbst verloren geglaubt und nun auf die Fremden projiziert wird. Aus Rücksichtnahme auf angeblich authentische Kulturformen bleiben dann die wenigen Stimmen allein, die überhaupt zu vernehmen sind. Dabei wäre eine Kritik notwendig, die in beide Richtungen zielt. Mona Eltahawy leistet ebendieses. Sie ist sich des Rassismus und der Klischees gegenüber Minderheiten in der westlichen Welt durchaus bewusst und fordert dennoch konsequent von allen, endlich »dem systematischen Frauenhass entgegenzutreten, der uns auf wenig mehr als auf unsere Kopftücher und Jungfernhäutchen reduziert«.[23] Die Analogien unter den bekannten Formen reaktionärer Sexualmoral sind in ihren Augen kaum zu übersehen. Eltahawy hat keine Probleme damit, die christlichen »Purity Balls«, auf denen Töchter in den USA ihren Vätern geloben, jungfräulich in die Ehe zu gehen, als nicht weit entfernt von den Traditionen des islamischen Patriarchats zu identifizieren. »Manchmal«, so merkt sie unumwunden an, komme ihr der »Umzug nach Oklahoma« etwa so vor wie »eine Rückkehr in den Nahen Osten«.[24] So wie sich in den islamischen Gesellschaften Machotum und Konservatismus gegenseitig ergänzen, findet sich diese Mischung eben in den entsprechenden westlichen Milieus. Im Westen gibt es allerdings noch ein großes Feld »anderer« Lebensentwürfe, das der Dominanz dieser Kombination – noch – den Weg versperrt. Doch Donald Trumps »Grab them by the pussy!« könnte auch der Schlachtruf eines »Taharrusch dschama'i«-Mobs sein.

Anders als im Fall einer autochthonen reaktionären Sozialordnung werden solche Phänomene aber kaum reflektiert, wenn sie via Migration plötzlich in Europa auftreten. In diesem Falle werden Identitäten unhinterfragt übernommen, vor allem, wenn es um die Bedeutung von Religion geht. Obgleich sich die christlichen und jüdischen Gesellschaften gegen ihre Religion emanzipiert haben, wird bei Muslimen fast ausschließlich von einer inneren Reform des Islam gesprochen. In Talkshows blühen theologische Scheindebatten, während das Feuilleton ein geradezu magisches Bewusstsein unter Beweis stellt und Sure mit Gegensure bannen möchte. Ein Ausscheren aus der religiösen Identität scheint für die faszinierten Kritiker wie für die fundamentalistischen Frömmler nicht vorstellbar. Damit wird Muslim-Sein zum Schicksal, als das man gerne auch die eigene Identität handhaben würde. Diese Inkonsequenz einer Kulturkritik, die dem »Anderen« plötzlich naturhaft andichtet, was man selbst überwunden hat, schafft tatsächlich eine »Wahrheit« des rechtspopulistischen Islamdiskurses.

Der rechte Islamdiskurs wiederum weiß genau um die

internationale Wertegemeinschaft des sittlichen Konservatismus. Daher denunziert er im gleichen Atemzug mit den Tiraden gegen Muslime die aufgeklärten Werte, die dem als feindlich gekennzeichneten Islam eigentlich entgegenstehen. Durch die Unfähigkeit der Linken und Liberalen, sich dieser Themen aus anderer Perspektive anzunehmen, ist tatsächlich ein Deutungsmonopol in Kreisen entstanden, deren Werte denen der Kritisierten verwandt sind. Eltahawys Urteil, »daß Islamisten und ähnlich frauenfeindliche[n] säkulare[n] Männer[n] in unseren Gesellschaften nichts mehr Angst einjagt als die Forderung nach Frauenrechten und sexueller Selbstbestimmung«, lässt sich problemlos auf die europäischen Rechten beziehen, die gegen Emanzipation, sexuelle und reproduktive Selbstbestimmung zu Felde ziehen.[25] Deren Akteure weisen einerseits panisch anhand demographischer Daten auf die angebliche Gefahr einer muslimischen (oder auch nur »nicht-weißen«) Überzahl und verweigern andererseits Frauen systematisch die Gleichstellung, die meist von sinkenden Geburtenraten begleitet wird. Letztlich möchten sie, was den Muslimen als »Geburten-Dschihad« unterstellt wird, selbst praktizieren. Umgekehrt sollte es sich eigentlich ausschließen, auf die Bedeutung sozialer Praktiken für die Zuschreibung von Geschlecht hinzuweisen, sich jedoch andererseits der Debatte über eine Gesellschaftsordnung zu verweigern, die diese Praktiken zwingend vorschreibt. Das heißt, sich zwischen kritischem Gender-Diskurs und geschlechtsspezifischer Verhüllungs-Apologetik zu entscheiden. Bei aller *Diversity*, beides zusammen geht nicht.

DIE AUTORITÄT VON TRADITION UND KULTUR

Der fundamentalistische Islam ist selbst Teil jener »Konservativen Revolution« gegen den »westlichen Universalismus«, mit der »Identität« wiedererlangt werden soll. Der österreichische Psychoanalytiker Sama Maani hat in einem erhellenden Essay die Grundfigur sowohl der Islamisten selbst als auch der Warner vor »Islamophobie« als auch der rassistischen »Islamkritik« vom Schlage Pegida herausgearbeitet: In allen Fällen wird die Religion vollständig mit der Gesellschaft und ihren einzelnen Gliedern identifiziert. Das Credo dieser Erkenntnis ließe sich auch mit der fundamentalistischen Formel fassen: »Wer den Islam kritisiert, greift die Muslime an.«[26] Ebendas behaupten die Fundamentalisten, um im Namen aller agieren zu können; das behaupten die Warner vor »Islamophobie«, um weiter nichts tun zu müssen; das streben diejenigen an, die mit dem Ticket der »Islamkritik« gegen Migration zu Felde ziehen. Eine Subjektidentität jenseits der Gruppenzugehörigkeit können sich alle drei nicht vorstellen. Aus diesem Grunde ergänzen sie sich und spielen sich noch in ihrer gegenseitigen Feindschaft gegenseitig in die Hände. Dieses Prinzip der »vollen Identität«, wie Sama Maani es nennt, entspricht dem vollständigen Verfügungsanspruch der religiösen Autoritäten über den Einzelnen. »In dieser Logik existiert ein Moslem allein in der Sphäre des Islam. Verläßt er jene Sphäre, hört er buchstäblich auf zu existieren. Die ›volle Identität‹ zwischen der Gesellschaft und dem Islam ist imaginär.«[27] Das gleiche identitäre Konzept findet sich in der Sicht der Neuen Rechten auf die Welt. Das Subjekt gibt es nur eingebunden in die Fesseln der »Ethnokultur«. Die Moderne wird – zu Recht – als Verlust dieser identitären Zwänge erfahren und die Rückkehr der Autorität von Tradition und Kultur eingefordert. Ausgeblendet bleibt dabei, dass diese selbst in weiten Teilen imaginiert waren. Ebenso bleibt unreflektiert, dass das in einer homogenen Identität gesehene »Andere« genauso gebrochen ist wie das eigene »Selbst«. Der islamische Fundamentalismus ist beispielsweise das Produkt eines umfassenden Kollapses der islamischen Kulturen im Konflikt mit der globalen Moderne. Er ist in etwa so authentisch wie die Versuche der völkischen Bewegung im wilhelminischen Reich, die Kultur der Goten oder Wikinger wiederzubeleben. Problematisch wird es dann, wie Maani scharfzüngig feststellt, wenn der Verfügungsanspruch über die so imaginierte Gemeinschaft im Namen der Toleranz akzeptiert wird und von Muslimen erwartet wird, so zu sein, wie es die lautstarken Frömmler behaupten. Damit ist der Antirassismus in die identitäre Falle getappt.

Die Neue Rechte hat sich dies zunutze gemacht, wie der Alternative-Right-Aktivist Milo Yiannopoulos selbst analysierte. Er schreibt, die Linke habe »den Aufstieg tribalistischer, identitärer Bewegungen« in ihren eigenen Reihen »geflissentlich ignoriert«, diesen aber aufseiten der Rechten vehement bekämpft. »Es war vor allem diese Doppelmoral, die zum Aufstieg der Alt-Right führte. Sie ist zum Teil auch für den Aufstieg Donald Trumps verantwortlich.«[28] Letzterer Schluss ist sicher übertrieben, doch die Erstarrung der US-Linken in ihren Identitätsdiskursen wird von der Neuen Rechten als Bestätigung bejubelt. Aus diesen Gründen wurde ein Video aus einer US-Universität regelrecht goutiert, das unter anderem die *Junge Freiheit* verlinkt hatte. Es zeigt, wie ein weißer Student von einer schwarzen Kommilitonin angegriffen wird, weil er Dreadlocks trägt: »This is my culture!«[29] Das sei identitäre Politik, die von der Political Correctness zwar den Schwarzen, aber nicht den Weißen gestattet werde, lautet das Credo unzähliger Kommentare dazu in den neurechten Foren. Bei aller Feindschaft wird von der Neuen Rechten dem »Anderen« seine angebliche Identität geneidet, selbst wenn sie unter sozialem Zwang hergestellt wird wie in traditionellen Gesellschaften häufig üblich. Dabei wird dieser Zwang nicht einmal übersehen, sondern zur Restauration der eigenen Identität geradezu ersehnt. Die beiden großen Felder, in denen man diese Identität beim anderen zu erkennen meint und bei sich selbst wiederherstellen möchte, sind Raum und Kultur. Das gilt für die Staats- und Raumordnung Carl Schmitts ebenso wie für die imaginierte Naturhaftigkeit der kulturellen Form: Aus dieser Sicht passt die liberale Republik nicht zum deutschen Wesen, und muslimische Frauen haben per se Kopftücher zu tragen. Alles andere gilt als Angriff auf die Identität.

Schließlich stellt sich die Frage nach der Kopplung von Aufklärung und europäischer Kultur. Sama Maani hat sie in aller Deutlichkeit beantwortet: »Ohne Eurozentrismus – keine Universalität. Das ist die im Universalitätsanspruch der Moderne verborgene – schwer zu verdauende – Dialektik: Daß die moderne Universalität in spezifischen historischen Erfahrungen bestimmter europäischer Gesellschaften wurzelt, über die sie aber zugleich hinausweist – und auf die sie nicht reduziert werden darf. Verschließen wir als Europäer vor dieser Dialektik die Augen, werden wir – wenn wir Europäer sind – Kategorien wie Aufklärung, Demokratie oder Menschenrechte als ›unseren kulturellen Besitz‹ betrachten, der uns von Angehörigen der nicht-europäischen Gesellschaften kategorisch unterscheidet.«[30] An dieser Dialektik der Universalität, die aus ihren historischen Bedingungen herausstrebt, um vom Besonderen zum Allgemeinen zu werden, scheitert letztendlich Alexander Dugin mit seinem Lamento, »universelle Werte« seien »Projektionen westlicher Werte«.[31] Ebenso scheitern daran die Kritiker der »Islamophobie« im Namen der authentischen fremden Kulturen. Gleiches gilt für die konservativen Muslime, die Menschenrechte mit dem Hinweis auf ihren »westlichen« Charakter verweigern und sie 1990 durch eine gesonderte »Kairoer Erklärung der Menschenrechte im Islam« konterkarierten. Sie folgen damit der gleichen semantischen Strategie einer Begriffsumkehrung wie die Neue Rechte, die dem Universalismus und der Aufklärung ohnehin feindlich gesinnt ist. Die Neue Rechte rechtfertigt sich als eine autoritäre »Notwehr« gegen die Forderungen des humanistischen Universalismus. Auch sie kehrt das Verhältnis von Aggression und Abwehr um, das Grundmotiv dafür findet sich bereits in dem von Carl Schmitt angeführten Mussolini-Zitat vom »Krieg der Demokratien gegen die totalitären Staaten«.[32] Autoritäre Gegenbewegungen werden am aggressivsten, wenn sie am meisten in Bedrängnis geraten. Ein Indiz dafür ist, dass der Kampf aller hier diskutierten autoritären Strömungen vor allem der Emanzipation jener Gruppen gilt, die durch die Aufklärung erstritten wurde: Juden, Frauen und Homosexuelle. Die globale Sichtbarkeit eines »anderen« und »besseren« Lebens als in der Traditionsgemeinschaft hat deren Militanz in der Abwehr nur gesteigert. Die strikte Zuweisung von Geschlechteridentitäten würde nicht derart vehement – bis hin zur Gewalt – verteidigt werden, wäre sie nicht längst so erschüttert. Das zeigt die Renaissance fundamentalistischer Religionsauslegungen ebenso wie das Pamphlet Jack Donovans. Im Deutschen Reich eskalierte der Antisemitismus nach der erreichten rechtlichen Gleichstellung. Der amerikanische Rassismus blühte auf, als das Land erstmals einen schwarzen Präsidenten hatte. Auch die Agitation gegen Muslime schwoll an, nachdem sie in Europa die Hinterhofmoscheen verlassen hatten und Alltäglichkeit für sich beanspruchten. Homosexualität wurde zum zentralen Kampagnenthema, als ihre gesellschaftliche Akzeptanz gewachsen war. Die französische »Manif pour tous« entzündete sich an der Frage der Homo-Ehe, die deutsche Entsprechung der »Demo für alle« an den Normalisierungsversuchen in den sexualkundlichen Lehrplänen.

Der Befund, dass die Siege der Emanzipation immer nur vorübergehend sind, ehe sie Gefahr laufen, durch eine nicht minder dynamische Gegenbewegung überboten zu werden, könnte sich nun in den USA erneut bestätigen. Denn obwohl in der hier untersuchten Weltanschauung der Neuen Rechten »Amerikanismus« häufig zur Feindbestimmung herangezogen wird, wenn eigentlich »Universalismus« gemeint ist, sind diese keinesfalls identisch. Möglicherweise erhält eine grundlegend antiamerikanisch ausgerichtete Strömung nun ausgerechnet durch den Ausgang der US-Wahlen neuen Schwung. Bei Lichte betrachtet – und das gehört zu den großen Paradoxien dieser autoritären Regression des Konservativen – ist die Neue Rechte ohnehin selbst stark »amerikanisiert«. Die Tea Party galt ihr, wie erläutert, als strategisches Vorbild. Ursprünglich planten sie in Deutschland, die Tendenzwende durch eine Reanimation der CDU als »konservative« Partei einzuläuten. Während es Trump jedoch gelang, die Republikaner zu kapern, scheiterte sie und wich erfolgreich auf die neue AfD aus. In spirituellen Fragen offenbart sich eine ähnliche Spaltung wie innerhalb der äußersten US-Rechten. Der »seriöse« Teil der Szene wie die *JF* hat sich nach amerikanisch-republikanischem Muster dem christlichen Fundamentalismus geöffnet, eine Minderheit präferiert das »heidnische« Element, das in der Alternative Right vertreten ist. Auch Trumps Unterstützung durch diese Alternative Right und seine für US-Verhältnisse bemerkenswerte Zurückhaltung in Sachen christlicher Rhetorik kennzeichnet eine Differenz zum konventionellen US-Konservatismus. Der Identitäre Martin Sellner pries bereits im Sommer vor der US-Wahl die immense Sogwirkung des »cultural war« der Trump-Unterstützer gegen das Establishment auf die gesamte US-Rechte. Wie er schrieb, hatte »The Donald« ihm »den Glauben an das andere Amerika zurückgegeben, den ich nie hatte«.[33] Ein anderer Autor der *Sezession* kam darüber ins Räsonieren, dass es angesichts von Trumps »Alternative für Amerika« schwer sei, noch »der Idee eines substantiellen ›Antiamerikanismus‹ treu zu bleiben, einer Idee, die aufgrund der geopolitischen Gesamtlage wieder an Bedeutung zunimmt«.[34] Immerhin hieße für die Neue Rechte die Vorstellung eines naturhaft universalistischen Charakters der angelsächsischen Kultur fallenzulassen, eine der grundlegenden Prämissen ihres Denkens aufzugeben.

Es ist zu befürchten, dass die deutlich aufstrebende Linie der globalen konservativen Revolution mit dem Sieg der äußersten Rechten in den USA zusätzlich zum europäischen Rechtspopulismus, der russisch-imperialen Restauration und dem Islamismus noch einmal Aufwind erhält. Das mag überraschend sein, war doch die historische Immunität der angelsächsischen Welt gegen einen völkisch grundierten Antiliberalismus der Einsicht geschuldet, dass die Zirkulation von Waren und Kapital zwangsläufig von Migration begleitet ist. Dabei bestätigt die Entwicklung nur, dass der Zusammenhang von wirtschaftlichem Liberalismus und menschenrechtsgeleitetem Universalismus, von freiem Markt und Demokratie nicht so selbstverständlich ist, wie es die liberale

Ideologie stets behauptete. Tatsächlich waren die angelsächsische Welt und ein liberaler Universalismus nicht wesenhaft zusammengehörig, sondern immer nur Weggefährten, die sich wieder trennen können. Denn der westliche Liberalismus hat zwar seine am meisten ausgeprägte Form unter den Bedingungen der US-amerikanischen Kultur entfalten und dabei universelle Werte hochhalten können, generierte aber auch stets seine chauvinistischen Schattenseiten. Drei Jahrzehnte seiner nahezu unbegrenzten Dominanz haben so den Boden für die autoritären Revolten mit bereitet. Da sich die Neue Rechte in der »agonalen« Tradition der antiken Wettkampfkultur wähnt, sind diese Seiten der kapitalistischen Konkurrenz- und Spektakelkultur für sie durchaus verlockend.[35] Aus diesen Gründen zeigte sich auch der inzwischen verstorbene FPÖ-Chef Jörg Haider immer wieder von den darwinistischen Seiten der USA begeistert. Diese Widersprüche sind in die Reflexion des rechten Antiamerikanismus einzubeziehen. Ironischerweise müsste die Möglichkeit, dass selbst die USA sich vom »Amerikanismus« abwenden, einem im »Eigenen und Eigentlichen« befangenen Denken die Grundlage entziehen. Zeigt sich doch darin, dass Emanzipation ebenso wie Regression einer Gesellschaft an bestimmte historische und soziale Voraussetzungen gebunden ist, nicht an »Blut und Boden«. Die jüngsten Entwicklungen in der angelsächsischen Welt – Brexit und Trump – legen vielmehr nahe, dass der universalistische Weltgeist sich perspektivisch wohl eine neue Bleibe wird suchen müssen.

Das erste Produkt der Revolution war die »Revolutionierung der Konterrevolution«, zitierte Günter Maschke den französischen Revolutionär Régis Debray und formulierte damit den Antrieb der »Konservativen Revolutionäre«, noch ehe er sich ihnen anschloss.[36] Die Neue Rechte führt einen ähnlichen Verteidigungskrieg wie jenen, der den Konservatismus nach dem Ersten Weltkrieg bis zur völligen Entstellung radikalisiert hat. Ihn als Rückzugsgefecht zu sehen, hieße, die Gefahr zu bagatellisieren. Der autoritäre Charakter vermag die Welt allein in den Modi des Ernstfalls und des Ausnahmezustands zu sehen. Diese Perspektive ermächtigt ihn zu all den Maßnahmen, die ihn Schritt für Schritt aus dem Rahmen von Humanismus und Aufklärung herausführen. Es kommt zur Revolte nicht gegen die, sondern im Namen der Autorität. Offensichtlich ist die Feindschaft gegen den humanistischen Universalismus mittlerweile zum Dreh- und Angelpunkt der globalen »Konservativen Revolution« auf ihrer Suche nach der Identität des »Eigenen« geworden. Es gilt, den Kampf gegen diese Entwicklung aufzunehmen. Dazu bedürfte es einer tatsächlichen Aufklärung, die sich zudem beständig selbst zu kritisieren vermag. Gewaltige Anstrengungen werden dafür nötig sein, denn es ist kein Naturgesetz, dass die Seite der Emanzipation gewinnt.

NACHWEISE

VORWORT

1 Albert Lotz, Europa oder Abendland. In: *Abendland* 7/1926, S. 216–217, hier S. 216. Lotze fasste mit diesen Worten die anti-europäische Haltung des katholischen Konservatismus zusammen, teile sie jedoch nicht. Er selbst sah in Europa das »Durchgangsland, gewissermaßen de[n] Berg, von dem aus wir das gelobte Abendland vor uns sehen« (S. 117).
2 Kurt Lenk, Rechts, wo die Mitte ist. Studien zur Ideologie. Baden-Baden 1994.
3 Ellen Kositza/Götz Kubitschek (Hrsg.), Tristesse Droite. Die Abende von Schnellroda. Schnellroda 2015, S. 8.

DIE »NEUE RECHTE« – EINE FAMILIENAUFSTELLUNG

1 Fernand Braudel, Geschichte als Schlüssel zur Welt. Vorlesungen in deutscher Kriegsgefangenschaft 1941, herausgegeben von Peter Schöttler. Stuttgart 2013, S. 29.
2 »zwischentag«-Diskussion Weißmann vs. Stürzenberger (www.pi-news.net), Teil 1–7. URL: https://www.youtube.com/watch?v=2HUVEl8AFFg.
3 »Unsere Zeit kommt«. Götz Kubitschek im Gespräch mit Karlheinz Weißmann. Schnellroda 2006, S. 13.
4 Kositza/Kubitschek (Hrsg.) 2015, S. 7.
5 Helmut Kellershohn (Hrsg.), Die »Deutsche Stimme« der »Jungen Freiheit«. Lesarten des völkischen Nationalismus in zentralen Publikationen der extremen Rechten. Münster 2013, S. 7.
6 Andreas Speit, Bürgerliche Scharfmacher. Deutschlands neue rechte Mitte – Von AfD bis Pegida. Zürich 2016, S. 157.
7 Moeller van den Bruck, An Liberalismus gehen die Völker zugrunde.

In: ders./Max Hildebert Boehm/Heinrich von Gleichen (Hrsg.), Die Neue Front. Berlin 1922, S. 5–34.

8 Moeller van den Bruck, Das Dritte Reich. Hamburg 1931, S. 69.

9 Julius Evola, Erhebung wider die moderne Welt. Stuttgart 1935, S. 116 ff.

10 Giselher Wirsing, Engländer, Juden, Araber in Palästina. Jena 1939, S. 136.

11 Manfred Kleine-Hartlage, Der Islam als Kampfgemeinschaft. In: *Sezession* 52/2013, S. 40–42.

12 Spendenaufruf der Kampagne »Ein Prozent für Deutschland«. URL: https://einprozent.de.

13 Kositza/Kubitschek (Hrsg.) 2015, S. 126.

14 Götz Kubitschek, Provokation. Schnellroda 2007, S. 12 f.

15 Claus Peter Müller, Nein zur Toleranz. In: *FAZ* vom 18. Mai 2016. URL: http://www.faz.net/aktuell/politik/inland/rechtsextremismus/bjoern-hoecke-ueber-islam-nein-zur-toleranz-14240771.html.

16 Götz Kubitschek, Björn Höcke, Stefan Scheil und die AfD. Ein Doppelinterview. Teil 1 vom 15. Oktober 2014. In: *Sezession im Netz*. URL: http://www.sezession.de/46828/bjoern-hoecke-stefan-scheil-und-die-afd-ein-doppelinterview-1-teil.html, Teil 2 vom 13. November 2014, URL: http://www.sezession.de/47122/bjoern-hoecke-stefan-scheil-und-die-afd-ein-doppelinterview-teil-2.html.

17 *Compact-Live* vom 13. März 2016. URL: https://www.youtube.com/watch?v=gkDpSwh5dcg, besonders ab 3:24:50 h.

18 Marc Jongen, Finsterste Abgründe. In: *JF* 26/2016, S. 18, und Marc Jongen im Gespräch mit Götz Kubitschek. In: *Sezession im Netz* vom 30. Juni 2016. URL: http://www.sezession.de/54541/der-fall-wolfgang-gedeon-ein-austausch-zwischen-marc-jongen-und-goetz-kubitschek.html.

19 Martin Lichtmesz, Wege und Sackgassen für Männer. In: *Sezession im Netz* vom 21. Juni 2016. URL: http://www.sezession.de/54448/wege-und-sackgassen-fuer-maenner-hannah-luehmann-ueber-die-eierlose-linke.html

20 Vgl. Volker Weiß, Deutschlands Neue Rechte. Angriff der Eliten – Von Spengler bis Sarrazin. Paderborn 2011.

21 Martin Langebach/Jan Raabe, Die »Neue Rechte« in der Bundesrepublik Deutschland. In: Fabian Virchow/Martin Langebach/Alexander Häusler (Hrsg.), Handbuch Rechtsextremismus. Wiesbaden 2016, S. 561–592, hier S. 565 f.

22 Volkmar Wölk, Der gescheiterte Aufstieg. In: *Der Rechte Rand* 157/2015, S. 8–10, hier S. 10.

23 Jens Mecklenburg (Hrsg.), Handbuch deutscher Rechtsextremismus. Berlin 1996, S. 422.

24 Wölk 2015, S. 8.

25 Ebenda, S. 8.

26 IfS, Die »Neue Rechte«. Sinn und Grenze eines Begriffs. Schnellroda 2008, S. 36.

27 Henning Eichberg, »National ist revolutionär. Was Rudi Dutschkes Thesen zur ›Nationalen Frage‹ für die Linke bedeuten«. Der Text erschien erstmals in *dasda/avanti* vom November 1978, Nachdruck in *wir selbst* 3/1999, S. 6–7.

28 Einleitung zum »Gespräch mit Henning Eichberg«. In: *wir selbst* 3/1980, S. 6. Das Gespräch ist eine vollständige Übernahme des Interviews, das die Zeitschrift *Ästhetik und Kommunikation* im Jahr davor im Rahmen ihrer Schwerpunktausgabe »Linker Konservatismus?« mit Eichberg geführt hatte, und zeigt, dass die nationale Debatte Ende der siebziger Jahre auch in Teilen der Linken geführt wurde: »Wir sind eben doch Deutsche«. Gespräch über nationalrevolutionäre Perspektiven. In: *Ä&K* Nr. 36 vom Juni 1979, S. 125–130.

29 Mecklenburg 1996, S. 437.

30 *wir selbst*. Dezember 1979, S. 1.

31 Ralf Laubenheimer, Nationalismus als Emanzipationsbewegung. Teil II. In: *wir selbst* 5/1980, S. 31–32, hier S. 32.

32 *wir selbst*. Dezember 1979, S. 1.

33 Rudolf Bahro, Friedensbewegung, Paktfreiheit, Neuvereinigung Deutschlands. In: *wir selbst* Mai/Juni 1983, S. 4–7, hier S. 6.

34 Vgl. Kositza/Kubitschek (Hrsg.) 2015, S. 79 ff.

35 Erik Lehnert, Autorenportrait Rudolf Bahro. In: *Sezession* 20/2007, S. 2–7, hier S. 3.

36 Staatspolitisches Handbuch, Bd. 3: Vordenker. Herausgegeben von Erik Lehnert und Karlheinz Weißmann. Schnellroda 2012, S. 15–16.

37 Götz Kubitschek, amazon, Antaios und der Verlag Siegfried Bublies. In: *Sezession im Netz* vom 24. März 2014. URL: http://www.sezession.de/44174/amazon-antaios-und-der-verlag-siegfried-bublies.html.

38 Kositza/Kubitschek (Hrsg.) 2015, S. 76.

ARMIN MOHLER – DIE ERFINDUNG EINER TRADITION

1 Karlheinz Weißmann, Armin Mohler. Eine politische Biographie. Schnellroda 2011, S. 8 und 231.
2 Ebenda, S. 231.
3 Günter Maschke/Sebastian Maaß, »Verräter schlafen nicht«. Kiel 2011, S. 52 f.
4 Alain de Benoist, Kulturrevolution von rechts. Krefeld 1985, S. 145.
5 Armin Mohler, Das Gespräch. Über Linke, Rechte und Langweiler. Dresden 2001, S. 25 f.
6 Weißmann 2011, S. 41
7 Eine Kopie der Selbstauskunft Mohlers befindet sich im Bestand des IfZ München, Signatur ZS-50–2, Blatt 1–14, hier v. a. Blatt 7 ff.
8 Ebenda, Blatt 12.
9 Armin Mohler, Im Dickicht der Vergangenheitsbewältigung. Analyse eines deutschen Sonderweges. In: Nationale Verantwortung und deutsche Gesellschaft. Handbuch zur Deutschen Nation Bd. 2, herausgegeben von Bernard Willms. Tübingen 1987, S. 35–107, hier S. 56.
10 Mohler 2001, S. 36 f.
11 Vgl. Robert Grunert, Der Europagedanke westeuropäischer faschistischer Bewegungen 1940–1945. Paderborn 2012.
12 Helmut Kellershohn, Zwischen Wissenschaft und Mythos. Einige Anmerkungen zu Armin Mohlers »Konservative Revolution«. In: Heiko Kaufmann et al. (Hrsg.), Völkische Bande. Dekadenz und Wiedergeburt. Analysen rechter Ideologie. Münster 2005, S. 66–89.
13 Armin Mohler, Die Konservative Revolution in Deutschland 1918–1932. Ein Handbuch. 5. Auflage. Graz/Stuttgart 1999, S. 4.
14 Kellershohn 2005, S. 84.
15 Mohler 1999a, S. 130.
16 Staatspolitisches Handbuch, Bd. 2: Schlüsselwerke. Herausgegeben von Erik Lehnert und Karlheinz Weißmann, Schnellroda 2010, S. 135.
17 Zitiert nach Weißmann 2011, S. 74.
18 Mohler 2001, S. 41.
19 Claus Leggewie, Der Geist steht rechts. Ausflüge in die Denkfabrik der Wende. Berlin 1987, S. 211.
20 Stefan Breuer, Anatomie der Konservativen Revolution. Darmstadt 1995, S. 181.

21 Armin Mohler, Ravensburger Tagebuch. Meine Jahre mit Ernst Jünger. Wien/Leipzig 1999, S. 64.
22 Vgl. Carl Schmitt, Briefwechsel mit einem seiner Schüler. Herausgegeben von Armin Mohler in Zusammenarbeit mit Irmgard Huhn und Piet Tommissen. Berlin 1995, S. 23, Fußnote. 1.
23 Thomas Assheuer/Hans Sarkowicz, Rechtsradikale in Deutschland. Die alte und die neue Rechte. München 1992, S. 156.
24 Weißmann 2011, S. 119.
25 Armin Mohler an Carl Schmitt v. 7. April 1952. In: Carl Schmitt 1995 (Briefwechsel), S. 117.
26 Weißmann 2011, S. 34.
27 Peter Hoeres, Außenpolitik und Öffentlichkeit: Massenmedien, Meinungsforschung und Arkanpolitik in den deutsch-amerikanischen Beziehungen von Erhard bis Brandt. München 2013, S. 102.
28 Armin Mohler, Nach der Hexenjagd. In: ders. Von rechts gesehen. Stuttgart 1974, S. 315–323, hier S. 322.
29 Langebach/Raabe 2016, S. 573.
30 1954 hatte Carl Schmitt seinem »lieben Arminius Mohler« ein Exemplar seines gerade erschienenen Buchs *Gespräch über die Macht und den Zugang zum Machthaber* zugesandt, vgl. Carl Schmitt 1995 (Briefwechsel), S. 179.
31 Strauß wird zumindest im Briefwechsel mit Carl Schmitt (1995) als Initiator genannt, vgl. dort S. 345, Fußnote 418.
32 Gideon Botsch, Die extreme Rechte in der Bundesrepublik Deutschland 1949 bis heute. Darmstadt 2012, S. 69.
33 Erik Lehnert/Karlheinz Weißmann (Hrsg.), Staatspolitisches Handbuch, Bd. 1: Leitbegriffe. Schnellroda 2009, S. 101.
34 Samuel Salzborn, Rechtsextremismus. Baden-Baden 2015, S. 64.
35 Assheuer/Sarkowicz 1992, S. 139 f.
36 Theodor W. Adorno: Was bedeutet: Aufarbeitung der Vergangenheit. In: ders. Eingriffe. Neun kritische Modelle. Frankfurt a. M. 1963, S.125–146, hier S.125 f.
37 Thor von Waldstein, Metapolitik. Theorie – Lage – Aktion. Schnellroda 2015, S. 10 f.
38 Ebenda S. 37 ff. Die Ähnlichkeit der Argumentation mit dem »Vier-Säulen-Konzept« der NPD – Kampf um die Straße, die Köpfe, die Wähler und den »organisierten Willen« – zur Errichtung »national befreiter Zonen« ist bei dem altgedienten NPD-Aktivisten Waldstein allerdings sehr augenfällig. Vgl. Marc Brandstetter, Die vier

Säulen der NPD. In: *Blätter für deutsche und internationale Politik* 9/2006, S. 1029–1031.

39 Benoist 1985, S. 20.

40 Staatspolitisches Handbuch, Bd. 1: Leitbegriffe, S. 101.

41 Siegfried Jäger et al. (Hrsg.), Nation statt Demokratie. Sein und Design der »Jungen Freiheit«. Münster 2004, S. 104.

42 Benoist 1985, S. 18.

43 Armin Mohler, Brief an einen italienischen Freund. In: ders. 1974, S. 43–54, hier S. 43.

44 Ebenda S. 44.

45 Armin Mohler, Warum nicht konservativ? In: ders. 1974, S. 36–42, hier S. 41.

46 Ebenda S. 42.

47 Armin Mohler, Brief an einen italienischen Freund. In: ders. 1974, S. 43–54, hier S. 47 ff.

48 Ebenda S. 48 f.

49 Armin Mohler, Die Kerenskis der Kulturrevolution. In: ders. 1974, S. 55–63, hier S. 56.

50 Ebenda S. 61.

51 Ebenda S. 62.

52 Ebenda S. 63.

53 Armin Mohler, Der Konservative in der technischen Zivilisation. In: ders. 1974, S. 13–35, hier S. 14.

54 Armin Mohler, Vorwort. In: Benoist 1985, S. 9–12, hier S. 11.

55 Georg Blume, Ja, sie haben sich getroffen. In: *Die Zeit* 44/2016. URL: http://www.zeit.de/2016/44/frauke-petry-marine-le-pen-treffen-rechtspopulismus.

56 Hoeres 2013, S. 516.

DER WEG ZUR AFD – DIE SAMMLUNG DER KRÄFTE

1 Leggewie 1987, S. 21.

2 Ebenda S. 148 ff.

3 IfS, Die »Neue Rechte«. Sinn und Grenze eines Begriffs. Schnellroda 2008, S. 17.

4 Helmut Kellershohn (Hrsg.), Das Plagiat. Der völkische Nationalismus der Jungen Freiheit. Münster 1994, S. 9.

5 Armin Mohler, Souveränität über die Geschichte: »Forces morales«

und die Fragen der Revisionen. In: ders. (Hrsg.), Notizen aus dem Interregnum. Schnellroda 2013, S. 57–61, hier S. 60.

6 Ebenda S. 61.

7 Armin Mohler, Der Nasenring. Im Dickicht der Vergangenheitsbewältigung. Essen 1989.

8 Rainer Zitelmann, Rezension: Der Nasenring. In: *FAZ* vom 20. September 1989, S. 9.

9 Götz Kubitschek, Streit im Interregnum. In: Mohler (Hrsg.) 2013, S. 74–80, hier S. 78.

10 Assheuer/Sarkowicz 1992, S. 209.

11 Ebenda S. 211.

12 Ebenda, S. 187.

13 Ebenda, S. 211.

14 Martin Langebach, 8. Mai 1945. In: Ders./Michael Sturm (Hrsg.), Erinnerungsorte der extremen Rechten. Wiesbaden 2015, S. 213–243, hier S. 220.

15 »Der nationale Sozialismus war eine genuin linke Idee«. Karlheinz Weißmann im Gespräch mit Peter Krause und Dieter Stein. In: *JF* 36/1998, S. 4 f.

16 Kositza/Kubitschek (Hrsg.) 2015, S. 26.

17 IfS-Chronik, Notiz Kubitschek, Mai 2000. URL: http://staatspolitik.de/institut/chronik/.

18 Dieter Stein, »Ein politisches Kolleg als Vision«. In: *JF* 45/1999, S. 3.

19 Volker Weiß, Die »Konservative Revolution«. Geistiger Erinnerungsort der »Neuen Rechten«. In: Langebach/Sturm (Hrsg.) 2015, S. 101–120.

20 »Kriminelle Akte«, Interview mit Karlheinz Weißmann. In: *JF* 36/2001, S. 6.

21 Botho Strauß, Anschwellender Bocksgesang. Nach der Originalfassung in: *Der Spiegel* 6/1993, S. 202–207, hier S. 206.

22 IfS, Politik ohne Überzeugung. Merkels Union. Schnellroda 2005, S. 7.

23 Dieter Stein, Die FDP als letzte Rettung? In: *JF* 37/2009, S. 1.

24 »Die fünfte Kolonne organisiert eine vierte«. In: *Der Spiegel* 48/1975, S. 28–31, hier S. 29.

25 IfS, Parteigründung von rechts. Sind schlanke Strukturen möglich? Schnellroda 2007, S. 3.

26 Ebenda.

27 Martin Lichtmesz, Casa Pound. In: *Sezession* 34/2010, S. 22–26, hier S. 22.

28 Eine deutsche Fassung des Gründungsmanifests Turbodynamismus findet sich unter URL: https://transavanguardia.wordpress.com/2011/03/12/grundungsmanifest-turbodynamismus/.

29 Götz Kubitschek, Über den 2. zwischentag. In: *Sezession im Netz* vom 14. Oktober 2013. URL: http://www.sezession.de/41349/ueber-den-2-zwischentag.html.

30 Matheus Hagedorny / Niklaas Machunsky, Treffen der »Ein-Mann-Kasernen«. In: *Jungle World* 41/2013, S. 8.

31 Henning Hoffgaard, Zwischentag mit Mißtönen. In: *JF* 42/2013, S. 18.

32 Fjordman, Europa verteidigen. Zehn Texte. Herausgegeben von Martin Lichtmesz und Manfred Kleine-Hartlage. Schnellroda 2011.

33 Dieter Stein, Für eine deutsche »Tea Party«. In: *JF* 10/2010, S. 1.

34 Lorenz Jäger, Adieu, Kameraden, ich bin Gutmensch. In: *FAZ* vom 5. Oktober 2011, S. 29.

35 Helmut Kellershohn, Konservative Reconquista. In: *DISSkursiv* vom 18. März 2010. URL: http://www.disskursiv.de/2010/03/18/konservative-reconquista/.

36 Dieter Stein, Vorwort. In: Felix Krautkrämer, Aufstieg und Etablierung der ›Alternative für Deutschland‹. Geschichte, Hintergründe und Bilanz einer neuen Partei. Berlin 2014, S. 5–10, hier S. 5.

37 Hedwig von Beversfoerde, Richtigstellung öffentlicher Falschbehauptungen über Demo für Alle vom 11. Februar 2016. URL: https://demofueralle.wordpress.com/2016/02/11/richtigstellung-oeffentlicher-falschbehauptungen/.

38 Friedrich Thorsten Müller, Rechte der Kinder verteidigen. In: *JF* 14/2013, S. 9.

39 Dieter Stein, Das Fanal von Paris. In: *JF* 14/2013, S. 1.

40 Programm für Deutschland. Das Grundsatzprogramm der AfD. O. O. 2016, S. 54.

41 Sebastian Friedrich, Der Aufstieg der AfD. Neokonservative Mobilmachung in Deutschland. Berlin 2015, S. 19 f.

42 Dieter Stein, Atemberaubender Parforceritt. In: *JF online* vom 22. September 2013. URL: https://jungefreiheit.de/debatte/kommentar/2013/ein-atemberaubender-parforceritt/.

43 Karlheinz Weißmann, Politik und Metapolitik. In: *Sezession* 57/2013, S. 41.

44 Kositza/Kubitschek (Hrsg.) 2015, S. 13.

45 Ebenda S. 15.

46 Ebenda S. 16.

47 Björn Höcke, Stefan Scheil und die AfD – Ein Doppelinterview. In: *Sezession im Netz* vom 15. Oktober 2014 (Teil 1). URL: http://www.sezession.de/46828/bjoern-hoecke-stefan-scheil-und-die-afd-ein-doppelinterview-1-teil.html; *Sezession im Netz* vom 14. November 2014 (Teil 2). URL: http://www.sezession.de/47122/bjoern-hoecke-stefan-scheil-und-die-afd-ein-doppelinterview-teil-2.html.

48 Ellen Kositza, Wie ich 294 Stunden dachte, AfD-Mitglied zu sein. *Sezession im Netz* vom 20. Februar 2015. URL: http://www.sezession.de/48611/wie-ich-294-stunden-dachte-afd-mitglied-zu-sein.html.

49 Helmut Kellershohn, Konservative Volkspartei. Über das Interesse der jungkonservativen Neuen Rechten an der AfD. AfD-Sondieriungen (3). URL: http://www.diss-duisburg.de/2014/09/helmut-kellershohn-afd-sondierungen-3/.

50 Kositza/Kubitschek (Hrsg.) 2015, S. 26.

51 Helmut Kellershohn, Die AfD als »Staubsauger« und »Kantenschere« – Turbulenzen im jungkonservativen Lager. AfD-Sondierungen (2). URL: http://www.diss-duisburg.de/2014/06/helmut-kellershohn-afd-sondierungen-2/.

52 Ellen Kositza, Manifestazione in Rom, Pegida in Dresden. In: *Sezession im Netz* vom 3. März 2015. URL: http://www.sezession.de/48729/manifestazione-in-rom-pegida-in-dresden.html.

53 Tilmann Kleinjung, Höhenflug der italienischen Rechten. In: *Deutschlandfunk* v. 23. März 2015. URL: http://www.deutschlandfunk.de/aufstieg-der-lega-nord-hoehenflug-der-italienischen-rechten.724.de.html?dram:article_id=314973

54 Ellen Kositza, Manifestazione in Rom, Pegida in Dresden. In: *Sezession im Netz* vom 3. März 2015. URL: http://www.sezession.de/48729/manifestazione-in-rom-pegida-in-dresden.html.

55 Lukas Steinwandter, Italienischer Holzweg. In: *JF online* vom 4. März 2015. URL: https://jungefreiheit.de/debatte/kommentar/2015/italienischer-holzweg/.

56 »Sonst endet die AfD als ›Lega Ost‹«. Interview mit Karlheinz Weißmann in: *JF online* vom 21. Dezember 2015. URL: https://jungefreiheit.de/debatte/interview/2015/sonst-endet-die-afd-als-lega-ost/.

57 Alban Werner, Was ist, was will, wie wirkt die AfD? Karlsruhe 2015, S. 74.

58 Das IfS hatte Höckes Rede zunächst selbst ins Netz gestellt, dann aber wieder gelöscht. Hier zitiert nach der Volltextdokumentation

in: Jobst Paul, Der Niedergang – der Umsturz – das Nichts. Rassistische Demagogie und suizidale Perspektive in Björn Höckes Schnellrodaer IfS-Rede. Duisburg 2016, S. 26–39, hier S. 33.

59 Helmut Kellershohn, Konservative Volkspartei. Über das Interesse der jungkonservativen Neuen Rechten an der AfD. AfD-Sondierungen (3). URL: http://www.diss-duisburg.de/2014/09/helmut-kellershohn-afd-sondierungen-3/.

60 Götz Kubitschek, Antworten auf Fragen eines langjährigen Lesers. In: *Sezession im Netz* vom 18. Dezember 2015. URL: http://www.sezession.de/52613/antworten-auf-fragen-eines-langjaehrigen-lesers.html.

61 »Sonst endet die AfD als ›Lega Ost‹«. Interview mit Karlheinz Weißmann in: *JF* online v. 21. Dezember 2015. URL: https://jungefreiheit.de/debatte/interview/2015/sonst-endet-die-afd-als-lega-ost/.

62 Kerstin Köditz, Vorrevolutionäre AfD. Vorläufige polemische Bemerkungen anlässlich einiger Wahlen. In: Friedrich Burschel (Hrsg.), Durchmarsch von rechts. Völkischer Aufbruch: Rassismus, Rechtspopulismus, rechter Terror. *Manuskripte Neue Folge* 17/2016, S. 102–106.

63 Friedrich 2015, S. 32 f.

PROVOKATIONEN VON RECHTS – POLITIK DES SPEKTAKELS

1 Julian Bruns/Kathrin Glösel/Natascha Strobl, Die Identitären. Handbuch zur Jugendbewegung der Neuen Rechten in Europa. Münster 2016, S. 68.

2 Interview von Lukas Steinwandter mit Hannes Krünägel: »Viele Passanten haben uns applaudiert«. In: *JF online* vom 29. August 2016. URL: https://jungefreiheit.de/debatte/interview/2016/viele-passanten-haben-uns-applaudiert/.

3 »Er wär so gern Revolutionär«. Alexander Wallasch im Gespräch mit Götz Kubitschek. In: *Tichys Einblick* vom 30. August 2016. URL: http://www.tichyseinblick.de/kolumnen/alexander-wallasch-heute/kubitschek-er-waer-so-gern-revolutionaer/.

4 Die neue Protestjugend. In: *Compact* 9/2016, S. 43–52, hier S. 43.

5 Wir sind identitär! In: *Patriotische Plattform* vom 14. Juni 2016. URL: http://patriotische-plattform.de/blog/2016/06/14/wir-sind-identitaer/.

6 Timo Schadt, Identitäre Bewegung zwischen AfD und Tag X. In: *printzip* 8/16, S. 6–8, hier S. 7.

7 DÖW, Identitäre Burschen. URL: http://www.doew.at/erkennen/rechtsextremismus/neues-von-ganz-rechts/archiv/september-2016/identitaere-burschen.

8 Bruns et al., S. 112.

9 Ebenda, S. 102.

10 Lebende Grenze in Spielfeld. »Ein-Prozent«-Film vom 25. November 2015. URL: https://www.youtube.com/watch?v=NF4xkYz7I_I.

11 Déclaration de guerre – Génération Identitaire. URL: https://www.youtube.com/watch?v=5Vnss7y9TNA.

12 Es gibt in den sozialen Netzwerken und auf *YouTube* vielfältig Material, das vom Selbstverständnis der »Identitaires« als »Autre Jeunesse« zeugt. Hier einige ausgewählte Beispiele: Manifestation Une Autre Jeunesse. URL: https://www.youtube.com/watch?v=vmT2yvRXAlc; Une Autre Jeunesse à la Convention Identitaire. URL: https://www.youtube.com/watch?v=6_ccl8Q7uaA; ein *Facebook*-Auftritt für den Identitären Kongress in Orange 2012: URL: https://fr-fr.facebook.com/uneautrejeunesse/.

13 Die Selbstdarstellung, der diese Formel entnommen ist, kursiert in verschiedenen Sprachen. Die Übersetzungen variieren stets die ursprüngliche *Déclaration de guerre*. Zitiert wurde hier nach der Fassung der österreichischen IB. URL: https://www.facebook.com/identitaeroesterreich/about/?entry_point=page_nav_about_item&tab=page_info.

14 Guillaume Faye, Wofür wir kämpfen. O. O. 2006, Innentitel.

15 »Auf den Trümmern des bürgerlichen Individualismus«. Alain de Benoist im Gespräch mit Arne Schimmer, *Hier & Jetzt* 15/2010, S. 26–35, hier S. 30.

16 Bernard Willms, Identität und Widerstand. Reden aus dem deutschen Elend. Tübingen 1986, S. 93.

17 Ebenda S. 89 ff.

18 https://www.generation-identitaire.com/je-suis-charlie-martel-lesprit-de-732/.

19 Bruns et al. 2016, S. 123. Eine »personelle Überschneidung« zwischen dem *Funken* und der IB besteht laut Handbuch in der Person Martin Sellners, vgl. Bruns et al. 2016, S. 98

20 Bsp. eines identitären Sommerlagers 2006: Camp Identitaire 2006, URL: https://www.youtube.com/watch?v=vxE2ccKWVm8.

21 Bruns et al. 2016, S. 75.

22 Volkmar Wölk, Kreuzritter für das Abendland. Oder: Lutz Bachmann als Katechon der Apokalypse? In: Fritz Burschel (Hrsg.), Durchmarsch von rechts. Völkischer Aufbruch: Rassismus, Rechtspopulismus und rechter Terror. *Manuskripte Neue Folge* 17/2016, S. 55–67, hier S. 61.

23 Faye 2006, S. 183.

24 Alain de Benoist, Stachel im Fleisch. In: *JF* 5/2013, S. 13.

25 Bruns et al. 2016, S. 117.

26 Götz Kubitschek, Warum Lichtmesz und ich nach Orange fahren. In: *Sezession im Netz* vom 30. Oktober 2012. URL: http://www.sezession.de/34523/warum-lichtmesz-und-ich-nach-orange-fahren.html.

27 Peter Ulbricht, Identitär in Orange. In: *BN online* vom 8. November 2012. URL: http://www.blauenarzisse.de/index.php/gesichtet/item/3588-identit%C3%A4r-in-orange.

28 Dieter Stein, Identitäre Bewegung. Eine neue Generation. In: *JF* 10/2013, S. 1.

29 »Das Beste kommt noch«. In: *JF* 10/2013, S. 3.

30 https://de-de.facebook.com/identitaeroesterreich/info.

31 Stefan Rebenich, Leonidas und die Thermopylen. Zum Sparta-Bild in der deutschen Altertumswissenschaft. In: Luther et al. (Hrsg.), Das frühe Sparta-Bild. Stuttgart 2006, S. 193–215, hier S. 206.

32 DÖW, Identitäre Bewegung Österreich. URL: http://www.doew.at/erkennen/rechtsextremismus/rechtsextreme-organisationen/identitaere-bewegung-oesterreich-iboe.

33 DÖW, Identitäre Burschen. URL: http://www.doew.at/erkennen/rechtsextremismus/neues-von-ganz-rechts/archiv/september-2016/identitaere-burschen.

34 Johannes Schüller, Feuer-und-Blut-Elite. Gespräch mit Patrick Lenart und Martin Sellner. In: *BN online* vom 13. Februar 2014. URL: http://www.blauenarzisse.de/index.php/gesichtet/item/4433-feuer-und-blut-elite.

35 Das Material findet sich beispielsweise auf dem *Facebook*-Auftritt des *Funken*. URL: https://www.facebook.com/derechtefunke/photos/a.442761779164725.1073741828.442230109217892/947552122019019/?type=3&theater.

36 Andreas Speit (Hrsg.), Ästhetische Mobilmachung. Dark Wave, Neofolk und Industrial im Spannungsfeld rechter Ideologien. Münster 2002.

37 Johannes Lohmann/Hans Wanders, Evolas Jünger und Odins Krieger. Extrem rechte Ideologien in der Dark-Wave- und Black-Metal-Szene. In: Christian Dornbusch/Jan Raabe (Hrsg.), RechtsRock. Bestandsaufnahme und Gegenstrategien. Münster 2002, S. 287–307.
38 Micha Brumlik, Das alte Denken der Neuen Rechten. Mit Heidegger und Evola gegen die offene Gesellschaft. In: *Blätter für deutsche und internationale Politik* 3/2016, S. 81–92.
39 Martin Sellner/Walter Spatz, Gelassen in den Widerstand. Ein Gespräch über Heidegger. Schnellroda 2015, S. 31.
40 Ebenda S. 8.
41 Ebenda S. 21.
42 Ebenda S. 28.
43 Der Zaunbau im thüringischen Schöngleida wurde von der neurechten Organisation »Ein Prozent« unterstützt und dokumentiert: URL: https://einprozent.de/video-schoengleina-zieht-eine-grenze/.
44 Sellner/Spatz 2015, S. 48.
45 Ebenda S. 49.
46 Ebenda S. 39.
47 Adolf Hitler, Rede vor dem Großdeutschen Reichstag 11. Dezember 1941. Reden des Führers. Der großdeutsche Freiheitskampf. III. Band. Reden Adolf Hitlers vom 16. März 1941 bis 15. März 1942. Herausgegeben von Philipp Bouhler. München 1943, S. 113–148, hier S. 117.
48 Sellner/Spatz 2015, S. 40.
49 Ebenda S. 37 f.
50 Ebenda S. 41.
51 Ebenda S. 90.
52 Ebenda S. 56.

KONSERVATIV-SUBVERSIVE AKTIONEN – VOM GEIST AUF DIE STRASSE

1 Kubitschek 2007, S. 11.
2 Götz Kubitschek, Konservativ-Subversive Aktion. In: *Sezession* 25/2008, S. 56.
3 Kubitschek 2007, S. 26.
4 Unter der URL www.ungebeten.de, die ursprünglich zum Webauftritt der KSA führte, wird man heute zum Antaios Verlag weitergeleitet.

5 Volker Weiß, Moderne Antimoderne. Arthur Moeller van den Bruck und der Wandel des Konservatismus. Paderborn 2012, S. 225 f.
6 Götz Kubitschek, Traditionskompanie. In: *Sezession* 16/2007, S. 56.
7 Guy Debord, Die Gesellschaft des Spektakels. Hamburg 1978, S. 6.
8 Biene Baumeister/Zwi/Negator, Situationistische Revolutionstheorie. Eine Aneignung, Bd. I: Enchiridion. Stuttgart 2005, S. 26.
9 Manuel Seitenbecher, Mahler, Maschke & Co. Rechtes Denken in der 68er-Bewegung? Paderborn 2013, S. 44 f.
10 Baumeister et al. 2005, 24 f.
11 Henning Eichberg, Nordischer Anarchismus. Vergleichender Wandalismus. In: Nilpferd des höllischen Urwalds – Spuren in eine unbekannte Stadt – Situationisten, Gruppe Spur, Kommune I. Im Auftrag des Werkbund-Archivs herausgegeben von Wolfgang Dreßen, Dieter Kunzelmann und Eckhard Siepmann. Berlin 1991, S. 92–105.
12 Frank Böckelmann, »Sei darauf eingestellt, daß das Ungewöhnliche gewöhnlich ist« oder Die Auslöschung des Fremden durch die Fremdenfreunde. In: *wir selbst* 3–4/1998, S. 71–73.
13 Über Tumult. URL: http://www.tumult-magazine.net/uebertumult/.
14 Götz Kubitschek, Konservativ-Subversive Aktion. In: *Sezession* 25/2008, S. 56.
15 Moeller van den Bruck, Das Dritte Reich. Hamburg 1931, S. 202.
16 Kositza/Kubitschek (Hrsg.) 2015, S. 23.
17 Nils Wegner, Alter Rechter, junger Rechter, kein Rechter. Mohler, Hepp, Strauß. In: *Sezession* 67/2015, S. 8–11, hier S. 9.
18 Vgl. Staatspolitisches Handbuch, Bd. 3: Vordenker. Schnellroda 2012, S. 84 f.
19 Robert Hepp, Die Endlösung der Deutschen Frage. Grundlinien einer politischen Demographie der Bundesrepublik Deutschland. Tübingen 1988.
20 Armin Mohler, Erinnerungen an einen Freund. In: ders. 1974, S. 324–327, hier S. 325.
21 Ebenda S. 324.
22 Nils Wegner, Alter Rechter, junger Rechter, kein Rechter – Mohler, Hepp, Strauß. In: *Sezession* 67/2015, S. 8–11, hier S. 9.
23 Volker Weiß, Deutschlands Neue Rechte. Angriff der Eliten – Von Spengler bis Sarrazin. Paderborn 2011, S. 93.
24 Karlheinz Weißmann, »Ich war eigentlich immer dagegen«. Keine

Angst vor dem Ernstfall. Teil I: Dem heimatlosen Rechten Günter Maschke zum 65. Geburtstag. In: *JF* 03/2008, S. 12.

25 Kubitschek 2007, S. 7.

26 Ebenda S. 20.

27 Ebenda S. 23 f.

28 Werner Olles, Pessimist und Lebemann. Porträt: Günter Maschke. In: *JF* 24/1997, S. 3.

29 Auf dem Rittergut. Eine Begegnung mit Deutschlands neuen Rechten. *3-Sat Kulturzeit* vom 15. August 2011. URL: https://www.youtube.com/watch?v=MIVAEIRawIo, ab 0:01:00 h.

30 Günter Maschke, Kritik des Guerillero. Zur Theorie des Volkskriegs. Frankfurt a. M. 1973, S. 78.

31 »Erkenne die Lage!« Ein Gespräch mit Günter Maschke. In: *Sezession* 42/2011, S. 18–22.

32 Kubitschek 2007, S. 22.

33 Raoul Thalheim, Hirnhunde. Schnellroda 2014.

34 Felix Menzel, Thesen zur Skandalokratie. In: *Sezession* 48/2012, S. 28–31, hier S. 31.

35 Götz Kubitschek, Man muß das Leben einsetzen. Interview mit Dominique Venner. In: *Sezession im Netz* vom 21. Mai 2013. URL: http://www.sezession.de/38844/man-mus-das-leben-einsetzen-interview-mit-dominique-venner.html. Und ders. Dominique Venner hat sich in Notre Dame erschossen. In: *Sezession im Netz* vom 21. Mai 2013. URL: http://www.sezession.de/38833/dominique-venner-hat-sich-in-notre-dame-erschossen-protest-gegen-die-homo-ehe.html.

36 Karlheinz Weißmann, Ein Leben zur Verteidigung der abendländischen Identität. In: *JF online* vom 22. Mai 2013. URL: https://jungefreiheit.de/sonderthema/2013/ein-leben-zur-verteidigung-der-abendlaendischen-identitaet/.

UNTERGANG UND RETTUNG – AUFSTAND DES »GEHEIMEN DEUTSCHLANDS«

1 Martin Kaul/Konrad Litschko, Abschied eines V-Manns. In: *taz* vom 5. Oktober 2015, S. 3.

2 »Hooligans sind der missratene Teil der Fußballfamilie«. Interview mit Richard Gebhardt, in: *Zeit online* vom 27. Oktober 2014. URL: http://www.zeit.de/sport/2014-10/hooligans-koeln-polizei-salafisten.

3 Richard Gebhardt, Die Mär vom unpolitischen Hooligan. In: *Blätter für deutsche und internationale Politik* 1/2015, S. 9–12, hier S. 9.
4 Christoph Ruf, Hogesa-Gründer war V-Mann. *Spiegel Online* vom 13. Oktober 2015. URL: http://www.spiegel.de/sport/fussball/koeln-verstorbener-hooligan-war-hogesa-gruender-und-v-mann-a-1057505.html.
5 Gespräch mit Siegfried Borchardt über Hooligans und nationale Politik. In: *Sache des Volkes* vom 9. November 2014. URL: https://sachedesvolkes.wordpress.com/2014/11/09/sdv-gesprach-mit-siegfried-siggi-borchardt-uber-hooligans-und-nationale-politik/.
6 Ebenda.
7 »Dresden zeigt, wie es geht!« *BN online* vom 28. Oktober 2014. URL: http://www.blauenarzisse.de/index.php/anstoss/item/4986-dresden-zeigt-wie-es-geht.
8 »Gemeinsam gegen Islamismus«. Johannes Schüller im Gespräch mit Lutz Bachmann. In: *BN online* vom 31. Oktober 2014. URL: http://www.blauenarzisse.de/index.php/gesichtet/item/4994-gemeinsam-gegen-islamismus.
9 »Hooligans sind der missratene Teil der Fußballfamilie«. Interview mit Richard Gebhardt, in: *Zeit online* vom 27. Oktober 2014. URL: http://www.zeit.de/sport/2014-10/hooligans-koeln-polizei-salafisten.
10 »Wir hören erst auf, wenn die Asyl-Politik sich ändert«. In: *Bild* vom 1. Dezember 2014. URL: http://www.bild.de/regional/dresden/demonstrationen/pegida-erfinder-im-interview-38780422.bild.html.
11 Stefan Locke, Die neue Wut aus dem Osten. In: *FAZ online* vom 7. Dezember 2014. URL: http://www.faz.net/aktuell/politik/inland/pegida-bewegung-gegen-islamisierung-des-abendlandes-13306852.html.
12 Das krumme Leben des Pegida-Chefs. In: *Sächsische Zeitung online* vom 2. Dezember 2014. URL: http://www.sz-online.de/nachrichten/das-krumme-leben-des-pegida-chefs-3224574.html.
13 »Wir haben einen Nerv getroffen«. Interview mit Lutz Bachmann. In: *JF* 51/2014, S. 3.
14 Götz Kubitschek in seiner Rede zur Zweijahresfeier von Pegida am 16. Oktober 2016 in Dresden: Der Osten hält stand. Götz Kubitschek zu zwei Jahren Pegida. In: *Kanal Schnellroda* vom 18. Oktober

2010. URL: https://www.youtube.com/watch?v=tUVP3ayTz2I, ab 1:30 h.

15 Stefan Locke und Justus Bender, Radikaler geht's nicht. In: *FAZ online* vom 19. Januar 2016. URL: http://www.faz.net/aktuell/politik/inland/pegida-aktivistin-festerling-radikaler-geht-s-nicht-14021313.html.

16 Bruch zwischen Pegida und Festerling. *Sächsische Zeitung online* vom 14. Juni 2016. URL: http://www.sz-online.de/nachrichten/bruch-zwischen-pegida-und-festerling-3420211.html.

17 Götz Kubitschek, Zwei Kleinigkeiten. In: *Sezession im Netz* vom 15. Juni 2016. URL: http://www.sezession.de/54394/zwei-kleinigkeiten-pegida-und-cafe-schnellroda.html.

18 Volker Zastrow, Die neue völkische Bewegung. In: *FAZ online* vom 29. November 2015. URL: http://www.faz.net/aktuell/politik/inland/afd-die-neue-voelkische-bewegung-13937439.html.

19 Michael Klonovsky, Acta diurna, Eintrag vom 6. November 2015. URL: http://www.michael-klonovsky.de/acta-diurna/item/274-november-2015.

20 ROG, Rangliste der Pressefreiheit 2016, Nahaufnahme Deutschland. URL: https://www.reporter-ohne-grenzen.de/fileadmin/Redaktion/Presse/Downloads/Ranglisten/Rangliste_2016/Nahaufnahme_Deutschland_2016.pdf, hier S. 2.

21 *Sezession im Netz* v. 22. Januar 2016. URL: http://www.sezession.de/48224/legida-21-januar-rede-in-leipzig.html/2.

22 Oswald Spengler, Der Untergang des Abendlandes. Umrisse einer Morphologie der Weltgeschichte. München 1988, S. 977.

23 »Unsere Zeit kommt«. Götz Kubitschek im Gespräch mit Karlheinz Weißmann. Schnellroda 2006, S. 10 f.

»ABENDLAND« – KURZE GESCHICHTE EINES MYTHOS

1 »Wir haben einen Nerv getroffen«. Interview mit Lutz Bachmann. In: *JF* 51/2014, S. 3.

2 Staatspolitisches Handbuch, Bd. 1: Leitbegriffe, S. 11.

3 Ebenda S. 49.

4 Programm für Deutschland. Das Grundsatzprogramm der Alternative für Deutschland. O. O. 2016, S. 6.

5 »Wir sind keine christliche Partei«. Alexander Gauland im Gespräch

mit der *Jungen Freiheit*. In: *JF online* vom 24. Mai 2016. URL: https://jungefreiheit.de/politik/deutschland/2016/gauland-wir-sind-keine-christliche-partei/.

6 Björn Höcke im Gespräch mit der *Sezession* vom 19. Dezember 2014. URL: http://www.sezession.de/47597/gluecklich-der-staat-der-solche-buerger-hat-afd-landeschef-bjoern-hoecke-im-gespraech-ueber-die-pegida.html/2.

7 Heinz Gollwitzer, Europabild und Europagedanke. München 1964, S. 20.

8 Ebenda, S. 22.

9 Ebenda S. 27.

10 Spengler 1988, S. 1029.

11 Gollwitzer 1964, S. 30.

12 Richard Faber, Abendland. Ein »politischer Kampfbegriff«. Hildesheim 1979.

13 Gollwitzer 1964, S. 155.

14 Friedrich Schlegel, Philosophie der Geschichte. München u. a. 1971, S. 320 f.

15 Gollwitzer 1964, S. 148.

16 Ebenda S. 148.

17 Richard Faber, Preußischer Katholizismus und katholisches Preußentum. Ihre etatistische, imperialistische und militaristische sowie antik-römische, italienisch-faschistische und spanisch-ignatianische Dimension. In: ders./Uwe Puschner (Hrsg.), Preußische Katholiken und katholische Preußen im 20. Jahrhundert. Würzburg 2011, S. 89–113, hier S. 92.

18 Heinrich August Winkler, Der lange Weg nach Westen. Deutsche Geschichte 1806/1933. Bonn 2002, S. 68.

19 Caspar Ehlers, Die propreußische Rezeption des Deutschen Ordens und seines »Staates« im neunzehnten und zwanzigsten Jahrhundert. In: Faber/Puschner (Hrsg.) 2011, S. 115–143.

20 Spengler 1988, S. 1024.

21 Weiß 2012, S. 175.

22 Carl Schmitt, Der Reichsbegriff im Völkerrecht (1939). In: ders. Positionen und Begriffe im Kampf mit Weimar–Genf–Versailles 1923–1939. Hamburg 1940, S. 302–312, hier S. 303.

23 Karlheinz Weißmann, Rubikon. Deutschland vor der Entscheidung. Berlin 2016, S. 200.

24 Faye 2006, S. 169.

25 Faber 1979, S. 24.
26 Arthur Moeller van den Bruck, Der Preußische Stil. Neue Fassung. Mit einem Vorwort von Hans Schwarz. Breslau 1931, Motto des Buches, o. S.
27 Ehlers 2011, S. 115–144.
28 Vgl. Hans Manfred Bock, Der Abendland-Kreis und das Wirken von Hermann Platz im katholischen Milieu der Weimarer Republik. In: Uwe Puschner/Michel Grunewald (Hrsg.), Das katholische Intellektuellenmilieu in Deutschland, seine Presse und seine Netzwerke (1871–1960). Bern 2006, S. 337–362.
29 Ebenda S. 356.
30 Carl Schmitt, Römischer Katholizismus und politische Form. Stuttgart 2008, S. 5.
31 Ebenda S. 63 f.
32 Faber 1979, S. 143.
33 Faber 2011, S. 93.
34 Hitler 1943, S. 113.
35 Vorbemerkungen zur Rede in Hitler 1943, S. 111.
36 Hitler 1943, S. 117.
37 Ebenda.
38 Ebenda S. 118.
39 Ebenda.
40 Ebenda S. 119.
41 Ebenda.
42 Vgl. Gollwitzer 1964, S. 23.
43 Rebenich 2006, S. 205 f.
44 Axel Schildt, Zwischen Abendland und Amerika. Studien zur westdeutschen Ideenlandschaft der 50er Jahre. München 1999, S. 27.
45 Ebenda S. 27.
46 Joachim Lerchenmueller, Die Geschichtswissenschaft in den Planungen des Sicherheitsdienstes der SS. Der Historiker Hermann Löffler und seine Denkschrift »Entwicklung und Aufgaben der Geschichtswissenschaft in Deutschland«. Bonn 2001, S. 112.
47 Schildt 1999, S. 34.
48 Ebenda S. 47.
49 Ebenda S. 51.
50 Ebenda S. 38 und Faber 1979, S. 34 ff.
51 Schildt 1999, S. 22.
52 Carl Schmitt, Der Begriff des Politischen. Text von 1932 mit drei Cor-

rolarien. Berlin 1963, S. 31. Faber (1979) zitiert die Sätze (mit Auslassungen) auf S. 11.

53 Jäger et al. (Hrsg.) 2004, S. 157.

54 Orlando Figes, Krimkrieg. Der letzte Kreuzzug. Berlin 2011, S. 18.

55 Ebenda S. 102.

56 Faber 1979, S. 16.

57 Manfred Becker-Huberti, Das christliche Abendland ist Fiktion. In: *katholisch.de* vom 22. Juni 2016. URL: http://www.katholisch.de/aktuelles/aktuelle-artikel/das-christliche-abendland-ist-fiktion.

58 Schildt 1999, S. 22.

59 Ernst Jünger, Der gordische Knoten. In: ders. Sämtliche Werke 9/I. Stuttgart 2015, S. 375–479, hier S. 378.

60 SLPB, Kirchen in Sachsen. URL: http://www.infoseiten.slpb.de/politik/sachsen/sachsen-allgemein/religion/.

61 Hans Vorländer/Maik Herold/Steven Schäller: Wer geht zu Pegida und warum? Eine empirische Untersuchung von Pegida-Demonstranten in Dresden. Dresden 2015, S. 50.

62 Ebenda S. 73.

63 Henning Hoffgaard/Billy Six, »Ihr seid alles Helden«. In: *JF* 17/2015, S. 4.

64 August Wilhelm Schlegel, Vorlesungen über schöne Literatur und Kunst 3. Teil (1803–1804), S. 34 f., zitiert nach Gollwitzer 1964, S. 157.

65 Moeller 1931, 236.

66 Mohler 1999a, S. 64.

67 Rudolf Pannwitz, Beiträge zu einer europäischen Kultur. Nürnberg 1954, S. 13.

68 Ernst Nolte, Vergangenheit, die nicht vergehen will. Eine Rede, die geschrieben, aber nicht gehalten werden konnte. In: *FAZ* vom 6. Juni 1986.

69 Pannwitz 1954, S. 12.

70 Ebenda.

71 Die identitäre Bewegung stellt sich vor. In: *Compact-Live* vom 19. September 2016. URL: https://www.youtube.com/watch?v=S-HZwIGoGvJo, von 10:09:40 h bis 1:12:00 h.

72 Björn Höcke, Asyl. Eine politische Bestandsaufnahme. Rede auf dem IfS-Kongress »Ansturm auf Europa«. In: *Kanal Schnellroda* vom 21. November 2015. URL: https://www.youtube.com/watch?-v=ezTw3ORSqlQ , ab 5:00 h.

DER FEIND IN RAUM UND GESTALT – ISLAM, AMERIKA UND UNIVERSALISMUS

1 Bernhard Odehnal, Gipfeltreffen mit Putins fünfter Kolonne. In: *Tagesanzeiger* vom 3. Juni 2014. ULR: http://www.tagesanzeiger.ch/ausland/europa/Gipfeltreffen-mit-Putins-fuenfter-Kolonne/story/30542701.

2 Ebenda.

3 Moeller van den Bruck 1931, S. 245.

4 Staatspolitisches Handbuch, Bd. 1: Leitbegriffe, S. 86 f.

5 Carl Schmitt, Raum und Rom. Zur Phonetik des Wortes Raum. In: ders. Staat, Großraum, Nomos. Arbeiten aus den Jahren 1916–1969. Herausgegeben, mit einem Vorwort und mit Anmerkungen versehen von Günter Maschke. Berlin 1995, S. 491–495, hier S. 491.

6 Staatspolitisches Handbuch, Bd. 1: Leitbegriffe, S. 91.

7 Andreas Umland, Postsowjetische Gegeneliten und ihr wachsender Einfluss auf Jugendkultur und Intellektuellendiskurs in Russland. Der Fall Aleksandr Dugin (1990–2004). In: Tanja Bürgel (Hrsg.), Generationen in den Umbrüchen postkommunistischer Gesellschaften. *SFB-580-Mitteilungen 20*/2006, S. 22–45, hier S. 26.

8 Leggewie 2016, S. 64.

9 Michel Eltchaninoff, In Putins Kopf. Die Philosophie eines lupenreinen Demokraten. Stuttgart 2016, S. 75.

10 Michael Paulwitz, Pozner, Dugin, Putin und die Geopolitik. In: *JF online* vom 23. April 2014. URL: https://jungefreiheit.de/kolumne/2014/pozner-dugin-putin-und-die-geopolitik/.

11 Umland 2006, S. 30.

12 Claus Leggewie, Anti-Europäer. Breivik, Dugin, al-Suri & Co. Berlin 2016, S. 70 f.

13 Karlheinz Weißmann (Hrsg.), Die Konservative Revolution in Europa. Schnellroda 2013, S. 13 f.

14 Alexander Dugin, Die Vierte Politische Theorie. London 2013, S. 48.

15 Dirk Taphorn, Eurasien für die Postmoderne. In: *BN online* vom 30. Oktober 2013. URL: http://www.blauenarzisse.de/index.php/gesichtet/item/4214-eurasien-fuer-die-postmoderne.

16 Hinrich Rohbohm, »Ich habe keine Verbindung zum Kreml«. In: *JF* 49/2014, S. 12.

17 Umland 2006, S. 25.

18 Hinrich Rohbohm, »Ich habe keine Verbindung zum Kreml«. In: *JF* 49/2014, S. 12.

19 »Ich warte auf eine Initialzündung«. Gespräch mit Hans-Dietrich Sander. In: *Hier & Jetzt* 12/2008, S. 12–19, hier S. 13 f.

20 Thorsten Hinz, Das Dasein in der selbstgemachten Hölle. In: *JF* 27/2014, S. 14.

21 Alexander Dugin, Der Vordenker. In: *Zuerst!* 3/2013, hier zitiert nach: http://zuerst.de/2014/06/04/alexander-dugin-der-vordenker/.

22 Michael Paulwitz, Pozner, Dugin, Putin und die Geopolitik. In: *JF online* vom 23. April 2014. URL: https://jungefreiheit.de/kolumne/2014/pozner-dugin-putin-und-die-geopolitik/.

23 Andreas Koob/Holger Marcks/Magdalena Marsovszky, Mit Pfeil, Kreuz und Krone. Nationalismus und autoritäre Krisenbewältigung in Ungarn. Münster 2013, S. 165.

24 Thorsten Hinz, Den Druck neutralisieren. In: *JF* 13/2014, S. 18.

25 Hinrich Rohbohm, »Ich habe keine Verbindung zum Kreml«. In: *JF* 49/2014, S. 12.

26 Micha Brumlik, Das alte Denken der neuen Rechten. Mit Heidegger und Evola gegen die offene Gesellschaft. In: *Blätter für deutsche und internationale Politik* 3/2016, S. 81–92, hier S. 85.

27 Benedikt Kaiser, Die offenen Flanken des Antiimperialismus. In: *Sezession* 71/2016, S. 14–17, hier S. 16.

28 Samuel Salzborn, Messianischer Antiuniversalismus. Zur politischen Theologie von Aleksandr Dugin im Spannungsfeld von eurasischem Imperialismus und geopolitischem Evangelium. In: Armin Pfahl-Traughber (Hrsg.), Jahrbuch für Extremismus- und Terrorismusforschung 2014 (I), S. 240–258, hier S. 250 f.

29 Weißmann 2016, S. 55.

30 Thorsten Hinz, Den Druck neutralisieren. In: *JF* 13/2014, S. 18.

31 Hauke Ritz, Warum der Westen Russland braucht. Die erstaunliche Wandlung des Zbigniew Brzezinski. In: *Blätter für deutsche und internationale Politik* 7/2012, S. 89–97.

32 Schmitt, Der Reichsbegriff im Völkerrecht (1939). In: ders., Positionen und Begriffe im Kampf mit Weimar–Genf–Versailles 1923–1939. Hamburg 1940, S. 303–312, hier S. 303.

33 Ebenda S. 312.

34 Schmitt, Großraum gegen Universalismus. Der völkerrechtliche Kampf um die Monroedoktrin (1939). In: ders., 1940, S. 295–302, hier S. 302.

35 Martin Langebach/Andreas Speit, Europas radikale Rechte. Bewegungen und Parteien auf Straßen und in Parlamenten. Zürich 2013, S. 271.

36 Rede von Gauland zur Krise in der Ukraine vom 22. März 2014. URL: https://www.alternativefuer.de/rede-von-gauland-zur-krise-der-ukraine/.

37 Ebenda.

38 Schmitt, Der Reichsbegriff im Völkerrecht (1939). In: ders., 1940, S. 303–312, hier S. 306.

39 Schmitt, Völkerrechtliche Neutralität und völkische Totalität (1938). In: ders., 1940, S. 255–260, hier S. 255.

40 Ebenda S. 259 f.

41 »Jeder Westler ist ein Rassist«. *Spiegel*-Gespräch mit Alexander Dugin. In: *Der Spiegel* 29/2014, S. 120–125, hier S. 121.

42 *Elemente*, Jahresausgabe 1990, S. 7.

43 Ulrich Prehn, Max Hildebert Boehm. Radikales Ordnungsdenken vom Ersten Weltkrieg bis in die Bundesrepublik. Göttingen 2013, S. 238.

44 Nikolai Trubetzkoy, Das russische Problem (1921), hier zitiert nach Eltchaninoff 2016, S. 103.

45 Benedikt Kaiser, Die offenen Flanken des Antiimperialismus. In: *Sezession* 71/2016, S. 14–17, hier S. 15.

46 Carl Schmitt, Theorie des Partisanen. Zwischenbemerkung zum Begriff des Politischen. Berlin 1992, S. 87.

47 Ebenda S. 95.

48 Ebenda S. 92.

49 Armin Mohler, Sind die USA unser Feind? In: ders., Tendenzwende für Fortgeschrittene. München 1978, S. 49–55, hier S. 49.

50 Ebenda S. 52.

51 Pierre Krebs, Eine Epoche in der Krise. In: *Elemente*, Jahresausgabe 1990, S. 7–18, hier S. 11.

52 Mohler in Benoist 1985, S. 11.

53 Krebs in *Elemente*, Jahresausgabe 1990, S. 10 f. Derartige Denkfiguren lassen sich bis weit in die Geschichte der Gegenaufklärung zurückverfolgen. Spuren davon finden sich schon beim »Abendländer« Friedrich Schlegel, der 1828 über das Vordringen von Aufklärung und Revolution in Europa schrieb: »Die eigentliche Pflanzstätte aller dieser zerstörenden Prinzipien, die revolutionäre Erziehungsanstalt für Frankreich und das übrige Europa war Nordamerika gewesen.« Friedrich Schlegel, Philosophie der Geschichte. München u. a. 1971, S. 403.

54 Roland Bubik, Wir 89er. Wer wir sind und was wir wollen. Frankfurt a. M. 1995, S. 87.

55 Götz Kubitschek in seiner Rede zur Zweijahresfeier von Pegida am 16. Oktober 2016 in Dresden: Der Osten hält stand. Götz Kubitschek zu zwei Jahren Pegida. In: *Kanal Schnellroda* vom 18. Oktober 2010. URL: https://www.youtube.com/watch?v=tUVP3ayTz2I, ab 0:11:54 h.

56 »Auf den Trümmern des bürgerlichen Individualismus«. Alain de Benoist im Gespräch mit Arne Schimmer. In: *Hier & Jetzt* 15/2010, S. 26–35, hier S. 30 f.

57 »Das bewaffnete Wort«. Gespräch mit Günter Maschke. In: *Hier & Jetzt* 14/2009, S. 22–27, hier S. 27.

58 *Compact-Live* vom 19. September 2016. Die identitäre Bewegung stellt sich vor. URL: https://www.youtube.com/watch?v=SHZwIGoGvJo, ab 1:16:35 h

59 Martin Lichtmesz, Ich bin nicht Charlie (Teil 1). In: *Sezession im Netz* vom 10. Januar 2015. URL: http://www.sezession.de/47864/ich-bin-nicht-charlie-teil-1.html.

60 Martin Lichtmesz, Ich bin nicht Charlie (Teil 4). In: *Sezession im Netz* vom 15. Januar 2015. URL: http://www.sezession.de/48020/ich-bin-nicht-charlie-teil-4-die-freiheit-und-die-andersdenkenden.html/3.

61 Martin Lichtmesz, Weißmann, Stürzenberger und das Elend der Islamkritik. In: *Sezession im Netz* vom 9. Oktober 2012. URL: http://www.sezession.de/34132/weismann-sturzenberger-und-das-elend-der-islamkritik.html.

62 Ebenda.

63 Ernst Nolte, Die dritte radikale Widerstandsbewegung: Der Islamismus. Berlin 2009, S. 145.

64 Ebenda S. 355. Nolte bezieht sich auf Giselher Wirsing, Engländer, Juden und Araber in Palästina. Jena 1939, S. 131 f. Wirsing beschreibt darin deutlich den Kontrast zwischen den »tief verschleierten Frauen mit ihren schwarzen Überröcken« und den »à la Miami bekleideten jungen Damen«, die den »tödlichem Hass« der Araber auf sich zögen.

65 Winfried Knörzer, Kampf der Kulturen: die Vorstellung wird abgesagt. In: *wir selbst* 3–4/1998, S. 56–63, hier S. 61.

66 Anton Maegerle, Solidarität mit Ahmadinedschad. In: *Tribüne. Zeitschrift zum Verständnis des Judentums* 3/ 2009, S. 96–106.

67 http://iraniansforum.com/eu/iran-verlegt-buch-des-rechtsextre-

men-ochsenreiter-die-macht-der-zionistischen-lobby-in-deutschland/.

68 Samuel Salzborn, Religionsverständnis im Rechtsextremismus. Eine Analyse am Beispiel des neurechten Theorieorgans *Sezession*. In: Martin Möllers/Robert von Ooyen (Hrsg.), Jahrbuch öffentliche Sicherheit 2014/15, S. 285–301, hier S. 297.

69 Georg Immanuel Nagel, Juden gegen Patrioten? In: *BN online* vom 29. Oktober 2015. URL: http://www.blauenarzisse.de/index.php/anstoss/item/5433-juden-gegen-patrioten.

70 Klaus Holz, Die antisemitische Konstruktion des Dritten und die nationale Ordnung der Welt. In: Christina von Braun/Eva-Maria Ziege (Hrsg.), Das bewegliche Vorurteil. Würzburg 2004, S. 43–61.

71 Thorsten Hinz, Der Super-Vatikan. In: *JF* 8/2009, S. 1.

72 Thorsten Hinz, Der Raub des Schuldkults. Historische Schuld und Hypermoral. Der blinde Fleck der Islamkritik. In: ders. Weltflucht und Massenwahn. Deutschland in Zeiten der Völkerwanderung. Berlin 2016, S. 46–50, hier S. 50.

73 Charb, Brief an die Heuchler und wie sie Rassisten in die Hände spielen. Stuttgart 2015, S. 82.

74 Leggewie 2016, S. 30.

75 http://antaios.de/gesamtverzeichnis-antaios/einzeltitel/31733/der-weg-der-maenner.

76 Jack Donovan, Der Weg der Männer. Schnellroda 2016, S. 8.

77 Ebenda S. 188.

78 Vgl. Kathrin Glösels Analyse »Wie männliche Täter produziert werden. Über Jack Donovans *Der Weg der Männer*«. In: https://biwaz.files.wordpress.com/2016/08/rezension-weg-der-macc88nner1.pdf, S. 4.

79 Donovan 2016, S. 19.

80 Ebenda S. 81.

81 Ebenda S. 206.

82 Ebenda S. 207.

83 Die Parole ist vielfach verwendet worden, heute findet sie sich unter anderem hier: Festung Europa. In: *Identitäre Generation.info*. URL: http://www.identitaere-generation.info/festung-europa-kundgebung-am-10-11-2013-in-wien/.

84 Kositza/Kubitschek (Hrsg.) 2015, S. 102.

85 Donovan 2016, S. 227.

86 Ebenda S. 229.

87 Glösel 2016, S. 8.
88 Karlheinz Weißmann, Männerbund. Schnellroda 2004, S. 109.
89 Donovan 2016, S. 212.
90 »Sonst endet die AfD als ›Lega Ost‹«. Interview mit Karlheinz Weißmann. In: *JF online* vom 21. Dezember 2015. URL: https://jungefreiheit.de/debatte/interview/2015/sonst-endet-die-afd-als-lega-ost/.
91 Kositza/Kubitschek (Hrsg.) 2015, S. 21.
92 Donovan 2016, S. 26 f.
93 Ebenda S. 221.
94 Ebenda S. 207.
95 Ebenda S. 90.
96 Filippo Tommaso Marinetti, Manifest des Futurismus. Zitiert nach: Peter Demetz, Worte in Freiheit. Der italienische Futurismus und die deutsche Avantgarde 1912–1934. Mit einer ausführlichen Dokumentation. München 1990. Anhang A, S. 172–178, hier S. 172 und 175.
97 Eltchaninoff 2016, S. 65 f.
98 http://www.landtag.sachsen-anhalt.de/plenarsitzungen/transkript/?tx_apertobase_livetranscript[speaker]=7215&cHash=-f55a548f479b7d30c7227068dc8c3cb9.
99 AfD-Fraktion Sachsen-Anhalt, Falschmeldung unserer Lückenpresse. *Facebook*-Eintrag vom 3. Juni 2016. URL: https://de-de.facebook.com/SachsenAnhalt.AfD/posts/863435687104508.
100 Matthias Lohre, Die Angst-Partei. In: *Die Zeit* 33/2014. URL: http://www.zeit.de/2014/33/afd-landtagswahl-sachsen; Erdogan rät muslimischen Familien von Verhütung ab. In: *Zeit online* vom 30. Mai 2016. URL: http://www.zeit.de/gesellschaft/zeitgeschehen/2016-05/tuerkei-recep-tayyip-erdogan-tuerkei-familie-verhuetung.
101 Leggewie 2016, S. 120.
102 Felix Schilk/Tim Zeidler, Der Archipel der Enthemmten. In: *Jungle World* 42/2016, S. 18–23, hier S. 20.
103 Nils Wegner, Den Schmelztiegel entmischen. Rechte Dissidenz in den USA. In: *Sezession* 69/2015, S. 42–43, hier S. 43.
104 Vgl. die Zusammenfassung und das eingebettete Video der Rede durch den *Atlantic*: Daniel Lombroso/Yoni Appelbaum, ›Hail Trump!‹ White Nationalist Salute the President Eect. In: *theatlantic.com* vom 21. November 2016. URL: http://www.theatlantic.com/politics/archive/2016/11/richard-spencer-speech-npi/508379/.

VOM »WAHRHEITSKERN« NEURECHTER POLITIK – AUTORITÄRER POPULISMUS

1 Stuart Hall, The Great Moving Right Show. In: *Marxism Today* 1/1979, S. 14–20.

2 Richard Gebhardt, »Bitte wählen Sie nicht AfD« – Der hilflose Antipopulismus und die gespaltene Republik. In: Helmut Kellershohn/Wolfgang Kastrup (Hrsg.), Kulturkampf von rechts. AfD, Pegida und die Neue Rechte. Münster 2016, S. 201–219, hier S. 213.

3 Frauke Petry, Die Political Correctness ist am Ende. In: *JF online* vom 9. November 2016. URL: https://jungefreiheit.de/debatte/kommentar/2016/die-political-correctness-ist-am-ende/.

4 Kamel Daoud, Das sexuelle Elend der arabischen Welt. In: *FAZ online* vom 18. Februar 2016. URL: http://www.faz.net/aktuell/feuilleton/islam-und-koerper-das-sexuelle-elend-der-arabischen-welt-14075502.html?printPagedArticle=true#pageIndex_2.

5 »Collectif«, Nuit de Cologne: Kamel Daoud recycle les clichés orientalistes les plus éculés. In: *Le Monde* vom 11. Februar 2016. URL: http://www.lemonde.fr/idees/article/2016/02/11/les-fantasmes-de-kamel-daoud_4863096_3232.html#tE3q9XJsPCUBgycf.99.

6 »Lob des Zweifels«. Axel Rühle im Gespräch mit Kamel Daoud und Johan Simons. In: *Süddeutsche Zeitung* Nr. 203 vom 2. September 2016, S. 9.

7 Volker Weiß, Bedeutung und Wandel von ›Kultur‹ für die extreme Rechte. In: Fabian Virchow/Martin Langebach/Alexander Häusler (Hrsg.), Handbuch Rechtsextremismus. Wiesbaden 2016, S. 441–469.

8 Michel Houellebecq, Unterwerfung. Köln 2015, S. 227.

9 Ebenda S. 228.

10 Ebenda S. 230.

11 Michel Foucault, Der Wille zum Wissen. Sexualität und Wahrheit 1. Frankfurt a. M., 1977, S. 7.

12 Ebenda S. 139.

13 Daoud 2016. URL: http://www.faz.net/aktuell/feuilleton/islam-und-koerper-das-sexuelle-elend-der-arabischen-welt-14075502.html?printPagedArticle=true#pageIndex_2.

14 Ebenda S. 146.

15 Daoud 2016. URL: http://www.faz.net/aktuell/feuilleton/islam-und-koerper-das-sexuelle-elend-der-arabischen-welt-14075502.html?printPagedArticle=true#pageIndex_2.

16 Foucault 1977, S. 151.
17 Ebenda S. 149.
18 Ebenda S. 145.
19 Mona Eltahawy, Warum hasst ihr uns so? Für die sexuelle Revolution der Frauen in der islamischen Welt. München/Berlin 2015, S. 102.
20 Ebenda S. 11.
21 Ebenda S. 31.
22 Kamel Daoud, Das sexuelle Elend der arabischwen Welt. In: *FAZ online* vom 18. Februar 2016. URL: http://www.faz.net/aktuell/feuilleton/islam-und-koerper-das-sexuelle-elend-der-arabischen-welt-14075502.html?printPagedArticle=true#pageIndex_2.
23 Eltahawy 2015, S. 35.
24 Ebenda S. 100.
25 Ebenda S. 34.
26 Samuel Schirmbeck, Die Linke im Muff von tausend Jahren. In: *FAZ online* vom 19. Januar 2015. URL: http://www.faz.net/aktuell/politik/die-gegenwart/linke-verweigern-diskussion-ueber-islam-und-gewalt-13377388.html.
27 Sama Maani, Warum wir fremde Kulturen nicht respektieren sollten. Und die eigene auch nicht. Klagenfurt 2015, S. 47.
28 Milo Yiannopoulos, zitiert nach Schilk/Zeidler, Der Archipel der Enthemmten. In: *Jungle World* 42/2016, S. 23.
29 https://jungefreiheit.de/kultur/gesellschaft/2016/falsche-frisur-schwarze-attackiert-weissen-studenten/.
30 Maani 2015, S. 44 f.
31 »Jeder Westler ist ein Rassist«. Alexander Dugin im Gespräch mit Christian Neef. In: *Der Spiegel* 29/2014, S. 120–125, hier S. 122.
32 Carl Schmitt, Völkerrechtliche Neutralität und völkische Totalität (1938). In: Schmitt 1940, S. 255–260, hier S. 255.
33 Martin Sellner, Der Trumptrain und die Achsenzeit. In: *Sezession im Netz* vom 10. Juni 2016. URL: http://www.sezession.de/54293/der-trumptrain-und-die-achsenzeit.html/2.
34 Benedikt Kaiser, Trump – Alternative für Amerika? In: *Sezession* 73/2016, S. 8–11, hier S. 11.
35 Frank Lisson, Die Verachtung des Eigenen. Ursachen und Verlauf des kulturellen Selbsthasses in Europa. Schnellroda 2012, S. 27.
36 Maschke 1973, S. 105.

LITERATURVERZEICHNIS

Auswahl der wichtigsten zitierten Zeitschriften

Blätter für deutsche und internationale Politik
Blaue Narzisse
Compact
Elemente
Frankfurter Allgemeine Zeitung
Hier & Jetzt. Radikal rechte Zeitung
Junge Freiheit
Jungle World
Der Rechte Rand
Sächsische Zeitung
Sezession
Der Spiegel
Tumult. Vierteljahresschrift für Konsensstörung
wir selbst. Zeitschrift für nationale Identität
Die Zeit

Archivalien

IfZ München, Signatur ZS-50–2, Blatt 1–14

Quellen

AfD (2016): Programm für Deutschland. Das Grundsatzprogramm der Alternative für Deutschland. O.O.

Benoist, Alain de (1985): Kulturrevolution von rechts. Krefeld.

Boehm, Max Hildebert (1932): Das eigenständige Volk. Volkstheoretische Grundlagen der Ethnopolitik und Geisteswissenschaften. Göttingen.

Bubik, Roland (1995): Wir 89er. Wer wir sind und was wir wollen. Frankfurt a. M.

Donovan, Jack (2016): Der Weg der Männer. Schnellroda.

Dugin, Alexander (2013): Die Vierte Politische Theorie. London.

Eichberg, Henning (1991): Nordischer Anarchismus. Vergleichender Wandalismus. In: Nilpferd des höllischen Urwalds – Spuren in eine

unbekannte Stadt – Situationisten, Gruppe Spur, Kommune I. Im Auftrag des Werkbund-Archivs herausgegeben von Wolfgang Dreßen, Dieter Kunzelmann und Eckhard Siepmann. Berlin, S. 92–105.
Evola, Julius (1935): Erhebung wider die moderne Welt. Stuttgart.
Faye, Guillaume (2006): Wofür wir kämpfen. O. O.
Fjordman (2011): Europa verteidigen. Zehn Texte. Schnellroda.
Hepp, Robert (1988): Die Endlösung der Deutschen Frage. Grundlinien einer politischen Demographie der Bundesrepublik Deutschland. Tübingen.
Hinz, Thorsten (2016): Der Raub des Schuldkults. Historische Schuld und Hypermoral. Der blinde Fleck der Islamkritik. In: ders. Weltflucht und Massenwahn. Deutschland in Zeiten der Völkerwanderung. Berlin 2016, S. 46–50.
Hitler, Adolf (1943): Rede vor dem Großdeutschen Reichstag 11. Dezember 1941. In: Reden des Führers. Der großdeutsche Freiheitskampf. III. Band. Reden Adolf Hitlers vom 16. März 1941 bis 15. März 1942. Herausgegeben von Philipp Bouhler. München, S. 113–148.
Houellebecq, Michel (2015): Unterwerfung. Köln.
Institut für Staatspolitik (2005): Politik ohne Überzeugung. Merkels Union. Schnellroda.
Institut für Staatspolitik (2007): Parteigründung von rechts. Sind schlanke Strukturen möglich? Schnellroda.
Institut für Staatspolitik (2008): Die »Neue Rechte«. Sinn und Grenze eines Begriffs. Schnellroda.
Institut für Staatspolitik (2010): Der Fall Sarrazin. Verlauf einer gescheiterten Tabuisierung. Schnellroda.
Institut für Staatspolitik (2011): Die Frau als Soldat. Der »Gorch-Fock«-Skandal, Minister zu Guttenberg und der Einsatz von Frauen in den Streitkräften. Schnellroda.
Jünger, Ernst (2015): Der gordische Knoten. In: ders. Sämtliche Werke 9/I. Stuttgart 2015, S. 375–479.
Kositza, Ellen/Kubitschek, Götz (Hrsg.) (2015): Tristesse Droite. Die Abende von Schnellroda. Schnellroda.
Krautkrämer, Felix (2014): Aufstieg und Etablierung der ›Alternative für Deutschland‹. Geschichte, Hintergründe und Bilanz einer neuen Partei. Berlin.
Kubitschek, Götz (2007): Provokation. Schnellroda.
Lisson, Frank (2012): Die Verachtung des Eigenen. Ursachen und Verlauf des kulturellen Selbsthasses in Europa. Schnellroda.

Lotz, Albert (1926): Europa oder Abendland. In: *Abendland. Deutsche Monatshefte für europäische Kultur, Politik und Wirtschaft* 4/1926, S. 216 f.
Marinetti, Filippo Tommaso (1990): Manifest des Futurismus. Zitiert nach: Demetz 1990, Anhang A, S. 172–178.
Marinetti, Filippo Tommaso (2004): Mafarka der Futurist. Afrikanischer Roman. München.
Maschke, Günter (1973): Kritik des Guerillero. Zur Theorie des Volkskriegs. Frankfurt a. M.
Maschke, Günter/Maaß, Sebastian (2011): »Verräter schlafen nicht«. Kiel.
Moeller van den Bruck, Arthur (1931a): Das Dritte Reich. Hamburg.
Moeller van den Bruck, Arthur (1931b): Der Preußische Stil. Neue Fassung. Mit einem Vorwort von Hans Schwarz. Breslau.
Moeller van den Bruck, Arthur/Boehm, Max Hildebert/Gleichen, Heinrich von (Hrsg.) (1922): Die Neue Front. Berlin.
Mohler, Armin (1965): Was die Deutschen fürchten. Angst vor der Politik, Angst vor der Geschichte, Angst vor der Macht. Stuttgart.
Mohler, Armin (1974): Von rechts gesehen. Stuttgart.
Mohler, Armin (1978): Tendenzwende für Fortgeschrittene. München.
Mohler, Armin (1987): Im Dickicht der Vergangenheitsbewältigung. Analyse eines deutschen Sonderweges. In: Nationale Verantwortung und deutsche Gesellschaft. Handbuch zur Deutschen Nation Bd. 2, herausgegeben von Bernard Willms. Tübingen, S. 35–107.
Mohler, Armin (1989): Der Nasenring. Im Dickicht der Vergangenheitsbewältigung. Essen.
Mohler, Armin (1999a): Die Konservative Revolution in Deutschland 1918–1932. Ein Handbuch. 5. Auflage. Graz/Stuttgart.
Mohler, Armin (1999b): Ravensburger Tagebuch. Meine Jahre mit Ernst Jünger. Wien/Leipzig.
Mohler, Armin (2001): Das Gespräch. Über Linke, Rechte und Langweiler. Dresden.
Mohler, Armin (2013): Notizen aus dem Interregnum. Schnellroda.
Nolte, Ernst (2009): Die dritte radikale Widerstandsbewegung: Der Islamismus. Berlin.
Pannwitz, Rudolf (1954): Beiträge zu einer europäischen Kultur. Nürnberg.
Sarrazin, Thilo (2010): Deutschland schafft sich ab. Wie wir unser Land aufs Spiel setzen. München.

Schlegel, Friedrich (1971): Philosophie der Geschichte. München u. a.
Schmitt, Carl (1940): Positionen und Begriffe im Kampf mit Weimar–Genf–Versailles 1923–1939. Hamburg.
Schmitt, Carl (1963): Der Begriff des Politischen. Text von 1932 mit drei Corrolarien. Berlin.
Schmitt, Carl (1992): Theorie des Partisanen. Zwischenbemerkung zum Begriff des Politischen. Berlin.
Schmitt, Carl (1995a): Briefwechsel mit einem seiner Schüler. Herausgegeben von Armin Mohler in Zusammenarbeit mit Irmgard Huhn und Piet Tommissen. Berlin.
Schmitt, Carl (1995b): Staat, Großraum, Nomos. Arbeiten aus den Jahren 1916–1969. Herausgegeben, mit einem Vorwort und mit Anmerkungen versehen von Günter Maschke. Berlin.
Schmitt, Carl (2008): Römischer Katholizismus und politische Form. Stuttgart.
Schwilk, Heimo/Schacht, Ulrich (Hrsg.) (1994): Die selbstbewusste Nation: »Anschwellender Bocksgesang« und weitere Beiträge zu einer deutschen Debatte. Frankfurt a. M.
Sellner, Martin/Spatz, Walter (2015): Gelassen in den Widerstand. Ein Gespräch über Heidegger. Schnellroda.
Spengler, Oswald (1988): Der Untergang des Abendlandes. Umrisse einer Morphologie der Weltgeschichte. München.
Staatspolitisches Handbuch (2009): Bd. 1: Leitbegriffe. Herausgegeben von Erik Lehnert und Karlheinz Weißmann. Schnellroda.
Staatspolitisches Handbuch (2010): Bd. 2: Schlüsselwerke. Herausgegeben von Erik Lehnert und Karlheinz Weißmann. Schnellroda.
Staatspolitisches Handbuch (2012): Bd. 3: Vordenker. Herausgegeben von Erik Lehnert und Karlheinz Weißmann. Schnellroda.
Thalheim, Raoul (2014): Hirnhunde. Schnellroda.
Waldstein, Thor von (2015): Metapolitik. Theorie – Lage – Aktion. Schnellroda.
Weißmann, Karlheinz (2004): Männerbund. Schnellroda.
Weißmann, Karlheinz (2006): Unsere Zeit kommt. Schnellroda.
Weißmann, Karlheinz (2011): Armin Mohler. Eine politische Biographie. Schnellroda.
Weißmann, Karlheinz (Hrsg.) (2013): Die Konservative Revolution in Europa. Schnellroda.
Weißmann, Karlheinz (2016): Rubikon. Deutschland vor der Entscheidung. Berlin.

Willms, Bernard (1986): Identität und Widerstand. Reden aus dem deutschen Elend. Tübingen.
Wirsing, Giselher (1939): Engländer, Juden, Araber in Palästina. Jena.

Literatur

Adorno, Theodor W. (1963): Was bedeutet: Aufarbeitung der Vergangenheit. In: ders. Eingriffe. Neun kritische Modelle. Frankfurt a. M. 1963, S. 125–146.
Assheuer, Thomas/Sarkowicz, Hans (1992): Rechtsradikale in Deutschland. Die alte und die neue Rechte. München.
Baumeister, Biene/Negator / Zwi (2005): Situationistische Revolutionstheorie. Eine Aneignung, Bd. I: Enchiridion. Stuttgart.
Bock, Hans Manfred (2006): Der Abendland-Kreis und das Wirken von Hermann Platz im katholischen Milieu der Weimarer Republik. In: Puschner/Grunewald (Hrsg.) 2006, S. 337–362.
Botsch, Gideon (2012): Die extreme Rechte in der Bundesrepublik Deutschland 1949 bis heute. Darmstadt.
Braudel, Fernand (2013): Geschichte als Schlüssel zur Welt. Vorlesungen in deutscher Kriegsgefangenschaft 1941, herausgegeben von Peter Schöttler. Stuttgart.
Breuer, Stefan (1995): Anatomie der Konservativen Revolution. Darmstadt.
Bruns, Julian/Glösel, Kathrin/Strobl, Natascha (2016): Die Identitären. Handbuch zur Jugendbewegung der Neuen Rechten in Europa. Münster.
Bürgel, Tanja (Hrsg.) (2006): Generationen in den Umbrüchen postkommunistischer Gesellschaften. *SFB-580-Mitteilungen*/20.
Burschel, Friedrich (Hrsg.) (2016): Durchmarsch von rechts. Völkischer Aufbruch: Rassismus, Rechtspopulismus, rechter Terror. *Manuskripte Neue Folge* 17.
Charb (2015): Brief an die Heuchler und wie sie Rassisten in die Hände spielen. Stuttgart.
Debord, Guy (1978): Die Gesellschaft des Spektakels. Hamburg.
Demetz, Peter (1990): Worte in Freiheit. Der italienische Futurismus und die deutsche Avantgarde 1912–1934. Mit einer ausführlichen Dokumentation. München.
Dornbusch, Christian/Raabe, Jan (Hrsg.) (2002): RechtsRock. Bestandsaufnahme und Gegenstrategien. Münster.
Ehlers, Caspar (2011): Die propreußische Rezeption des Deutschen

Ordens und seines »Staates« im neunzehnten und zwanzigsten Jahrhundert. In: Faber/Puschner (Hrsg.) 2011, S. 115–143.
Eltahawy, Mona (2015): Warum hasst ihr uns so? Für die sexuelle Revolution der Frauen in der islamischen Welt. München/Berlin.
Eltchaninoff, Michel (2016): In Putins Kopf. Die Philosophie eines lupenreinen Demokraten. Stuttgart.
Faber, Richard (1979): Abendland. Ein »politischer Kampfbegriff«. Hildesheim.
Faber, Richard (2011): Preußischer Katholizismus und katholisches Preußentum. Ihre etatistische, imperialistische und militaristische sowie antik-römische, italienisch-faschistische und spanisch-ignatianische Dimension. In: ders./Puschner (Hrsg.) 2011, S. 89–113.
Faber, Richard/Puschner, Uwe (Hrsg.) (2011): Preußische Katholiken und katholische Preußen im 20. Jahrhundert. Würzburg.
Figes, Orlando (2011): Krimkrieg. Der letzte Kreuzzug. Berlin.
Foucault, Michel (1977): Der Wille zum Wissen. Sexualität und Wahrheit 1. Frankfurt a. M.
Friedrich, Sebastian (2015): Der Aufstieg der AfD. Neokonservative Mobilmachung in Deutschland. Berlin.
Gebhardt, Richard: »Bitte wählen Sie nicht AfD« – Der hilflose Antipopulismus und die gespaltene Republik. In: Kellershohn/Kastrup (Hrsg.) 2016, S. 201–219.
Globisch, Claudia/Pufelska, Agnieszka/Weiß, Volker (2011): Die Dynamik der europäischen Rechten. Wiesbaden.
Glösel, Kathrin (2016): Analyse »Wie männliche Täter produziert werden. Über Jack Donovans *Der Weg der Männer*«. URL: https://biwaz.files.wordpress.com/2016/08/rezension-weg-der-macc88nner1.pdf.
Gollwitzer, Heinz (1964): Europabild und Europagedanke. München.
Grunert, Robert (2012): Der Europagedanke westeuropäischer faschistischer Bewegungen 1940–1945. Paderborn.
Hall, Stuart (1979): The Great Moving Right Show. In: *Marxism Today* 1/1979, S. 14–20.
Hoeres, Peter (2013): Außenpolitik und Öffentlichkeit: Massenmedien, Meinungsforschung und Arkanpolitik in den deutsch-amerikanischen Beziehungen von Erhard bis Brandt. München.
Holz, Klaus (2004): Die antisemitische Konstruktion des Dritten und die nationale Ordnung der Welt. In: Braun, Christina von/Ziege, Eva-Maria (Hrsg.), Das bewegliche Vorurteil. Würzburg 2004, S. 43–61.
Jäger, Siegfried/Schobert, Alfred/Kellershohn, Helmut/Dietzsch, Mar-

tin (Hrsg.) (2004): Nation statt Demokratie. Sein und Design der »Jungen Freiheit«. Münster.
Kaufmann, Heiko/Kellershohn, Helmut/Paul, Jobst (Hrsg.) (2005): Völkische Bande. Dekadenz und Wiedergeburt. Analysen rechter Ideologie. Münster.
Kellershohn, Helmut (Hrsg.) (1994): Das Plagiat. Der völkische Nationalismus der Jungen Freiheit. Münster.
Kellershohn, Helmut (2005): Zwischen Wissenschaft und Mythos. Einige Anmerkungen zu Armin Mohlers »Konservativer Revolution«. In: Kaufmann et al. (Hrsg.) 2005, S. 66–89.
Kellershohn, Helmut (2010): Konservative Reconquista. In: *DISSkursiv* vom 18. März 2010. URL: http://www.disskursiv.de/2010/03/18/konservative-reconquista/
Kellershohn, Helmut (Hrsg.) (2013): Die »Deutsche Stimme« der »Jungen Freiheit«. Lesarten des völkischen Nationalismus in zentralen Publikationen der extremen Rechten. Münster.
Kellershohn, Helmut (2014a): Die AfD als »Staubsauger« und »Kantenschere« – Turbulenzen im jungkonservativen Lager. AfD-Sondierungen (2). URL: http://www.diss-duisburg.de/2014/06/helmut-kellershohn-afd-sondierungen-2/
Kellershohn, Helmut (2014b): Konservative Volkspartei. Über das Interesse der jungkonservativen Neuen Rechten an der AfD. AfD-Sondierungen (3). URL: http://www.diss-duisburg.de/2014/09/helmut-kellershohn-afd-sondierungen-3/
Kellershohn, Helmut/Kastrup, Wolfgang (Hrsg.) (2016): Kulturkampf von rechts. AfD, Pegida und die Neue Rechte. Münster.
Kondylis, Panajotis (1986): Konservativismus. Geschichtlicher Gehalt und Untergang. Stuttgart.
Koob, Andreas/Marcks, Holger/Marsovszky, Magdalena (2013): Mit Pfeil, Kreuz und Krone. Nationalismus und autoritäre Krisenbewältigung in Ungarn. Münster.
Langebach, Martin (2015): 8. Mai 1945. In: ders./Sturm (Hrsg.) 2015, S. 212–243.
Langebach, Martin/Raabe, Jan (2016): Die »Neue Rechte« in der Bundesrepublik Deutschland. In: Virchow/Langebach/Häusler (Hrsg.) 2016, S. 561–592.
Langebach, Martin/Speit, Andreas (2013): Europas radikale Rechte. Bewegungen und Parteien auf Straßen und in Parlamenten. Zürich.

Langebach, Martin/Sturm, Michael (Hrsg.) (2015): Erinnerungsorte der extremen Rechten. Wiesbaden.

Leggewie, Claus (1987): Der Geist steht rechts. Ausflüge in die Denkfabriken der Wende. Berlin.

Leggewie, Claus (2016): Anti-Europäer. Breivik, Dugin, al-Suri & Co. Berlin.

Lenk, Kurt (1994): Rechts, wo die Mitte ist. Studien zur Ideologie: Rechtsextremismus, Nationalsozialismus, Konservatismus. Baden-Baden.

Lerchenmueller, Joachim (2001): Die Geschichtswissenschaft in den Planungen des Sicherheitsdienstes der SS. Der Historiker Hermann Löffler und seine Denkschrift »Entwicklung und Aufgaben der Geschichtswissenschaft in Deutschland«. Bonn.

Lohmann, Johannes/Wanders, Hans (2002): Evolas Jünger und Odins Krieger. Extrem rechte Ideologien in der Dark-Wave- und Black-Metal-Szene. In: Dornbusch/Raabe (Hrsg.) 2002, S. 287–307.

Luther, Andreas/Meier, Mischa/Thommen, Lukas (Hrsg.) (2006): Das frühe Sparta-Bild. Stuttgart.

Maani, Sama (2015): Warum wir fremde Kulturen nicht respektieren sollten. Und die eigene auch nicht. Klagenfurt.

Maegerle, Anton (2009): Solidarität mit Ahmadinedschad. In: *Tribüne. Zeitschrift zum Verständnis des Judentums* 3/2009, S. 96–106.

Mecklenburg, Jens (Hrsg.) (1996): Handbuch deutscher Rechtsextremismus. Berlin.

Mehring, Reinhard (2009): Carl Schmitt. Aufstieg und Fall. München.

Paul, Jobst (2016): Der Niedergang – der Umsturz – das Nichts. Rassistische Demagogie und suizidale Perspektive in Björn Höckes Schnellrodaer IfS-Rede. Duisburg.

Prehn, Ulrich (2013): Max Hildebert Boehm. Radikales Ordnungsdenken vom Ersten Weltkrieg bis in die Bundesrepublik. Göttingen.

Puschner, Uwe/Grunewald, Michel (Hrsg.) (2006): Das katholische Intellektuellenmilieu in Deutschland, seine Presse und seine Netzwerke (1871–1960). Bern.

Raulff, Ulrich (2014): Wiedersehen mit den Siebzigern. Die wilden Jahre des Lesens. Stuttgart.

Rebenich, Stefan (2006): Leonidas und die Thermopylen. Zum Sparta-Bild in der deutschen Altertumswissenschaft. In: Luther et al. (Hrsg.) 2006, S. 193–215.

Said, Edward (2014): Orientalismus. Frankfurt a. M.

Salzborn, Samuel (2014a): Messianischer Antiuniversalismus. Zur politischen Theologie von Aleksandr Dugin im Spannungsfeld von eurasischem Imperialismus und geopolitischem Evangelium. In: Armin Pfahl-Traughber (Hrsg.), Jahrbuch für Extremismus- und Terrorismusforschung 2014 (I), S. 240–258.

Salzborn, Samuel (2014b): Religionsverständnis im Rechtsextremismus. Eine Analyse am Beispiel des neurechten Theorieorgans *Sezession*. In: Möllers, Martin/Ooyen, Robert von (Hrsg.), Jahrbuch öffentliche Sicherheit 2014/15, S. 285–301.

Salzborn, Samuel (2015): Rechtsextremismus. Baden-Baden.

Schadt, Timo (2016): Identitäre Bewegung zwischen AfD und Tag X. In: *printzip* 8, S. 6–8.

Schildt, Axel (1999): Zwischen Abendland und Amerika. Studien zur westdeutschen Ideenlandschaft der 50er Jahre. München.

Seitenbecher, Manuel (2013): Mahler, Maschke & Co. Rechtes Denken in der 68er-Bewegung? Paderborn.

Speit, Andreas (Hrsg.) (2002): Ästhetische Mobilmachung. Dark Wave, Neofolk und Industrial im Spannungsfeld rechter Ideologien. Münster.

Speit, Andreas (2016): Bürgerliche Scharfmacher. Deutschlands neue rechte Mitte – Von AfD bis Pegida. Zürich.

Umland, Andreas (2006): Postsowjetische Gegeneliten und ihr wachsender Einfluss auf Jugendkultur und Intellektuellendiskurs in Russland. Der Fall Aleksandr Dugin (1990–2004). In: Bürgel (Hrsg.) 2006, S. 22–45.

Virchow, Fabian/Langebach, Martin/Häusler, Alexander (Hrsg.) (2016): Handbuch Rechtsextremismus. Wiesbaden.

Vorländer, Hans/Herold, Maik/Schäller, Steven (2015): Wer geht zu Pegida und warum? Eine empirische Untersuchung von Pegida-Demonstranten in Dresden. Dresden.

Weiß, Volker (2011): Deutschlands Neue Rechte. Angriff der Eliten – Von Spengler bis Sarrazin. Paderborn.

Weiß, Volker (2012): Moderne Antimoderne. Arthur Moeller van den Bruck und der Wandel des Konservatismus. Paderborn.

Weiß, Volker (2015): Die »Konservative Revolution«. Geistiger Erinnerungsort der »Neuen Rechten«. In: Langebach/Sturm (Hrsg.) 2015, S. 102–120.

Weiß, Volker (2016): Bedeutung und Wandel von ›Kultur‹ für die extreme Rechte. In: Virchow/Langebach/Häusler (Hrsg.) 2016, S. 441–469.

Weißmann, Karlheinz (2006): Unsere Zeit kommt. Schnellroda.
Werner, Alban (2015): Was ist, was will, wie wirkt die AfD? Karlsruhe.
Winkler, Heinrich August (2002): Der lange Weg nach Westen. Deutsche Geschichte 1806/1933. Bonn.
Wölk, Volkmar (2016): Kreuzritter für das Abendland. Oder: Lutz Bachmann als Katechon der Apokalypse? In: Burschel (Hrsg.) 2016, S. 55–67.

Letzter Aufruf der Onlinequellen, soweit nicht anders angegeben, am 30. Oktober 2016.

DANK

Die Neue Rechte wurde in den letzten Jahren von der historischen und politologischen Forschung stark vernachlässigt. Ein Versäumnis, das sich mitunter in fatalen Fehleinschätzungen über den aggressiven Charakter dieser Strömung rächt. Nur wenige Kolleginnen und Kollegen befassen sich kritisch mit diesem Thema, häufig auf eigene Rechnung, dafür zum Teil seit Jahrzehnten. Die meisten ihrer Namen finden sich im Literaturverzeichnis. Auch ich verdanke vieles Kooperationen jenseits der Universität. So hat mich der Bielefelder Verein Argumente & Kultur gegen Rechts e.V. kollegial bei der Quellenbeschaffung unterstützt und damit die großen Materiallücken in den Universitätsbeständen unkompliziert ausgeglichen. Besonders hervorzuheben ist zudem der intensive Austausch mit Richard Gebhardt über unseren gemeinsamen Forschungsgegenstand. Mit Diskussionen, Kritik und Anregungen haben außerdem Eiko Grimberg, Torsten Liesegang, Volkmar Wölk und Patricia Zubi unverzichtbare Hilfe geleistet. Ihnen allen sei an dieser Stelle für ihren Rat, ihre Unterstützung und ihre Geduld herzlich gedankt.